Primo Levi

Das periodische System

Primo Levi

Das periodische System

Deutsch von Edith Plackmeyer

Aufbau-Verlag

Titel der italienischen Originalausgabe
Il sistema periodico

Ibergekumene zoress is gut zu derzajln.
Überstandene Leiden lassen sich gut erzählen.

Argon

Die Luft, die wir atmen, enthält die sogenannten trägen Gase. Sie führen seltsame gelehrte Namen griechischer Herkunft, die „das Neue", „das Verborgene", „das Untätige", „das Fremde" bedeuten. Tatsächlich sind sie so träge, mit ihrem Zustand so zufrieden, daß sie sich an keiner chemischen Reaktion beteiligen, sich mit keinem anderen Element verbinden, und aus diesem Grunde sind sie jahrhundertelang unbemerkt geblieben: erst 1962 gelang es einem zuversichtlichen Chemiker nach langwierigen raffinierten Bemühungen, „das Fremde" (Xenon) zu einer flüchtigen Verbindung mit dem äußerst gierigen, lebhaften Fluor zu zwingen, und das Unterfangen erschien so außergewöhnlich, daß ihm dafür der Nobelpreis verliehen wurde. Sie heißen auch Edelgase, und nun könnte man streiten, ob wirklich alle Edlen träge und alle Trägen edel sind; sie heißen schließlich auch seltene Gase, obwohl eines von ihnen, Argon, „das Untätige", mit dem respektablen Anteil von einem Prozent in der Luft vertreten ist: das heißt zwanzig- oder dreißigmal häufiger als Kohlendioxid, ohne das es keine Spur von Leben auf diesem Planeten gäbe.

Das wenige, was ich von meinen Vorfahren weiß, läßt sie diesen Gasen ähnlich erscheinen. Nicht alle waren in ihrem äußeren Dasein träge, denn das konnten sie sich nicht leisten: sie waren vielmehr recht aktiv, mußten es sein, um sich ihren Lebensunterhalt zu verdienen, und auch, weil die herrschende Moral lautete: „Wer nicht arbeitet, soll nicht essen." Träge aber waren sie zweifellos in ihrer Seele. Sie neigten zum zweckfreien Spekulieren, zur scharfsinnigen Rede, zu geschliffenen, spitzfindigen, fruchtlosen Debatten. Es kann kein Zufall sein, daß den überlieferten Wechselfällen ihres Lebens bei aller Verschiedenartigkeit etwas Statisches, eine würdevolle Zurückhaltung, ein gewollter (oder hingenommener) Rückzug an den Rand des großen Lebensstromes gemeinsam ist. Edel, träge und selten: verglichen mit anderen berühmten jüdischen Gemeinden Italiens und Europas, ist ihre Geschichte recht ärmlich. Sie sind wahrscheinlich um 1500 aus Spanien über die Provence nach Piemont gekommen, wie einige charakteristische Familien- und Ortsnamen zu beweisen scheinen, zum Beispiel Bedarida – Bédarrides, Momigliano – Montmélian, Segre (ein Nebenfluß des Ebro, der durch Lérida im nordöstlichen Spanien fließt), Foà – Foix, Cavaglion – Cavaillon, Migliau – Millau; der Name des nahe dem Rhônedelta, zwischen Montpellier und Nîmes gelegenen Städtchens Lunel wurde ins Hebräische als Jareach (Mond) übertragen, und davon leitet sich der piemontesisch-jüdische Familienname Jarach her.

Da sie in Turin abgewiesen worden oder ungern gesehen waren, hatten sie sich in verschiedenen ländlichen Gemeinden des südlichen Piemont niedergelassen und hier die Kunst der Seidenherstellung eingeführt, ohne indes jemals – nicht einmal während ihrer höchsten Blüte – mehr zu sein als eine winzige Minderheit. Sie waren zu keiner Zeit sehr beliebt oder sehr verhaßt; von bemerkenswerten Verfolgungen ist nichts überliefert; und trotzdem, noch Jahrzehnte nach der Emanzipation von 1848 und der nachfolgenden Übersiedlung in die Städte muß eine Wand des Mißtrauens, der unterschwelligen Feindseligkeit und des Hohns sie von der übrigen Bevölkerung ferngehalten haben, wenn es stimmt, was mein Vater mir von seiner Kindheit in Bene Vagienna erzählt hat: daß nämlich seine Altersgenossen ihn auf dem Heimweg von der Schule (gutmütig) zu foppen pflegten, indem sie den in Form eines Eselsohrs in der Hand zusammengehaltenen Jackenzipfel wie zum Gruß schwenkten und dazu sangen: *„Ôrije 'd crin, ôrije d'asô, a ji ebreô ai piasô.“* „Schweineohr und Eselsohr weist ein Jud am liebsten vor.“) Die Anspielung auf Ohren ist reine Willkür, denn die Geste war ursprünglich eine lästernde Verspottung des Grußes, den die frommen Juden in der Synagoge tauschen, wenn sie zur Bibellesung gerufen werden: sie zeigen einander die Quasten des Gebetsmantels, die sogenannten Schaufäden, deren Anzahl, Länge und Form vom Ritual genauestens vorgeschrieben sind und denen mystisch-religiöse Bedeutung innewohnt: jene Kinder aber wußten nichts mehr vom Ursprung ihrer Geste. Beiläufig möchte ich daran erinnern, daß die Verhöhnung des Gebetsmantels so alt ist wie der Antisemitismus: aus solchen Mänteln, die sie den Deportierten abnahm, ließ die SS Unterhosen schneidern, die dann an die jüdischen Häftlinge in den Lagern verteilt wurden.

Wie immer war die Ablehnung gegenseitig: die Minderheit hatte eine ebensolche Schranke gegen die gesamte Christenheit (*gojim, ñarelim* – die Leute, die Unbeschnittenen) aufgerichtet; so stellte sich, im provinziellen Maßstab und vor friedlich-bukolischer Kulisse, die episch-biblische Situation des auserwählten Volkes wieder her. Von diesem grundsätzlichen Abstand lebte die gutmütige Schläue unserer Onkel (*barba* – Bart) und Tanten (*magna* – die Große), weiser, nach Tabak stinkender Patriarchen und königlich das Haus regierender Hausfrauen, die sich selbst stolz *'l pòpôl d'Israél* (das Volk Israels) nannten.

Was den Ausdruck „Onkel“ anbelangt, so muß er – das sei gleich gesagt – in sehr weitem Sinne begriffen werden. Bei uns herrscht der Brauch, jeden älteren, auch weit entfernten Verwandten Onkel zu nennen: und da alle oder fast alle alten Leute der Gemeinde letztlich unsere Verwandten sind, ist die Zahl unserer Onkel groß. Bei den Onkeln, die ein hohes Alter erreichen (was häufig geschieht, denn seit Noahs Zeiten sind wir ein langlebiger Menschenschlag), verschmilzt die Beifügung *barba* oder *magna* allmählich mit dem Namen und erstarrt unter Mitwirkung phantasievoller Diminutive und unvermuteter phonetischer Analogien zwischen dem Hebräischen und dem Piemontesischen zu seltsam klingenden, zusammengesetzten Rufnamen, die zusammen mit den Erlebnissen, Erinnerungen und Aussprüchen ihrer langjährigen Träger von Generation zu Generation unverändert überliefert werden. So entstanden Barbaiòto (Onkel Elia), Barbasakkin (Onkel Isaak), Magnaiéta (Tante Maria), Barbamoisin (Onkel Mose, von dem erzählt wird, er habe sich von einem Kurpfuscher die beiden unteren Schneidezähne ziehen lassen, um die Pfeife bequemer halten zu können), Barbasmelín (Onkel Samuel), Magnavigaia (Tante Abigail, die als Braut von Carmagnola her über den zugefrorenen Po auf einem weißen Maulesel in Saluzzo einritt), Magnaforina (Tante Zefora, abgeleitet vom hebräischen *zippora* – Vögelchen, ein herrlicher Name). Einer noch weiter zurückliegenden Zeit mußte Nono Sakob angehören, er hatte in England Tuche eingekauft und trug deshalb *'na vestimenta a quàder* (karierte Kleider); sein Bruder, Barbapartin (Onkel Bonaparte, ein in Erinnerung an die von Napoleon gewährte erste kurze Emanzipation unter den Juden noch heute verbreiteter Name), war seiner Eigenschaft als Onkel verlustig gegangen, da ihm der Herr, gelobt sei sein Name, eine derart unausstehliche Frau geschenkt hatte, daß er sich hatte taufen lassen, Mönch geworden und als Missionar nach China gegangen war, um ihr möglichst fern zu sein.

Nona Bimba war wunderschön, trug eine Boa aus Straußenfedern und war Baronin. Sie und ihre ganze Familie waren von Napoleon zu Baronen ernannt worden, weil sie ihm *l'aviô prestaie 'd manud* (Geld) geliehen hatten.

Barbaronin war groß, kräftig und hatte radikale Ansichten; er war von Fossano nach Turin geflohen und hatte viele Berufe ausgeübt. Das Carignano-Theater hatte ihn als Komparsen im „Don Carlos" engagiert, und er hatte den Seinen geschrieben, sie sollten zur Premiere kommen. Onkel Natan und Tante Allegra waren gekommen und hatten in der Loge Platz genommen; als der Vorhang aufging und die Tante ihren Sohn, bewaffnet wie ein Philister, erblickte, schrie sie, so laut sie konnte: *„Rônin, co 't fai! Posa côl sàber!"* („Aron, was tust du da! Leg den Säbel weg!")

Barbamiklin war ein Einfaltspinsel; in Acqui wurde er geachtet und behütet, denn die Einfältigen sind Kinder Gottes, und du sollst sie nicht *raka** rufen. Gerufen wurde er Piantabibini (Puterpflanzer), seitdem ein *raschan* (ein Ungläubiger) ihn zum Narren gehalten und ihm weisgemacht hatte, man pflanze die Puter *(bibini)* wie die Pfirsichbäume, indem man die Federn in Furchen stecke, und sie wüchsen dann auf den Zweigen. Der Puter nahm übrigens in dieser schlauen, sanften, geordneten familiären Welt einen merkwürdig bedeutsamen Platz ein: vielleicht, weil er aufgeblasen, plump und aufbrausend ist, damit genau die entgegengesetzten Eigenschaften verkörpert und sich so als Zielscheibe für den Spott geradezu anbietet; oder vielleicht ganz einfach, weil man aus ihm zu Ostern eine berühmte, halbrituelle Speise, *quaiëtta 'd pitô* (Putenhackbraten), bereitete. Auch Onkel Pacifico hielt beispielsweise eine Pute, an der er sehr hing. Ihm gegenüber wohnte Herr Lattes, ein Musiker. Die Pute störte Herrn Lattes durch ihr Kollern, und er bat Onkel Pacifico, sie zum Schweigen zu bringen. Der Onkel antwortete: *„Sarà fàita la sôa cômissiôn. Sôra pita, c'a staga ciútô."* („Ihr Auftrag wird ausgeführt. Frau Pute, seien Sie still.")

Onkel Gabriel war Rabbiner, deshalb war er unter dem Namen Barba Morenu, Onkel Unser Meister, bekannt. Alt und fast blind, kehrte er einmal bei sengender Hitze zu Fuß

* Von hebr. reika: leerer, überflüssiger Mensch.

von Verzuolo nach Saluzzo zurück. Er sah einen Wagen herankommen, hielt ihn an und bat, mitfahren zu dürfen; als er sich aber mit dem Kutscher unterhielt, merkte er allmählich, daß es ein Leichenwagen war, der eine tote Christin zum Friedhof fuhr – ein Greuel, denn ein Priester, so steht es bei Hesekiel 44,25 geschrieben, der einen Toten berührt oder auch nur das Zimmer betritt, in dem ein Toter liegt, ist sieben Tage lang befleckt und unrein. Er fuhr in die Höhe und schrie: *„I eu viagià côn 'na pägarta! Viturín fermé!"* („Ich bin mit einer Toten gefahren! Kutscher, halt an!")

Gnor Grassiadio und Gnor Colombo waren zwei Freund-Feinde, der Überlieferung nach wohnten sie seit undenklicher Zeit einander gegenüber in einer engen Gasse der Stadt Moncalvo. Gnor Grassiadio war Freimaurer und schwerreich: er schämte sich ein wenig, daß er Jude war, und hatte eine *goja*, das heißt eine Christin geheiratet, deren blondes Haar bis zum Boden reichte und die ihm Hörner aufsetzte. Die *goja* wurde, obwohl sie eine *goja* war, Magna Ausilia genannt, was einen gewissen Grad der Anerkennung durch die Nachkommen verrät; sie war die Tochter eines Schiffskapitäns, der Gnor Grassiadio einen großen bunten Papagei geschenkt hatte, welcher aus Guayana stammte und auf lateinisch „Erkenne dich selbst" sprach. Gnor Colombo war arm und Mazzini-Anhänger; als der Papagei eintraf, kaufte er sich eine fast federlose Krähe und brachte ihr das Sprechen bei. Wenn der Papagei *„Nosce te ipsum"* sagte, dann entgegnete die Krähe: *„Fate furb."* („Sei pfiffig.)

Aber bezüglich der *pägarta* (Toten) des Onkels Gabriel, der *goja* des Gnor Grassiadio, der *manud* der Nona Bimba und der *chawerta*, von der im folgenden die Rede sein wird, bedarf es einer Erklärung. *Chawerta* ist ein in der Form und im Sinn verstümmeltes bedeutungsreiches hebräisches Wort. Eigentlich handelt es sich um eine willkürlich gebildete weibliche Form von *chawer* (Gefährte) und bedeutet „Dienstmädchen“, es hat aber auch den Nebensinn einer Frau niederer Herkunft, anderen Glaubens und anderer Bräuche, die man gezwungen ist, unter seinem Dach zu beherbergen. Die *chawerta* neigt zur Unsauberkeit und zu tadelnswertem Benehmen, und sie ist mit ausgesprochen boshafter Neugier hinter den Gewohnheiten und Reden der Hausherren her, so daß diese gezwungen sind, sich in ihrer Gegenwart einer besonderen Ausdrucksweise zu bedienen, zu der ganz offensichtlich der Begriff *chawerta* selbst wie auch die anderen oben genannten Begriffe gehören. Dieser Jargon ist heute fast völlig ausgestorben; ein paar Generationen vor uns umfaßte er noch einige hundert Wörter und Wendungen, die meistens aus einer hebräischen Wurzel mit piemontesischer Endung und Flexion gebildet wurden. Auch bei nur flüchtiger Betrachtung wird klar, daß er die Funktion des Verhüllens und Verheimlichens hatte, die Funktion eines Rotwelschs also, in dem im Beisein der *gojim* über die *gojim* gesprochen werden konnte, oder auch, um der von ihnen errichteten Ordnung der Abgeschlossenheit und Unterdrückung frech mit ihnen unverständlichen Flüchen und Verwünschungen zu begegnen.

Dieser Jargon ist von geringem historischem Interesse, da er nie von mehr als ein paar tausend Leuten gesprochen wurde, dafür aber, wie alle Grenz- und Übergangssprachen, von großem menschlichem Interesse. Eine wundervolle Komik wohnt ihm inne, sie entspringt dem Gegensatz zwischen dem Redegefüge im piemontesischen Dialekt, der rauh, nüchtern, lakonisch ist und niemals – es sei denn auf Grund einer Wette – geschrieben wurde, und den hebräischen Einsprengseln, die der alten, geheiligten und feierlichen, der vorzeitlichen, wie ein Gletscherbrett durch die Jahrtausende abgeschliffenen Sprache der Väter entnommen sind. Dieser Gegensatz spiegelt jedoch einen zweiten wider, den Wesenswiderspruch des Judentums in der Diaspora, das unter „die

Leute" (eben die *gojim*) verschlagen und zwischen göttlicher Berufung und täglichem Elend des Exils hin und her gerissen ist, darüber hinaus kommt in ihm noch ein allgemeinerer, dem gesamten Menschengeschlecht innewohnender Gegensatz zum Ausdruck, denn der Mensch ist ein Zentaur, ein Gemisch von Fleisch und Geist, von göttlichem Odem und Staub. Das jüdische Volk hat nach seiner Vertreibung diesen Konflikt lange und schmerzlich durchlebt und daraus neben seiner Weisheit das Lachen geschöpft, das in der Bibel und bei den Propheten noch nicht zu finden ist. Das Jiddische ist davon durchdrungen, und in bescheidenem Maße war es auch die bizarre Sprache, deren sich unsere Väter in diesem Gebiet bedienten; sie möchte ich hier festhalten, bevor sie völlig verschwindet: eine skeptische, gutmütige Sprache, die nur bei oberflächlicher Betrachtung blasphemisch wirkt, in Wirklichkeit aber von einer zärtlichen, würdigen Vertrautheit mit Gott, mit Nossgnor, Adonai Elohenu, Kadosch Baruchu erfüllt ist.

Daß sie ihre Wurzeln in der Demütigung hat, zeigt sich deutlich: so fehlen beispielsweise, da unnütz, die Ausdrücke für „Sonne", „Mensch", „Tag", „Stadt"; dagegen gibt es Wörter für „Nacht", „verstecken", „Geld", „Gefängnis", „Traum" (aber fast ausschließlich auf die Redewendung *bahalom*, „im Traum", beschränkt, die scherzhaft zu einer Aussage hinzugefügt wird, um dem Partner, und nur ihm, zu bedeuten, daß man das Gegenteil meint), „stehlen", „aufhängen" und ähnliches; darüber hinaus gibt es eine stattliche Anzahl von Schimpfwörtern, die manchmal zur Beurteilung einer Person, noch typischer aber dann verwendet werden, wenn beispielsweise Mann und Frau vor dem Ladentisch eines christlichen Kaufmanns stehen und sich nicht schlüssig sind, ob sie kaufen sollen. Wir möchten anführen: *nezarud* – ein Pluralis majestatis, aber nicht mehr als solcher begriffen, vom Hebräischen *zara* (Unglück), es wird angewendet auf eine minderwertige Ware oder Person; es gibt dazu auch das verniedlichende Diminutiv *zarudin*, und nicht vergessen möchte ich die unbarmherzige Verbindung *zarud e senssa manud*, die der Heiratsvermittler *(maruschaw)* für ein häßliches Mädchen ohne Mitgift gebrauchte; *hasiruth*, abstrakter Sammelname von *hasir* (Schwein), also etwa gleichbedeutend mit Schweinerei. Zu beachten ist, daß es im Hebräischen den Laut *ü* nicht gibt, wohl aber die Endung *uth*, die zur Bildung abstrakter Ausdrücke benutzt wird (zum Beispiel *malchuth* – Königreich, von *mäläch* – König), ihr fehlt jedoch die stark pejorative Bewertung, die sie im Jargongebrauch hatte. Typisch und selbstverständlich war der Gebrauch dieser und ähnlicher Wörter im Laden, wenn sich Inhaber und Verkäufer über die Köpfe der Kunden hinweg verständigen wollten: im vergangenen Jahrhundert lag der Tuchhandel in Piemont häufig in den Händen von Juden, und daraus ist eine zunftgebundene Sondersprache entstanden, die sich über die Verkäufer, die ihrerseits Ladenbesitzer wurden, aber nicht unbedingt Juden sein mußten, auf viele Läden dieses Gewerbes ausgedehnt hat, noch heute lebendig ist und von Leuten gesprochen wird, die ganz überrascht sind, wenn sie zufällig erfahren, daß sie hebräische Wörter verwenden. Manche benutzen beispielsweise noch den Ausdruck *'na vesta a kinim* zur Bezeichnung eines „gepunkteten Kleides“: *kinim* aber sind die Läuse, die dritte der zehn Plagen Ägyptens, die im jüdischen Osterritual aufgezählt und besungen werden.

Des weiteren gibt es eine bescheidene Anzahl unanständiger Wörter, die nicht nur im eigentlichen Sinne vor den Kindern, sondern auch als Schimpfwörter gebraucht werden: in diesem Falle bieten sie im Vergleich zu den entsprechenden italienischen und piemontesischen Bezeichnungen neben dem bereits erwähnten Vorteil, daß sie nicht verstanden werden, auch die Möglichkeit, sich das Herz zu erleichtern, ohne sich den Mund zu verbrennen.

Interessanter für den Sittenforscher sind sicher einige wenige Ausdrücke, die sich auf Dinge des katholischen Glaubens beziehen. Hier ist die ursprüngliche hebräische Form weit mehr verstümmelt, und zwar aus zweierlei Gründen: zum einen war hier die Geheimhaltung unbedingt erforderlich, denn hätten die Heiden sie verstanden, so wäre man Gefahr gelaufen, der Gotteslästerung bezichtigt zu werden; zum anderen hat die Verstümmelung hier den Zweck, dem Wort den magisch-sakralen Gehalt zu nehmen, ihn zu verwischen und es damit jeder übersinnlichen Kraft zu entkleiden: aus demselben Grunde wird in allen Sprachen der Teufel mit vielen umschreibenden oder euphemistischen Beinamen bezeichnet, mit denen man ihn nennen kann, ohne seinen Namen auszusprechen. Die (katholische) Kirche hieß *tunewa*, ein Wort, dessen Herkunft ich nicht ermitteln konnte, es hat vom Hebräischen aber wohl nur den Klang; die Synagoge hingegen wurde in stolzer Bescheidenheit einfach *scola* (Schule) genannt, die Stätte, an der man lernt und an der man erzogen wird, und parallel dazu wurde der Rabbiner nicht *Rabbi* oder *Rabbenu* (Unser Rabbi) genannt, sondern *Morenu* (Unser Meister) oder *Chacham* (der Weise). In der *scola* kann einen der verhaßte *chaltrum* der Heiden nicht kränken; *chaltrum* oder *chantrum* meint den Ritus und die Bigotterie der Katholiken, etwas Unerträgliches, da sie auf Polytheismus beruht und die Verehrung von Bildnissen zuläßt („Du sollst keine anderen Götter haben neben mir; du sollst dir kein Bildnis noch irgendein Gleichnis machen ... Bete sie nicht an“, 2. Buch Mose, 20,3) und daher dem Götzendienst gleichkommt. Der Ursprung auch dieses von Abscheu erfüllten Begriffes ist dunkel, es ist fast sicher, daß er nicht aus dem Hebräischen kommt: in anderen jüdisch-italienischen Jargons gibt es aber das Adjektiv *chalto* im Sinne von „bigott“, das vor allem angewandt wird, um den Christen als Götzenanbeter zu kennzeichnen.

Haischa ist die Madonna (es bedeutet einfach Frau); von

gänzlich unbekannter Herkunft und unerklärbar ist, wie vorauszusehen war, der Begriff *Odò*, mit dem man, wenn es ganz und gar nicht zu umgehen war, von Christus sprach, wobei man die Stimme senkte und vorsichtig um sich blickte: von Christus spricht man am besten sowenig wie möglich, denn der Mythos vom Volke, das den Gottessohn tötete, stirbt nicht aus.

Zahlreiche weitere Begriffe wurden direkt aus dem Ritual und den heiligen Schriften übernommen, die die im vorigen Jahrhundert geborenen Juden mehr oder weniger geläufig im hebräischen Original lasen und oft auch zum großen Teil verstanden: im Jargongebrauch indes neigten sie dazu, willkürlich den Bedeutungsbereich zu verändern oder zu erweitern. Von der Wurzel *schafach*, die „schütten" bedeutet und in Psalm 79 erscheint („Schütte deinen Grimm auf die Völker, die dich nicht kennen, und auf die Königreiche, die deinen Namen nicht anrufen"), hatten unsere mütterlichen Ahnen den vertraulichen Ausdruck *fé schafoch* abgeleitet, mit dem man taktvoll das Erbrechen eines Kindes umschrieb. Von *ruach*, im Plural *ruchot*, was „Geist", „Atem" bedeutet, ein berühmtes Wort, das im düsteren herrlichen zweiten Vers der Schöpfungsgeschichte zu lesen ist („Der Geist Gottes schwebte auf dem Wasser"), hatte man *tiré 'n ruach*, „Winde fahren lassen", in seinen verschiedenen physiologischen Bedeutungen abgeleitet, woraus sich die biblische Vertrautheit des auserwählten Volkes mit seinem Schöpfer erkennen läßt. Als Beispiel für die praktische Anwendung wird ein Ausspruch von Tante Regina überliefert, als sie mit Onkel David im Café Fiorio in der Via Po saß: *„Davidín, bat la cana, c'as sentô nèn le ruchot!"* („David, klopfe mit dem Stock, damit man nicht die Winde hört!"), was von einem zärtlich-intimen Verhältnis zwischen den Ehegatten zeugt. Der Spazierstock war dazumal übrigens ein Standessymbol, so wie heute etwa die Bahnreise erster Klasse: mein Vater beispielsweise besaß deren zwei, einen aus Bambus für wochentags und einen aus

Malakkarohr mit silbereingelegtem Griff für sonntags. Der Stock diente ihm nicht zum Aufstützen (das hatte mein Vater nicht nötig!), sondern um ihn jovial in der Luft herumzuwirbeln und allzu freche Hunde davonzujagen, kurz, als ein Zepter, durch das er sich vom Pöbel unterschied.

Beracha ist der Segen: ein frommer Jude ist gehalten, ihn mehrere hundertmal am Tage zu sprechen, und er tut es mit tiefer Freude, denn so führt er seit Jahrtausenden das Zwiegespräch mit dem Ewigen, dem in jeder *beracha* Lob und Dank für seine Gaben gesagt wird. Nono Leonin war mein Urgroßvater, er wohnte in Casale Monferrato und hatte Plattfüße; die Gasse vor seinem Haus hatte Kopfsteinpflaster, so daß ihm das Gehen Schmerzen bereitete. Eines Morgens trat er aus dem Haus und fand die Straße mit glatten Pflastersteinen ausgelegt, da rief er aus vollem Herzen: *„'N abrakhà a côi gojim c'a l'an fàit i lòsi!"* („Gesegnet seien die Ungläubigen, die die Pflastersteine gemacht haben.") Als Fluch wurde dagegen die merkwürdige Verbindung *meta meschuna*, wörtlich „seltsamer Tod", benutzt, die in Wirklichkeit dem piemontesischen „Teufel noch mal" nachgebildet war. Von demselben Nono Leonin ist die unerklärliche Verwünschung überliefert: *„C'ai takèissa 'na meta meschuna fàita a paraqua."* („Möge ihn der Teufel mit dem Regenschirm holen.")

Und wie könnte ich Barbarico vergessen, der uns zeitlich und räumlich nähersteht, so daß nur wenig gefehlt hat (eine einzige Generation), und er wäre mein richtiger Onkel gewesen. An ihn kann ich mich persönlich, und das heißt in Einzelheiten und Zusammenhängen, erinnern, er ist also nicht *figé dans une attitude*,* wie jene legendären Gestalten, deren ich bisher gedacht habe. Auf Barbarico trifft haargenau jene Ähnlichkeit mit den trägen Gasen zu, mit denen diese Seiten beginnen.

* (franz.) in einer Haltung erstarrt.

Er hatte Medizin studiert und war ein guter Arzt geworden, aber die Welt gefiel ihm nicht. Das heißt, ihm gefielen die Menschen und besonders die Frauen, die Wiesen, der Himmel: nicht aber Mühsal, Wagengerassel, Karrierestreben, der Kampf ums tägliche Brot, Pflichten, Arbeitszeiten und Termine; nichts also von alldem, was das mühevolle Leben der Stadt Casale Monferrato im Jahre 1890 kennzeichnete. Er wäre dem am liebsten entflohen, war aber zu faul dazu. Freunde und eine Frau, die ihn liebte und die er mit zerstreuter Nachsicht ertrug, überredeten ihn, sich um die Arztstelle an Bord eines Ozeandampfers zu bewerben; er gewann mit Leichtigkeit den Wettbewerb, machte eine Reise von Genua nach New York und reichte bei der Rückkehr nach Genua die Kündigung ein, weil in Amerika *a j'era trop bôrdél*, zuviel Lärm, herrschte.

Danach ließ er sich in Turin nieder. Er hatte verschiedene Frauen, die ihn alle retten und heiraten wollten, ihn dünkten jedoch sowohl die Ehe als auch eine feste Praxis und die regelmäßige Ausübung eines Berufes eine gar zu große Verpflichtung. Um 1930 war er ein schüchternes, verschrumpeltes, verwahrlostes, beängstigend kurzsichtiges altes Männlein; er lebte mit einer dicken vulgären *goja* zusammen, von der sich zu befreien er ab und an den matten Versuch machte und die er abwechselnd *'na schutia, 'na chamorta, 'na gran behemma* (eine Verrückte, eine Eselin, ein großes Vieh) nannte, aber ohne alle Gehässigkeit, vielmehr mit einem Anflug von unerklärlicher Zärtlichkeit. Diese *goja a vôría fiña félô samdé* wollte ihn sogar taufen lassen (wörtlich: zerstören), wogegen er sich aber – nicht aus religiöser Überzeugung, sondern auf Grund mangelnder Unternehmungslust und aus Gleichgültigkeit – stets gesträubt hatte.

Barbarico hatte sage und schreibe zwölf Brüder und Schwestern, die seine Lebensgefährtin ironisch und gehässig „Magna Morfina" nannten, ironisch, da die Ärmste als *goja* und ohne Nachkommenschaft keine *magna* sein konnte, es sei denn in äußerst begrenztem Sinne, und die Bezeichnung eher ihr Gegenteil, das heißt „Nicht-*magna*", eine, die aus der Familie ausgeschlossen und ausgestoßen ist, besagte; gehässig, weil der Name, wahrscheinlich unbegründet, jedenfalls erbarmungslos darauf anspielte, daß sie aus Barbaricos Rezeptblock einen bestimmten Nutzen zöge.

Die beiden lebten in einer schmutzigen Dachstube im Borgo Vanchiglia, in der eine fürchterliche Unordnung herrschte. Der Onkel war ein ausgezeichneter Arzt, voller Lebensweisheit und diagnostischer Intuition, lag aber den ganzen Tag auf seinem Bett und las Bücher und alte Zeitungen; er war ein aufmerksamer, vielseitiger, unermüdlicher Leser, dem alles im Gedächtnis haftenblieb, obwohl ihn die Kurzsichtigkeit nötigte, das Gedruckte nicht mehr als drei Finger breit von den Brillengläsern entfernt zu halten, die so dick wie der Boden eines Glases waren. Er stand nur auf, wenn ein Patient nach ihm schickte, und das geschah häufig, da er sich fast nie bezahlen ließ; seine Kranken waren arme Leute aus der Vorstadt, von denen er als Entgelt ein halbes Dutzend Eier, frischen Salat aus dem Garten oder auch ein Paar abgetragene Schuhe nahm. Zu den Patienten ging er zu Fuß, da er kein Geld für die Straßenbahn hatte; wenn er durch den Nebel seiner Kurzsichtigkeit auf der Straße ein junges Mädchen erblickte, trat er auf sie zu und musterte sie zu ihrer Verblüffung sorgfältig, wobei er sie, aus nur einer Handbreit Abstand, umkreiste. Er aß beinahe nichts und hatte überhaupt keinerlei Bedürfnisse; er starb, über neunzigjährig, diskret und würdevoll.

Barbarico ähnlich in ihrer Weltentsagung war Nona Fina, eine von vier Schwestern, die alle Fina hießen; diese eigenartige Namensgebung war darauf zurückzuführen, daß alle vier Mädchen nach Bra zu derselben Amme gebracht worden waren, die Delfina hieß und alle ihre Ziehkinder so nannte. Nona Fina wohnte in Carmagnola in einer Wohnung im ersten Stock und häkelte wunderhübsche Sachen. Mit achtundsechzig Jahren überkam sie ein leichtes Unwohlsein, *una caôdaña*, wie die Damen es damals zu haben pflegten und heutigentags seltsamerweise nicht mehr haben; seitdem, das heißt zwanzig Jahre lang, bis zu ihrem Tod, verließ sie ihr Zimmer nicht mehr; sonnabends winkte sie, gebrechlich und kraftlos, vom kleinen, mit Geranien bewachsenen Balkon den Leuten zu, die aus der *scola* kamen. In ihrer Jugend mußte sie aber ganz anders gewesen sein, wenn es stimmt, was man sich von ihr erzählt; sie habe nämlich dem Rabbiner von Moncalvo, einem gelehrten und hochberühmten Mann, den ihr Ehegemahl als Gast ins Haus gebracht hatte, ohne sein Wissen *'na côtletta 'd hasir*, ein Schweinskotelett, vorgesetzt, da nichts anderes in der Speisekammer war. Ihr Bruder Barbaraflin (Raffaele), bis zu seiner Beförderung zum Barba bekannt unter dem Namen *'l fieul 'd Môisé 'd Celín* (der Sohn von Mose aus Celin), inzwischen bereits in fortgeschrittenem Alter und stinkreich geworden, dank der mit Lieferungen ans Militär verdienten *manud*, hatte sich in eine bildschöne Dolce Valabrega aus Gàssino verliebt; er wagte es nicht, ihr seine Liebe zu gestehen, schrieb ihr Liebesbriefe, die er nicht abschickte, und schrieb sich selber leidenschaftliche Antwortepisteln.

Auch Marchin, einstmals Barba, hatte eine unglückliche Liebesgeschichte. Er hatte sich in Susanna (im Hebräischen Schoschana – Lilie), eine muntere und fromme Frau, verliebt, die ein jahrhundertealtes Rezept zur Herstellung von Gänsesalami besaß; bei der Zubereitung dieser Salami verwendet man den Hals des Tieres als Darm, und das hat dazu geführt, daß in der *Laschon Hakkodesch* (in der „Heiligen Sprache", das heißt in dem Idiom, mit dem wir uns hier beschäftigen) gleich drei Synonyme für „Hals" erhalten sind. Das erste, *mahané*, ist neutral und wird als Fachausdruck und in allgemeiner Bedeutung gebraucht; das zweite, *zawar*, wird nur in Metaphern angewandt, wie *a rôta 'd zawar*, Hals über Kopf; das dritte, *chanek*, ein bedeutungsreicher

Ausdruck, deutet auf den Hals als lebenswichtigen Durchgang hin, der verstopft, verschlossen oder abgeschnitten werden kann, und taucht auf in Flüchen, wie zum Beispiel c' *at resta ant 'l chanek* (möge es dir im Halse steckenbleiben); *chanikesse* heißt „erhängen". Marchin also war Verkäufer und Gehilfe bei Susanna, sowohl in der geheimnisvollen Werkstattküche als auch im Laden, wo in den Regalen munter durcheinander Salamiwürste und Küchengeräte, Amulette und Gebetbücher lagen. Susanna wies ihn ab, und Marchin rächte sich abscheulich dafür, indem er das Salamirezept an einen *goj* verkaufte. Man muß annehmen, daß jener *goj* den Wert des Rezeptes nicht zu schätzen wußte, da man seit Susannas Tod (der in historischer Zeit erfolgte) keine Gänsesalami mehr im Handel findet, die des Namens und der Tradition würdig wäre. Wegen dieser seiner schändlichen Vergeltung verlor Onkel Marchin das Recht auf die Anrede Onkel.

Der zeitlich Entfernteste von allen, wundervoll träge, in einen dichten Schleier von Legende und Unglaubwürdigkeit gehüllt und bis zur letzten Faser in seiner Eigenschaft als Onkel erstarrt, war Barbabramin aus Chieri, der Onkel meiner Großmutter mütterlicherseits. Schon in jungen Jahren war er sehr reich geworden, indem er von den Adligen des Ortes zahlreiche Bauernhöfe von Chieri bis hin zum Gebiet von Asti aufgekauft hatte; und seine Verwandten verjubelten in Erwartung der reichen Erbschaft bei Gelagen, Bällen und Parisreisen all ihr Hab und Gut. Nun geschah es, daß seine Mutter, Tante Milka (Königin), erkrankte und nach langem Streit mit ihrem Mann die Einwilligung zur Einstellung einer *chawerta*, das heißt eines Dienstmädchens, gab, was sie bis dahin entschieden abgelehnt hatte; vorausschauend, wie sie war, wollte sie nämlich keine Frauen im Hause. Barbabramin verliebte sich denn auch prompt in diese *chawerta*, wahrscheinlich das erste nicht ausgesprochen heilige weibliche Wesen, mit dem er in nähere Berührung kam.

Ihr Name ist nicht überliefert, wohl aber einige ihrer Attribute. Sie war blühend und schön und besaß prächtige *halawiut* (Brüste; der Begriff ist im klassischen Hebräisch unbekannt, *halaw* bedeutet dort jedoch „Milch"). Natürlich war sie eine *goja*, war frech und konnte weder lesen noch schreiben; dafür aber gut kochen. Sie war eine Bäuerin, *'na punalta*, und lief barfuß im Hause herum. In all dies verliebte sich der Onkel: in ihre Fesseln, in ihre freimütige Ausdrucksweise und in die Speisen, die sie kochte. Dem Mädchen sagte er nichts, erklärte aber Vater und Mutter, er gedenke sie zu heiraten; die Eltern wurden fuchsteufelswild, und der Onkel legte sich ins Bett. Darin blieb er zweiundzwanzig Jahre.

Was Barbabramin in diesen Jahren getan hat, darüber gehen die Meinungen auseinander. Es steht außer Zweifel, daß er sie zum großen Teil schlafend und beim Spiel zugebracht hat: man weiß genau, daß er sich finanziell ruinierte, weil er „keine Coupons (der Staatsanleihen) mehr schnitt" und einen *mamser* (Bastard) mit der Verwaltung der Güter betraute, der sie für ein Butterbrot an einen Strohmann verkaufte; wie Tante Milka vorausgesehen hatte, stürzte der Onkel seine ganze Sippschaft mit ins Verderben, und bis heute sind die Folgen zu beklagen.

Man erzählt sich auch, er habe gelesen und gelernt, und da er schließlich als weiser und gerechter Mann gegolten, habe er an seinem Bett Abordnungen der Notabeln von Chieri empfangen und Streitigkeiten geschlichtet; man erzählt sich weiter, daß jener *chawerta* der Weg zu jenem Bett ebenfalls nicht unbekannt gewesen sei und daß, zumindest in den ersten Jahren, die vom Onkel freiwillig eingegangene Klausur von nächtlichen Ausflügen ins darunter gelegene Café unterbrochen worden sei, wo er Billard spielte. Er blieb aber doch immerhin fast ein Vierteljahrhundert im Bett, und als Tante Milka und Onkel Salomon starben, heiratete er die *chawerta* und nahm sie endgültig zu sich ins Bett, denn er war inzwischen so geschwächt, daß die Beine ihn nicht mehr trugen. Er starb arm, aber reich an Jahren und Ansehen und mit Frieden im Herzen im Jahre 1883.

Die Susanna mit der Gänsesalami war eine Cousine von Nona Malia, meiner Großmutter väterlicherseits, die auf ein paar Atelierfotos aus der Zeit um 1870 als kokett gekleidetes, verführerisches Persönchen weiterlebt und in meinen frühesten Kindheitserinnerungen als runzlige, leicht reizbare, schlampige und unvorstellbar schwerhörige Alte. Noch heute kommen unerklärlicherweise aus den obersten Fächern der Schränke ihre kostbaren Kleinodien zum Vorschein: schwarze, mit buntschillernden Pailletten besetzte Spitzenschals, feine Seidenstickereien, ein im Verlaufe von vier Generationen von den Motten zerfressener Muff aus Marderfell, mit ihren Initialen versehene Bestecke aus massivem Silber, so als spukte nach fast fünfzig Jahren ihr ruheloser Geist noch in unserem Hause.

In ihren besten Zeiten war sie als *la Strassacœur, die* Herzensbrecherin, bekannt: sie wurde frühzeitig Witwe, und es ging das Gerücht, mein Großvater habe sich aus Verzweiflung über ihre Untreue das Leben genommen. Spartanisch-einfach zog sie drei Kinder groß und ließ sie studieren: im vorgerückten Alter jedoch willigte sie in die Heirat mit einem alten christlichen Arzt ein, einem würdigen, schweigsamen Mann mit Bart, und neigte seitdem zu Geiz und wunderlichem Benehmen, obwohl sie in ihrer Jugend überaus freigebig gewesen war, wie schöne, vielgeliebte Frauen zu sein pflegen. Ihre Liebe zu den Familienangehörigen (die übrigens nie sehr groß gewesen sein dürfte) erkaltete im Laufe der Jahre völlig. Sie wohnte mit dem Doktor in der Via Po, in einer düsteren, lichtlosen Wohnung, die im Winter nur mit einem Franklinöfchen geheizt wurde, und warf, da alles noch einmal Verwendung finden konnte, nichts mehr weg: nicht einmal Käserinden oder das Stanniolpapier von den Pralinen, aus dem sie Silberkugeln drehte, die sie an die

Missionen schickte, „um einen kleinen Mohren zu befreien“. Vielleicht aus Furcht, sich bei der letzten Entscheidung zu irren, besuchte sie abwechselnd die *scola* in der Via Pio V und die Kirchgemeinde Sant' Ottavio, und es scheint, als sei sie frevelhafterweise sogar zur Beichte gegangen. Sie starb 1928, über achtzigjährig, Beistand leistete ihr ein Chor schwarzgekleideter, gleich ihr schwachköpfiger Nachbarinnen mit zottligem Haar, angeführt von einer Megäre namens Madame Scílimberg: trotz der Qualen, die ihr das Nierenversagen bereitete, überwachte Großmutter die Scílimberg bis zum letzten Atemzug, aus Angst, diese könnte den unter der Matratze versteckten *mafteach* (Schlüssel) finden und ihr die *manud* und die *hafassim* (die Edelsteine, die sich hernach übrigens sämtlich als unecht erwiesen) stehlen.

Nach ihrem Tode brauchten die Söhne und Schwiegertöchter Wochen, um fassungslos und angewidert den Berg häuslicher Relikte durchzusehen, von denen die Wohnung überquoll: Nona Malia hatte raffinierte Kleider ebenso aufbewahrt wie ekelerregenden Abfall. Aus den strengen, geschnitzten Nußbaumschränken strömten ganze Heere vom Licht überraschter Wanzen, quollen nie benutzte Leinenlaken und daneben solche, die geflickt, abgewetzt und bis zur Durchsichtigkeit zerschlissen waren; Vorhänge und Doubleface-Damastdecken; eine Sammlung ausgestopfter Kolibris, die sich beim Anfassen in Staub auflösten; im Keller lagerten Hunderte Flaschen kostbaren Weines, der zu Essig geworden war. Man fand acht nagelneue, mit Naphthalin bestäubte Mäntel, die dem Doktor gehörten, und dazu den einzigen, den sie ihm zum Anziehen gegeben hatte, voller Flick- und Stopfstellen, mit speckigglänzendem Kragen und einem Freimaurerschildchen in der Tasche.

Ich erinnere mich fast gar nicht an sie, die mein Vater Maman (auch in der dritten Person) nannte und mit genießerischer, nur schwach durch einen Schleier von Kindespietät gedämpfter Freude am Bizarren schilderte. Jeden Sonntagmorgen ging mein Vater mit mir zu Nona Malia; wir schritten langsam die Via Po hinab, er blieb überall stehen, streichelte alle Katzen, schnupperte an allen Trüffeln und blätterte alle antiquarischen Bücher durch. Mein Vater war der *Ingegné* (Ingenieur), der stets die Taschen voller Bücher hatte und bei allen Schlächtern dafür bekannt war, daß er die Rechnung für den Schinken mit dem Rechenstab nachprüfte. Den Schinken kaufte er nicht gerade leichten Herzens; da er eher abergläubisch als gläubig war, empfand er Unbehagen, wenn er das Gebot des *kascheruth* übertrat, er aß aber so furchtbar gern Schinken, daß er jedesmal, wenn ihn vor dem Schaufenster die Versuchung überkam, nachgab, wobei er seufzte, halblaut vor sich hin fluchte und mich verstohlen anblickte, als fürchte er mein Urteil oder hoffe auf meine Komplizenschaft.

Wenn wir auf dem finsteren Treppenabsatz vor der Wohnung in der Via Po anlangten, läutete mein Vater die Türglocke und schrie der Großmutter, die uns öffnen kam, ins Ohr: *„A l'è 'l prim 'd la scola!“* („Er ist Klassenerster!“) Mit sichtlichem Widerstreben ließ die Großmutter uns eintreten und führte uns durch eine Reihe staubiger, unbewohnter Zimmer, von denen eines, angefüllt mit unheimlichen Instrumenten, das halbverlassene Sprechzimmer des Doktors war. Den Doktor bekam man fast nie zu Gesicht, und ich hatte auch wahrhaftig nicht den Wunsch, ihn zu sehen, seitdem ich einmal meinen Vater belauscht hatte, wie er meiner Mutter erzählte, daß der Doktor stotternden Kindern, die man ihm zur Behandlung brächte, das Zungenband mit der Schere durchschnitt. Sobald wir in der guten Stube waren, holte meine Großmutter aus einem Versteck die Schachtel mit den Pralinen hervor, immer dieselbe, und bot mir eine an. Die Praline war von Maden zerfressen, und ich ließ sie verlegen in der Tasche verschwinden.

Wasserstoff

Es war Januar. Enrico holte mich gleich nach dem Mittagessen ab: sein Bruder war ins Gebirge gefahren und hatte ihm die Laborschlüssel dagelassen. Ich zog mich eilends an und holte ihn auf der Straße ein.

Unterwegs erfuhr ich, daß sein Bruder ihm die Schlüssel nicht eigentlich dagelassen hatte: dies war ein beschönigendes Kürzel, wie man es gegenüber denjenigen gebraucht, die bereit sind zu verstehen. Der Bruder hatte die Schlüssel nicht wie sonst versteckt und auch nicht mitgenommen; außerdem hatte er vergessen, Enrico abermals zu verbieten, sich der Schlüssel zu bemächtigen, und ihn davor zu warnen, gegen das Verbot zu verstoßen. Kurz und gut: die Schlüssel waren da, nach Monaten des Wartens; Enrico und ich waren entschlossen, die Gelegenheit nicht ungenutzt vorübergehen zu lassen.

Wir waren sechzehn Jahre alt, und ich war fasziniert von Enrico. Er war nicht sehr rege, und seine schulischen Leistungen waren schwach, er besaß jedoch Qualitäten, die ihn vor allen anderen der Klasse auszeichneten, und er machte Sachen wie kein anderer. Er besaß einen gelassenen, trotzigen Mut, eine frühreife Fähigkeit, seine Zukunft vorauszuahnen und ihr Bedeutung und Gestalt zu verleihen. Er lehnte (allerdings, ohne zu spotten) unsere endlosen Platonschen, Darwinschen oder später Bergsonschen Diskussionen ab; er war nicht vulgär, rühmte sich nicht seiner sportlichen Fähigkeiten und seiner Manneskräfte, log nie. Er war sich seiner Grenzen wohl bewußt, aber nie hörte man ihn sagen (wie wir es zu tun pflegten, um Trost zu finden oder schlechte Laune abzureagieren): „Du, ich glaube, ich bin wirklich blöd.“

Er hatte ein prosaisches, bedächtiges Wesen: wie wir alle lebte er in Träumen, aber seine Träume waren vernünftig, nüchtern, möglich, wirklichkeitsnah, unromantisch, unkosmisch. Er kannte nicht mein qualvolles Schwanken zwischen Himmel (bei einem Erfolg in der Schule oder im Sport, bei einer neuen Freundschaft, bei einer flüchtigen Liebelei) und Hölle (bei einer Fünf, einem unguten Gewissen, bei der brutalen Entdeckung meiner Minderwertigkeit, die jedesmal ewig, endgültig zu sein schien). Seine Ziele waren immer erreichbar. Er träumte vom Fortkommen und lernte geduldig Dinge, die ihn nicht interessierten. Er wünschte sich ein Mikroskop und verkaufte sein Rennrad, um es zu bekommen. Er wollte Stabhochspringer werden und ging ein Jahr lang allabendlich in die Turnhalle, ohne sich aufzuspielen oder die Gliedmaßen zu verrenken, bis er die drei Meter fünfzig schaffte, wie er es sich vorgenommen hatte, dann hörte er auf. Später wollte er eine bestimmte Frau und bekam sie; er wollte Geld, um geruhsam leben zu können, und bekam es nach zehn Jahren langweiliger, trockener Arbeit.

Für uns stand fest, wir würden Chemiker werden, aber wir erwarteten und erhofften uns davon nicht das gleiche. Enrico verlangte, vernünftig, wie er war, von der Chemie die Mittel zum Geldverdienen und zu einem gesicherten Leben. Ich verlangte etwas ganz anderes: für mich war die Chemie eine ins Ungewisse verschwimmende Wolke künftiger Möglichkeiten, sie hüllte meine Zukunft in dunkle, von Feuerblitzen zerrissene Rauchschwaden, wie jene, die den Berg Sinai verdunkelten. Wie Moses erwartete ich von dieser Wolke mein Gesetz, die Ordnung in mir, um mich herum und in der Welt. Ich hatte die Bücher satt, die ich dennoch weiterhin in maßloser Gier verschlang, und suchte nach einem anderen Schlüssel für die höchsten Wahrheiten: einen Schlüssel mußte es doch geben, und ich war überzeugt, daß ich ihn von der Schule auf Grund irgendeiner ungeheuren Verschwörung gegen mich und die Welt nicht bekommen würde. In der Schule verabreichte man uns tonnenweise Wissen, das ich fleißig verschlang, das mein Blut aber nicht in Wallung brachte. Ich betrachtete die schwellenden Knospen im Frühling, den Glimmer im Granit, meine eigenen Hände und sagte mir: „Ich werde auch das begreifen, ich werde alles begreifen, aber nicht, wie *sie* es wollen. Ich werde eine Abkürzung finden, ich werde mir einen Dietrich machen, ich werde die Pforten sprengen." Es war entnervend, widerlich, sich Reden über Sein und Erkennen anzuhören, wenn alles um uns her Geheimnis war, das nach Enthüllung schrie: das alte Holz der Bänke, die Sonnenkugel jenseits der Fensterscheiben und Dächer, der ziellose Flug des Pappus in der Juniluft. Wären etwa alle Philosophen und alle Heere der Welt in der Lage gewesen, diese Mücke zu konstruieren? Nein, nicht einmal begreifen konnten sie sie: das war schimpflich, schändlich, es galt, einen anderen Weg zu finden.

Wir würden Chemiker werden, Enrico und ich. Wir würden mit unseren eigenen Kräften, mit unserem eigenen Genie dem Geheimnis die Hüllen herunterreißen: wir würden Proteus an der Gurgel packen, würden seine läppischen Verwandlungen von Platon bis Augustinus, von Augustinus bis Thomas von Aquin, von Thomas von Aquin bis Hegel, von Hegel bis Croce zerschlagen. Wir würden ihn zum Sprechen zwingen.

Da dies unser Programm war, konnten wir es uns nicht leisten, Gelegenheiten zu vergeuden. Enricos Bruder, ein geheimnisvoller, cholerischer Mensch, von dem Enrico nicht gern sprach, war Chemiestudent und hatte sich hinten auf einem Hof ein Laboratorium eingerichtet, in einer seltsam engen, verwinkelten Gasse, die von der Piazza della Crocetta abgeht und sich in der bedrückenden Geometrie Turins wie ein im hochentwickelten Körperbau eines Säugetieres gefangenes rudimentäres Organ ausnimmt. Das Labor war ebenfalls rudimentär: aber nicht im Sinne eines atavistischen Überbleibsels, sondern in Anbetracht seiner extremen Dürftigkeit. Da gab es einen gefliesten Tisch, einiges Glasgerät, etwa zwanzig Reagenzgläser, viel Staub, viel Spinnweben, wenig Licht, und es war bitter kalt darin. Den ganzen Weg über hatten wir erörtert, was wir jetzt, da wir „das Labor betreten" würden, tun würden, aber unsere Vorstellungen waren wirr.

Es kam uns vor, als wären wir in Verlegenheit, aus dem Überfluß auszuwählen, eigentlich aber war es eine Verlegenheit, deren Wurzeln tiefer reichten: sie hing mit einer uralten Verkümmerung unserer Person, unserer Familien, unserer Kaste zusammen. Was wußten wir mit unseren Händen anzufangen? Nichts oder so gut wie nichts. Ganz anders die Frauen: unsere Mütter und Großmütter hatten rege, geschickte Hände, sie verstanden zu nähen und zu kochen, manche auch Klavier zu spielen, Aquarelle zu malen, zu sticken, sich das Haar zu flechten. Wir aber und unsere Väter?

Unsere Hände waren grob und zugleich schwach, unterentwickelt, gefühllos: der am wenigsten ausgebildete Teil unseres Körpers. Nach den ersten grundlegenden Erfahrungen beim Spiel hatten sie schreiben gelernt und nichts weiter. Sie kannten das krampfhafte Festklammern an den Zweigen der Bäume, auf die wir (Enrico und ich) gern kletterten, einem natürlichen Drange folgend und zugleich dem Ursprung der Art verworrene Reverenz erweisend und zu ihm zurückkehrend; sie kannten jedoch nicht das feierliche, ausgewogene Gewicht des Hammers, die geballte Kraft der Messerklingen, die uns aus übergroßer Vorsicht vorenthalten wurden, den weisen Aufbau des Holzes, die einander ähnliche und doch andersartige Nachgiebigkeit von Eisen, Blei und Kupfer. Wenn der Mensch Handwerker ist, so waren wir keine Menschen: das wußten wir und litten darunter.

Das Glas im Labor bezauberte uns und schüchterte uns ein. Glas war für uns etwas, was man nicht anfassen darf, da es zerbricht, bei genauerem Hinsehen erwies es sich hingegen als eine Materie, die ganz anders ist als alle anderen Stoffe, als eine Materie eigener Art, geheimnisvoll und eigenwillig. Es ähnelt hierin dem Wasser, das jedoch nicht seinesgleichen hat: das Wasser ist von alters her auf Grund vielfältiger Notwendigkeit an den Menschen, ja an das Leben gebunden, so daß sich seine Einzigartigkeit unter dem Gewohnten verbirgt. Das Glas dagegen ist Menschenwerk und jüngerer Herkunft. Es war unser erstes Opfer oder besser unser erster Gegner. Im Labor in der Via Crocetta gab es Glasrohr mit unterschiedlichem Durchmesser, lange und kurze Stücke, alle staubbedeckt: wir zündeten einen Bunsenbrenner an und machten uns an die Arbeit.

Das Rohr ließ sich leicht biegen. Man brauchte nur ein Stück über die Flamme zu halten: nach einer gewissen Zeit wurde die Flamme gelb, und das Glas fing gleichzeitig schwach zu glühen an. Nun ließ sich das Rohr biegen: die Rundung, die man dabei erhielt, war bei weitem nicht vollkommen, aber es passierte etwas, man konnte nach Belieben eine neue Form schaffen; eine Potenz wurde zur Tat – war es nicht das, was Aristoteles meinte?

Nun, man kann auch Kupfer- oder Bleirohr biegen, wir merkten aber sehr bald, daß ein zum Glühen gebrachtes Glasrohr eine einzigartige Eigenschaft besaß – wenn es biegsam geworden war, konnte man es durch rasches Auseinanderziehen der beiden kalten Enden zu sehr feinen Fäden formen, die so unendlich fein waren, daß sie vom warmen Luftstrom, der von der Flamme aufstieg, in die Höhe getragen wurden. Fein und biegsam wie Seide. Wo war die erbarmungslose Starre des festen Glases geblieben? Wären auch Seide, Baumwolle, wenn man sie in eine feste Form bringen könnte, unbiegsam wie Glas? Enrico erzählte mir, daß in dem Dorf, in dem sein Großvater lebte, die Angler die Seidenraupen zu fangen pflegen, wenn diese schon groß sind und blind und unbeholfen an den Zweigen hochzuklettern versuchen, um sich einzuspinnen; sie fangen sie, zerreißen sie mit den Fingern in zwei Hälften und erhalten, indem sie die Enden auseinanderziehen, einen Seidenfaden, dick, fest und haltbar, den sie dann als Angelschnur benutzen. Die Geschichte, die ich bedenkenlos glaubte, empfand ich als scheußlich und faszinierend zugleich: scheußlich die grausame Todesart und die schnöde Ausnutzung eines Naturwunders, faszinierend den unbefangenen, kühnen Geist, den dies bei seinem ins Dunkel der Legende gebannten Erfinder voraussetzte.

Das Glasrohr konnte man auch blasen, das war jedoch weit schwieriger. Es gelang wohl, ein Röhrchenende zu schließen: wenn man dann kräftig in das andere Ende blies, bildete sich eine Blase, die schön anzusehen und fast vollkommen rund war, aber unnatürlich dünne Wände hatte. Wenn man nur ein wenig zu stark blies, begannen die Wände wie Seifenblasen zu schillern, und das war ein sicheres Zeichen für ihren Tod: die Blase platzte mit dumpfem Knall, und die Splitter zerstreuten sich zart klirrend wie zersplitternde Eierschalen über den Boden. Irgendwie war es eine gerechte Strafe; Glas ist Glas, und es hätte sich nicht wie Seifenwasser betragen dürfen. Mit ein wenig Übertreibung konnte man in dem Vorgang eine Äsopische Fabel sehen.

Nach einstündigem Kampf mit dem Glas fühlten wir uns müde und gedemütigt. Durch zu langes Betrachten des glühenden Glases hatten wir beide entzündete, trockene Augen, die Füße waren eisig, und dazu hatten wir uns x-mal die Finger verbrannt. Glas zu bearbeiten ist außerdem keine Chemie; wir waren zu einem anderen Zweck im Labor. Wir wollten wenigstens eine der Erscheinungen, die in unserem Chemiebuch als so unkompliziert beschrieben waren, mit eigenen Augen erleben, mit eigenen Händen zustande bringen. Man konnte zum Beispiel Distickstoffoxid herstellen, das im Handbuch von Sestini und Funaro noch unter der nicht sehr zutreffenden und unseriösen Bezeichnung Lachgas aufgeführt war. Würde es wirklich zum Lachen reizen?

Distickstoffoxid stellt man durch vorsichtiges Erhitzen von Ammoniumnitrat her. Dieses war im Labor nicht vorhanden, aber Ammoniak und Salpetersäure waren da. Da wir die Mengen nicht zu berechnen wußten, mischten wir beides, bis das Lackmuspapier eine neutrale Reaktion zeigte, dadurch erhitzte sich die Mischung sehr stark und sonderte reichlich weißen Dampf ab; dann beschlossen wir, sie zum Sieden zu bringen, um das Wasser zu beseitigen. Das Labor füllte sich binnen kurzem mit einem Dunst, der einen nicht atmen ließ, aber überhaupt nicht zum Lachen reizte; zu unserem Glück unterbrachen wir den Versuch, denn wir wußten nicht, was passieren konnte, wenn man dieses explosive Salz mit weniger Vorsicht erhitzt.

Es war weder einfach noch besonders unterhaltsam. Ich schaute mich um und erblickte in einer Ecke eine gewöhnliche Trockenbatterie. Ja, das wollten wir machen: die Elektrolyse des Wassers. Das war ein Versuch mit sicherem Ausgang, den ich schon verschiedentlich durchgeführt hatte, Enrico würde nicht enttäuscht sein.

Ich goß Wasser in ein Becherglas, löste darin ein wenig Salz auf, stellte in das Becherglas zwei umgestülpte leere Marmeladengläser, stöberte zwei gummibeschichtete Kupferdrähte auf, schloß sie an den Polen der Batterie an und befestigte die Enden in den Gläsern. Von den Enden stieg eine Anzahl winziger Bläschen hoch, ja, wenn man genau hinschaute, konnte man sehen, daß an der Katode ungefähr doppelt soviel Gas frei wurde wie an der Anode. Ich schrieb die wohlbekannte Gleichung an die Tafel und erklärte Enrico, daß genau das vor sich ging, was da geschrieben stand. Enrico schien nicht ganz davon überzeugt zu sein, inzwischen aber war es dunkel geworden, und wir waren fast erfroren; wir wuschen uns die Hände, kauften etwas Kastanienkuchen und gingen nach Hause, den Fortgang der Elektrolyse dem Selbstlauf überlassend.

Tags darauf war der Zugang noch immer frei. Gehorsam der Theorie folgend, war das Glas an der Katode fast ganz mit Gas gefüllt, das an der Anode halbvoll: ich machte Enrico darauf aufmerksam, setzte dabei eine möglichst wichtige Miene auf und versuchte, ihm die Ahnung einzuflößen, daß zwar nicht gerade die Elektrolyse, wohl aber ihre Anwendung als Beweis für das Gesetz von den konstanten Proportionen meine Erfindung wäre, Ergebnis geduldiger, in meiner stillen Kammer durchgeführter Experimente. Aber Enrico war übler Laune und bezweifelte alles. „Wer sagt dir denn, daß es gerade Wasserstoff und Sauerstoff sind?" meinte er unwirsch. „Und wenn Chlor dabei wäre? Hast du nicht Salz dazugegeben?"

Der Einwand kränkte mich: wie konnte Enrico sich erlauben, meine Aussage anzuzweifeln? Ich war der Theoretiker, ich allein: er hätte sich, obwohl er (gewissermaßen und auch nur „leihweise") Inhaber des Labors war, ja, weil er nichts anderes zu bieten hatte, jeder Kritik enthalten sollen. „Das werden wir gleich sehen", sagte ich und hob das Glas an der Katode behutsam an, ich hielt es mit der Öffnung nach unten, zündete ein Streichholz an und näherte es der Öffnung. Es gab einen dumpfen, aber heftigen Knall, das Glas zersprang in lauter Splitter (zum Glück hielt ich es in Brusthöhe und nicht weiter oberhalb), und mir blieb wie zum Hohn der Boden des Glases in der Hand zurück.

Das Vorgefallene erörternd, gingen wir los. Mir zitterten ein wenig die Knie; im nachhinein empfand ich Angst und zugleich einen gewissen dummen Stolz, daß ich eine Hypothese bestätigt und eine Naturgewalt entfesselt hatte. Es war also doch Wasserstoff gewesen: derselbe, der in der Sonne und in den Sternen brennt und aus dessen Verdichtung sich in ewiger Stille die Welten bilden.

Zink

Fünf Monate hatten wir, zusammengequetscht wie Sardinen, ehrfurchtsvoll in den Vorlesungen von Professor P. über Allgemeine und Anorganische Chemie gesessen und unterschiedliche Eindrücke gewonnen, die aber alle erregend und neu waren. Nein, die Chemie von P. war nicht der Motor des Universums und nicht der Schlüssel zur Wahrheit: P. war ein skeptischer, ironischer alter Mann, aller Rhetorik abhold (und einzig und allein aus diesem Grunde war er auch Antifaschist), intelligent, eigensinnig und auf eine ihm eigene traurige Art witzig.

Man erzählte sich Geschichten, mit welch kalter Grausamkeit und betonter Voreingenommenheit er Examen abnähme: seine Opfer waren vorzugsweise die Frauen im allgemeinen, dann die Nonnen, die Priester und all jene, die sich „soldatisch kleideten". Man erzählte sich flüsternd recht verdächtige Geschichten über seine manische Knauserigkeit bei der Führung des Chemischen Instituts und seines persönlichen Labors: im Keller hebe er kistenweise abgebrannte Streichhölzer auf, die die Pedelle nicht wegwerfen dürften; in seiner schon weit zurückliegenden Jugend habe er die mysteriösen Minarette des Instituts bauen lassen, die noch heute diesem Teil des Corso Massimo d'Azeglio ein lächerliches Aussehen von falscher Exotik verleihen, um daselbst jedes Jahr einmal eine geheime schmutzige Orgie mit seinem geborgenen Gut zu feiern, bei der alle im Jahr anfallenden Lumpen und Filterpapiere verbrannt würden; er persönlich habe dabei mit der Geduld eines wahren Knausers die Asche durchsucht und in einer Art ritueller Wiedergeburt, an der teilzunehmen nur Caselli, seinem treu ergebenen Techniker und Pedell, verstattet war, alle wertvollen (und vielleicht auch weniger wertvollen) Teile aussortiert. Man berichtete von ihm weiterhin, er habe seine ganze akademische Karriere damit zugebracht, eine bestimmte stereochemische Theorie nicht mit Experimenten, sondern mit Publikationen zu zerschlagen. Die Experimente führte ein anderer durch, sein großer Rivale in irgendeinem Teil der Welt: er veröffentlichte darüber jeweils in der Helvetica Chimica Acta, und P. zerfetzte sie eins nach dem anderen.

Ich könnte nicht beschwören, daß dieser Klatsch wahr ist: aber in der Tat war ihm, wenn er den Präpariersaal betrat, kein Bunsenbrenner klein genug eingestellt, und deshalb war es ratsam, ihn ganz auszudrehen; in der Tat ließ er die Studenten Silbernitrat aus Fünflirestücken mit dem Adler aus ihrer eigenen Tasche und Nickelchlorid aus den Zwanzigcentesimistücken mit der nackten schwebenden Frau darauf bereiten; und tatsächlich sah ich das einzige Mal, da ich sein Studierzimmer betreten durfte, in Schönschrift auf der Tafel stehen: „Ich will keine Leichenfeier, weder tot noch lebendig."

Mir war P. sympathisch. Die klare Strenge seiner Vorlesungen gefiel mir; mich belustigte die herausfordernde Verachtung, mit der er bei den Prüfungen anstelle des vorgeschriebenen Faschistenhemdes ein drolliges, handflächengroßes schwarzes Lätzchen trug, das bei jeder seiner brüsken Bewegungen aus dem Jackenaufschlag herauskroch. Ich schätzte seine beiden Lehrbücher, die klar bis zur Besessenheit, kurz und bündig, voll mürrischer Verachtung für die Menschheit überhaupt und die faulen und dummen Studenten im besonderen waren: denn alle Studenten waren ihrem Wesen nach faul und dumm; wer das ungeheure Glück hatte und ihm beweisen konnte, daß er es nicht war, galt ihm als ebenbürtig und wurde mit einem knappen, hoch zu veranschlagenden Lob beehrt.

Fünf Monate aufregenden Wartens waren nun vergangen: von uns achtzig Füchsen waren die zwanzig am wenigsten faulen und dummen ausgewählt worden, vierzehn Jungen und sechs Mädchen, und vor uns hatte sich der Präpariersaal geöffnet. Keiner von uns hatte eine genaue Vorstellung, worum es sich dabei im einzelnen handelte: mir scheint, es war eine Erfindung von ihm, eine moderne technische Version der Weiherituale bei den Wilden, bei denen jeder seiner Untertanen urplötzlich von Büchern und Schulbank fortgerissen und in beizenden Rauch, ätzende Säuren und ins praktische Geschehen, das nicht zu den Theorien paßt, verpflanzt wurde. Ich will bestimmt nicht leugnen, daß diese Weihe nützlich, ja notwendig war: aber an der Brutalität, mit der sie zelebriert wurde, ließ sich P.s Freude an Boshaftigkeit ermessen, seine Neigung, den Rangunterschied zu wahren und uns, seine Herde, herabzusetzen. Kurz und gut: kein Wort, weder schriftlich noch mündlich, gab er uns als Wegzehrung mit, kein Wort, das uns ermuntert hätte auf dem Wege, den wir gewählt, das uns auf Gefahren und Fallen hingewiesen und uns die Kniffe vermittelt hätte. Ich habe oft gedacht, daß P. in seinem Innersten ein Wilder, ein Jäger sein mußte; wer auf die Jagd geht, braucht nur das Gewehr zu nehmen oder besser Pfeil und Bogen und in den Wald zu ziehen: Erfolg und Mißerfolg hängen nur von ihm ab. Zieh einfach los; ist der rechte Augenblick gekommen, so ist kein Platz für Opferschauer und Auguren, die Theorie ist wertlos, man lernt sie unterwegs; Erfahrungen, die andere gemacht haben, nützen nichts, die Hauptsache ist das Sichmessen. Wer etwas taugt, gewinnt, wer zu schwache Augen oder Arme oder einen zu kurzen Atem hat, kehrt um und wechselt den Beruf: von den achtzig, die ich vorhin nannte, wechselten dreißig im zweiten Studienjahr den Beruf und weitere zwanzig später.

Dieses Labor war ordentlich und sauber. Täglich verbrachte man hier fünf Stunden, von 14 bis 19 Uhr: am Eingang übertrug ein Assistent jedem eine Präparationsaufgabe, dann ging ein jeder zum „Lager“, wo der widerborstige Caselli den entweder unbekannten oder vertrauten Rohstoff ausgab: dem ein Bröckchen Marmor, dem zehn Gramm Brom, dem ein wenig Borsäure, dem eine Handvoll Ton. Diese Reliquien vertraute uns Caselli mit einer Miene an, in der unverhohlener Argwohn lag: es war das Brot der Wissenschaft, P.s Brot, und schließlich war es auch sein Hab und Gut, Gut, das er verwaltete; wer weiß, wie zweckentfremdet wir blutigen Laien es verwenden würden.

Caselli hing an P. mit einer erbitterten, streitsüchtigen Liebe. Er war ihm wohl vierzig Jahre lang treu ergeben gewesen; er war sein Schatten, seine irdische Verkörperung, und wie all jene, die Stellvertreterfunktionen ausüben, war er ein interessantes Exemplar des Menschengeschlechts: wie jene, meine ich, die Autorität repräsentieren, ohne selbst welche zu besitzen, beispielsweise Sakristane, Museumsführer, Pedelle, Krankenwärter, Anwalts- und Notariatsgehilfen, Handelsvertreter. Sie trachten mehr oder weniger danach, das Wesen ihres Prinzipals auf ihre eigene Natur zu übertragen, wie es bei pseudomorphen Kristallen der Fall ist: manchmal leiden sie darunter, häufig empfinden sie Freude darüber, und sie beachten zwei unterschiedliche Verhaltensmuster, je nachdem, ob sie in eigener Person oder „in Ausübung ihrer Funktionen“ handeln. Oft kommt es vor, daß die Persönlichkeit des Prinzipals sie derart durchdringt, daß ihre normalen menschlichen Kontakte gestört werden und sie deshalb Junggeselle bleiben; bei der mönchischen Lebensweise, die das nahe Zusammenleben und das Untertanenverhältnis zur höheren Autorität mit sich bringt, ist der Zölibat tatsächlich Pflicht und wird hingenommen. Caselli war ein schlichter, schweigsamer Mann, in dessen traurigem, aber doch stolzem Blick man lesen konnte:

– Er ist ein großer Wissenschaftler, und ich als sein „Famulus“ bin ebenfalls ein bißchen groß;

– wenn ich auch unbedeutend bin, so weiß ich doch Dinge, die er nicht weiß;

– ich kenne ihn besser als er sich selbst; ich sehe seine Handlungen voraus;

– ich habe Macht über ihn, verteidige und beschütze ihn;

– ich kann schlecht über ihn reden, da ich ihn liebe; euch ist das nicht gestattet;

– seine Grundsätze sind richtig, aber er wendet sie lässig an, und „früher war das anders". Wenn ich nicht wäre...

Und tatsächlich leitete Caselli das Institut mit noch größerer Sparsamkeit und Abneigung gegen alles Neue als P. selbst.

Mir war es am ersten Tag beschieden, Zinksulfat herzustellen: das konnte nicht allzu schwer sein, man brauchte nur eine einfache stöchiometrische Berechnung vorzunehmen und das gekörnte Zink mit der vorher verdünnten Schwefelsäure anzugreifen; dann wurde die Lösung eingedampft, mußte kristallisieren, dann wurde mit der Pumpe getrocknet, gewaschen, und man ließ erneut kristallisieren. Zink, *zinc, zinco*: daraus werden Waschzuber hergestellt, es ist ein Element, das die Phantasie nicht anregt, es ist grau, und seine Salze sind farblos, es ist nicht giftig, zeigt kein auffälliges Farbverhalten, ist alles in allem ein langweiliges Metall. Die Menschheit kennt es seit zwei, drei Jahrhunderten, es ist mithin kein ruhmbeladener Veteran wie das Kupfer und auch keines dieser ganz jungen Elementchen, denen noch das Aufsehen ihrer Entdeckung anhaftet.

Caselli händigte mir mein Zink aus, ich kehrte zum Tisch zurück und machte mich an die Arbeit: ich war neugierig, fühlte mich „geniert" und ein wenig verzagt, wie wenn man dreizehn Jahre alt ist und in den Tempel gehen und vor dem Rabbiner auf hebräisch das Gebet des Bar Mizwa aufsagen muß; der lang herbeigesehnte, ein wenig gefürchtete Augenblick war gekommen. Die Stunde des Stelldicheins mit der Materie, dem großen Widersacher des Geistes, mit der

Hyle, dem Urstoff, der kurioserweise in den Endungen der Alkylreste, wie Methyl, Butyl und dergleichen, einbalsamiert ist, hatte geschlagen.

Den anderen Rohstoff, den Partner des Zinks, das heißt die Schwefelsäure, brauchte man sich nicht von Caselli zu holen, sie war überall reichlich vorhanden. Natürlich konzentriert: mit Wasser zu verdünnen; aber aufgepaßt, in allen Abhandlungen steht geschrieben, man muß umgekehrt vorgehen, das heißt die Säure ins Wasser gießen und nicht umgekehrt, sonst wird dieses so harmlos aussehende Öl fuchsteufelswild: das wissen sogar die Schulkinder. Dann wird das Zink in die verdünnte Säure gegeben.

In den Lehrheften stand ein Detail, ich hatte es beim ersten Lesen übersehen. Das so zarte, empfindliche Zink, Säuren gegenüber so nachgiebig, daß sie es mit einem Bissen verschlingen, verhält sich ganz anders, wenn es sehr rein ist: dann widersetzt es sich hartnäckig jeder Verbindung. Man konnte daraus zwei einander widersprechende philosophische Schlußfolgerungen ziehen: das Reine preisen, das wie ein Schild vor dem Bösen schützt; oder das Unreine preisen, das den Weg freigibt zu Veränderungen und damit zum Leben. Ich verwarf die erste, widerwärtig moralische und verweilte bei der Betrachtung der zweiten, die mir näher lag. Damit das Rad sich dreht, damit das Leben lebt, dazu bedarf es des Unreinen und des Unreinen vom Unreinen: auch, wie man weiß, im Boden, wenn er fruchtbar sein soll. Es muß den Dissens, das Andersartige, das Salz- und das Senfkorn geben; der Faschismus möchte dies nicht, er verbietet es, und deshalb bist du nicht Faschist; er will, daß alle gleich sind, und du bist nicht gleich. Aber auch die makellose Tugend gibt es nicht, oder wenn es sie gibt, so ist sie widerwärtig. Nimm also die Kupfersulfatlösung, die im Reagenzglas ist, tu einen Tropfen davon an deine Schwefelsäure und sieh, wie die Reaktion beginnt: das Zink wird rege, bedeckt sich mit einem weißen Mantel aus Wasserstoffbläschen, da haben wir's, der Zauber ist vollbracht, du kannst es seinem Schicksal überlassen, ein wenig durch das Labor spazieren und schauen, was es Neues gibt und was die anderen machen.

Die anderen machten allerlei; manche arbeiteten eifrig, pfiffen auch wohl vor sich hin, um unbekümmert zu erscheinen, ein jeder an seiner Hylepartikel; andere schlenderten umher oder betrachteten draußen vor dem Fenster den jetzt gänzlich begrünten Valentino, andere wiederum rauchten und plauderten in den Ecken.

In einer Ecke war eine Abzugsvorrichtung, und dort saß Rita. Ich trat zu ihr und bemerkte mit einem Anflug von Freude, daß sie die gleiche Suppe kochte wie ich: mit Freude, denn seit langem scharwenzelte ich um Rita herum, legte mir glänzende Redeansätze zurecht, traute mich aber dann im entscheidenden Augenblick nicht zu sprechen und verschob es auf den nächsten Tag. Ich traute mich nicht, weil ich ausgesprochen schüchtern und unsicher war und Rita einem auch irgendwie den Mut zu Annäherungsversuchen nahm. Sie war sehr mager und blaß, traurig und selbstbewußt: die Prüfungen bestand sie gut, aber sie hatte, anders als ich, keine rechte Freude an den Dingen, die sie studierte. Sie war mit niemandem befreundet, keiner wußte Näheres von ihr, sie sprach wenig, und all dies zog mich an. Ich legte es darauf an, beim Unterricht neben ihr zu sitzen, sie aber schenkte mir kein Vertrauen, und ich fühlte mich enttäuscht und entmutigt. Ja, ich war verzweifelt, und gewiß nicht zum erstenmal: in dieser Zeit glaubte ich nämlich, zu ständiger männlicher Einsamkeit verurteilt zu sein, für immer dem Lächeln einer Frau entsagen zu müssen, das ich doch brauchte wie die Luft zum Atmen.

Es war klar, daß sich an diesem Tag eine Gelegenheit bot, die ich nicht verstreichen lassen durfte: zwischen Rita und mir gab es in dem Augenblick eine Brücke, ein Brücklein aus Zink, schmal, aber begehbar; los, tu den ersten Schritt.

Während ich um Rita herumschwirrte, entdeckte ich einen weiteren glücklichen Umstand: aus der Tasche des Mädchens ragte ein wohlbekannter, gelblicher Bucheinband mit rotem Rand heraus, auf dem Titelblatt ein Rabe mit einem Buch im Schnabel. Der Titel? Man konnte nur „AUB“ und „ERG“ lesen, aber das genügte: es war mein Leib-und-Magen-Buch in jenen Monaten, die zeitlose Geschichte von Hans Castorp in seinem magischen Exil auf dem Zauberberg. Ich fragte Rita nach ihrer Meinung, ängstlich ihr Urteil erwartend, fast so, als hätte ich das Buch geschrieben, mußte mich aber bald davon überzeugen, daß sie diesen Roman ganz anders las. Eben wie einen Roman; es interessierte sie sehr, zu erfahren, wie weit Hans sich bei Madame Chauchat vorwagen würde, und dabei übersprang sie unbarmherzig die (mich) faszinierenden politischen, theologischen und metaphysischen Streitgespräche zwischen dem Humanisten Settembrini und dem jüdischen Jesuiten Naphta.

Einerlei, ja mehr noch: ein Feld für die Diskussion. Es könnte geradezu eine gehaltvolle, grundsätzliche Diskussion werden, denn auch ich bin Jude, sie aber nicht: ich bin das Unreine, das die Reaktion des Zinks bewirkt, ich bin das Salz- und das Senfkorn. Das Unreine, bestimmt: denn just in jenen Monaten begann die Zeitschrift „Die Verteidigung der Rasse“ zu erscheinen, da war viel von Reinheit die Rede, und ich fing an, stolz zu sein, daß ich unrein war. In Wahrheit hatte es mir bis zu jenen Monaten nicht viel bedeutet, daß ich Jude war: innerlich und auch im Umgang mit meinen christlichen Freunden hatte ich meine Herkunft immer als nahezu unerheblich, wenn auch merkwürdig angesehen, als eine komische kleine Anomalie, wie wenn jemand eine schiefe Nase oder Sommersprossen hat; ein Jude ist, wer zu Weihnachten keinen Weihnachtsbaum schmückt, wer keine Salami essen sollte, es aber doch tut, wer mit dreizehn Jahren etwas Hebräisch gelernt und dann wieder vergessen hat. Der obengenannten Zeitschrift zufolge ist ein Jude geizig und gerissen: ich war aber weder besonders geizig noch besonders gerissen, und mein Vater war es ebensowenig gewesen.

Es gab mithin vieles, worüber ich mit Rita diskutieren konnte, aber das Gespräch, das ich mir wünschte, wollte nicht in Gang kommen. Ich merkte bald, daß Rita anders war als ich, kein Senfkorn. Sie war die Tochter eines mittellosen, kränklichen Händlers. Die Universität war für sie keineswegs der Tempel des Wissens, sondern ein dornenreicher, beschwerlicher Weg, der zu einem Titel, zu Arbeit und Verdienst führt. Von Kindheit an hatte sie selbst gearbeitet: sie hatte dem Vater geholfen, war Verkäuferin in einem Dorfladen gewesen, und auch damals fuhr sie mit dem Rad nach Turin, um Bestellungen abzuliefern und Zahlungen in Empfang zu nehmen. Dies alles rückte sie mir nicht fern, im Gegenteil, ich fand es bewundernswert, wie alles, was sie betraf: ihre ungepflegten Hände, ihre bescheidene Kleidung, ihren festen Blick, ihre spürbare Traurigkeit, die Zurückhaltung, mit der sie auf meine Reden reagierte.

Solcherart konzentrierte mein Zinksulfat schlecht, es schrumpfte zu einem weißen Pülverchen zusammen, das in stickigen Dunstwolken seine Schwefelsäure ganz oder fast ganz verströmte. Ich überließ es seinem Schicksal und schlug Rita vor, sie nach Hause zu begleiten. Es war dunkel, und sie wohnte ziemlich weit. Objektiv betrachtet, war das Ziel, das ich mir gestellt hatte, recht bescheiden, mir erschien es jedoch von einer Kühnheit ohnegleichen: bis zur Hälfte des Weges zauderte ich, ging wie auf glühenden Kohlen und berauschte mich und sie mit atemlos hervorgestoßenen zusammenhanglosen Reden. Schließlich schob ich, vor Erregung zitternd, meinen Arm unter den ihren. Rita zog ihren Arm nicht zurück, erwiderte aber auch nicht den Druck; ich jedoch paßte meinen Schritt dem ihren an und war heiter und siegesgewiß. Ich kam mir vor, als hätte ich eine Schlacht gewonnen, eine zwar kleine, aber entscheidende Schlacht gegen das Dunkel, die Leere und die widrigen Zeitläufte, die anbrachen.

Eisen

Außerhalb der Mauern des Chemischen Instituts herrschte Nacht, Nacht über Europa: Chamberlain war besiegt aus München zurückgekehrt, Hitler war in Prag eingezogen, ohne einen einzigen Schuß abzufeuern, Franco hatte Barcelona bezwungen und saß in Madrid. Das faschistische Italien, der kleinere Pirat, hatte Albanien besetzt, und die Ahnung von der bevorstehenden Katastrophe legte sich wie klebriger Tau auf Häuser und Straßen, auf vorsichtige Gespräche und auf das schlummernde Gewissen.

Aber diese dicken Mauern konnte die Nacht nicht durchdringen; die faschistische Zensur selbst, ein Meisterwerk des Regimes, hielt uns von der Welt fern, in einen weißen Raum aus Betäubung gesperrt. Etwa dreißig von uns hatten die Klippe der ersten strengen Prüfungen passiert und waren im zweiten Studienjahr in das Labor für Qualitative Analyse aufgenommen worden. Wir hatten den geräumigen rauchgeschwärzten, dunklen Saal betreten wie jemand, der beim Betreten des Gotteshauses bedachtsam seine Schritte setzt. Das vorige Labor, das mit dem Zink, erschien uns jetzt wie eine kinderleichte Übung, so wie wenn man als Kind Kochen spielt: ob richtig oder falsch, irgend etwas kam immer heraus, wenn es auch nicht sehr ergiebig oder nicht allzu rein war; man mußte wirklich schon ein Stümper oder Besserwisser sein, um nicht Magnesiumsulfat aus Magnesit oder Kaliumbromid aus Brom zu bekommen.

Hier war das nicht so: hier wurde es ernst, die Auseinandersetzung mit der Materie-Mater, der feindlichen Mutter, war hier härter und unmittelbarer. Um zwei Uhr nachmittags händigte Professor D., ein asketisch und zerstreut wirkender Mann, jedem von uns genau ein Gramm eines bestimmten Pülverchens aus; bis zum nächsten Tag mußte die qualitative Analyse angefertigt werden, das heißt, es war Bericht zu erstatten, welche Metalle und Nichtmetalle es enthielt. Man mußte schriftlich berichten, in Form eines Protokolls, mit klarem Ja und Nein, denn weder Zweifel noch Unschlüssigkeit waren zulässig; es war jedesmal eine Entscheidung, ein Entschluß; ein reifes, verantwortungsvolles Handeln, auf das uns der Faschismus nicht vorbereitet hatte und das einen guten, trockenen, sauberen Geruch ausströmte.

Da gab es Elemente, leicht und frei, unfähig, sich zu verbergen, wie Eisen und Kupfer; andere wiederum waren heimtückisch und flüchtig, wie Wismut oder Kadmium. Es gab eine Methode, ein umständliches, traditionelles Schema systematischen Forschens, eine Art Kamm und Walze, dem (theoretisch) nichts entgehen konnte, ich zog es jedoch vor, von Mal zu Mal meinen eigenen Weg zu finden, mit schnellen, improvisierten Vorstößen wie im Blitzkrieg und nicht mit aufreibender Routine wie beim Stellungskrieg: Quecksilber zu Tröpfchen sublimieren, Natrium in Natriumchlorid umwandeln und als trichterförmige Teilchen unter dem Mikroskop ausmachen. Irgendwie änderte sich hier das Verhältnis zur Materie, wurde dialektisch: es war wie beim Fechten ein Wettkampf zu zweit. Zwei ungleiche Gegner: auf der einen Seite als Fragender der noch nicht flügge gewordene, wehrlose Chemiker mit dem Autenrieth als einzigem Verbündeten neben sich (denn D., der häufig bei schwierigen Fällen zu Hilfe gerufen wurde, verhielt sich gewissenhaft neutral, das heißt, er weigerte sich, eine Meinung zu äußern: ein weises Verhalten, denn wer sich äußert, kann irren, und ein Professor darf nicht irren); auf der anderen Seite, rätselvolle Antworten erteilend, die Materie in ihrer duckmäuserischen Passivität, alt wie das All und wunderbar reich an Täuschungen, erhaben und subtil wie die Sphinx. Ich begann damals Deutsch zu lernen und berauschte mich an dem Begriff Urstoff und der Vorsilbe Ur, die darin enthalten ist und eben auf den weit zurückliegenden Ursprung, die räumliche und zeitliche Ferne, hindeutet.

Auch hier hatte niemand viele Worte verloren, um uns beizubringen, wie man sich vor Säuren, ätzenden Stoffen, Bränden und Explosionen schützt: bei den am Institut herrschenden rauhen Sitten verließ man sich offenbar darauf, daß die natürliche Auslese ihr Werk tun und diejenigen von uns auserwählen würde, die zum physischen und beruflichen Überleben am meisten geeignet waren. Es gab nur wenige Absaugvorrichtungen; ein jeder setzte gewissenhaft, so wie es das Lehrbuch vorschreibt, bei der systematischen Analyse eine reichliche Dosis Salzsäure und Ammoniak frei, so daß das Labor ständig von dichtem weißem Nebel aus Ammoniumchlorid erfüllt war, der sich an den Fensterscheiben in winzigen glitzernden Kristallen niederschlug. In den Raum mit dem Schwefelwasserstoff, in dem eine mörderische Luft herrschte, zogen sich Paare zurück, die allein sein wollten, oder Einzelgänger, um ihr Vesperbrot zu essen.

Aus dem Dunst und dem betriebsamen Schweigen heraus hörte man eine Stimme in piemontesischem Tonfall: „*Nuntio vobis gaudium magnum. Habemus ferrum*".* Es war März 1939, und vor wenigen Tagen hatte sich mit nahezu der gleichen feierlichen Verkündigung („*Habemus papam*") das Konklave aufgelöst, das Kardinal Eugenio Pacelli, auf den viele ihre Hoffnungen setzten, denn auf etwas oder auf jemanden mußte man ja hoffen, auf den Stuhl Petri erhoben hatte. Sandro, der Schweigsame, war es, der das Lästerwort gesprochen hatte.

* (lat.) „Ich verkündige Euch eine große Freude. Wir haben Eisen." Scherzhafte Abwandlung der traditionellen Formel, mit der die Wahl eines neuen Papstes bekanntgegeben wird (Habemus papam).

Unter uns allen war Sandro ein Einzelgänger. Er war ein Bursche von mittlerem Wuchs, hager und muskulös, und trug nicht einmal an den kältesten Tagen einen Wintermantel. Zum Unterricht kam er in abgetragenen Knickerbockern aus Samt, schafwollenen Kniestrümpfen, und manchmal hatte er ein schwarzes Mäntelchen an, das mich an Renato Fucini* erinnerte. Er hatte große schwielige Hände, sein Profil war starkknochig und grob, das Gesicht sonnenverbrannt, und unter dem Ansatz der Haare, die er in sehr kurzem Bürstenschnitt trug, lag die niedrige Stirn: sein Schritt war der weitausgreifende, behäbige des Bauern.

Vor wenigen Monaten waren die Rassengesetze verkündet worden, und auch ich wurde zum Einzelgänger. Meine christlichen Kommilitonen waren anständig, weder sie noch die Professoren haben sich je in Wort und Tat feindselig gegen mich verhalten, aber ich spürte, wie sie von mir abrückten, und auch ich zog mich, einer uralten Handlungsweise folgend, von ihnen zurück: jeden Blick, den wir tauschten, begleitete ein winziges, aber wahrnehmbares Aufblitzen von Mißtrauen und Argwohn. Was denkst du von mir? Was bin ich für dich? Derselbe, der ich vor sechs Monaten war, deinesgleichen, der bloß nicht zur Messe geht, oder der Jude, der „unter euch nicht euer lache“?

Mit Staunen und Freude hatte ich beobachtet, daß zwischen Sandro und mir etwas im Entstehen war. Es war keineswegs Freundschaft zwischen Gleichartigen: im Gegenteil, die unterschiedliche Herkunft gab uns reichlich „Ware“ zum Tauschen, wie wenn sich Händler aus weitentfernten, gegenseitig unbekannten Gegenden treffen. Es war auch nicht die natürliche, wunderbare Vertraulichkeit der Zwanzigjährigen: dazu kam es zwischen Sandro und mir nie. Ich merkte bald, er war edelmütig, feinsinnig, ausdauernd und wagemutig, sogar mit einem kleinen Stich ins Freche, dabei

* (1843–1921), toskanischer Schriftsteller, schilderte nach veristischen Vorbildern das ländliche Milieu seiner Heimat.

aber zurückhaltend und menschenscheu, und obwohl wir in dem Alter waren, in dem man das Bedürfnis, den Wunsch, die Unverfrorenheit hat, einander alles mitzuteilen, was einem im Kopf und sonstwo herumschwirrt (und dieses Alter kann lange dauern, endet aber mit dem ersten Kompromiß), drang nichts durch seine Schale der Zurückhaltung, nichts von seinem doch spürbar reichen, intensiven Innenleben, es seien denn überaus knappe Andeutungen. Er war von der Art der Katzen, mit denen man Jahrzehnte zusammen leben kann, ohne daß ein Rest von Fremdheit schwindet.

Wir mußten einander beide in vielem nachgeben. Ich sagte zu ihm, wir wären wie ein Kation und ein Anion, aber Sandro sah nicht so aus, als stimme er dem Vergleich zu. Er war in der Serra d'Ivrea, einer schönen, kargen Gegend, geboren, war Sohn eines Maurers und verbrachte den Sommer als Hirte. Nicht als Seelen-, sondern als Schafhirte, nicht aus Schwärmerei für das Idyllische oder aus einer Schrulle heraus, sondern aus Freude, aus Liebe zu Land und Gras und aus der überquellenden Fülle des Herzens heraus. Er hatte eine eigenartige mimische Begabung, und wenn er von Kühen, Hühnern, Schafen und Hunden sprach, verwandelte er sich, ahmte ihren Blick, ihre Bewegungen und ihre Stimmen nach, wurde lustig und schien wie ein Zauberer in Tiergestalt zu schlüpfen. Er brachte mir vieles über Pflanzen und Tiere bei, von seiner Familie hingegen sprach er wenig. Der Vater war gestorben, als er noch ein Kind war, es waren einfache, arme Leute, und da er ein aufgeweckter Junge war, hatten sie beschlossen, ihn studieren zu lassen, damit er Geld nach Hause brächte, und er hatte mit piemontesischem Ernst, aber ohne Begeisterung eingewilligt. Er hatte den langen Weg über Mittelschule und Gymnasium zurückgelegt und dabei ohne große Mühe die besten Ergebnisse erreicht; er machte sich nichts aus Catull und Cartesius, ihm lag nur daran, versetzt zu werden und den Sonntag auf Skiern und auf Felsen zuzubringen. Chemie hatte er gewählt, weil sie ihn besser dünkte als ein anderes Studium; es war ein Beruf, bei dem es um Dinge ging, die man sehen und anfassen konnte, ein weniger mühseliger Brotverdienst als der eines Tischlers oder Bauern.

Wir begannen gemeinsam Physik zu lernen, und Sandro war erstaunt, wenn ich ihm einige Ideen zu erklären versuchte, die mir damals im Kopf herumschwirrten. Daß das Edle im Menschen, erworben in jahrhundertelangen Prüfungen und Irrtümern, darauf beruhte, die Materie zu beherrschen, und daß ich Chemie studierte, weil ich diesem Edlen die Treue halten wollte. Daß über die Materie siegen sie begreifen bedeute und das Begreifen der Materie notwendig sei, um das Weltall und uns selbst zu begreifen; und daß somit das Periodische System von Mendelejew, das wir in jenen Wochen gerade mühsam entwirren lernten, Poesie sei, erhabener und feierlicher als alle Poesie, die wir in der Schule bewältigt hatten: wenn man es recht überlegte, reimte es sich sogar! Daß er, wenn er die Brücke, das fehlende Bindeglied zwischen der Welt, die auf dem Papier steht, und der Welt der Dinge suchte, nicht in der Ferne zu suchen brauchte: es war hier, im Autenrieth, in unseren verqualmten Labors und in unserem künftigen Beruf.

Und schließlich die Hauptsache: merkte er, ein grundanständiger, aufrichtiger Bursche, nicht, wie die faschistischen Wahrheiten stanken und die Luft verpesteten, empfand er es nicht als eine Schmach, daß von einem denkenden Menschen gefordert wurde zu glauben, ohne zu denken? Empfand er nicht einen Widerwillen gegen alle Dogmen, alle unbewiesenen Behauptungen, alle Imperative? Er empfand es doch: wieso fühlte er dann nicht eine neue Würde und Erhabenheit bei unserem Studium, wie konnte er da übersehen, daß Chemie und Physik, von denen wir uns ernährten, außer der lebensnotwendigen Nahrung auch das Gegengift gegen den Faschismus darstellten, nach dem er und ich suchten, denn sie waren klar, eindeutig, jeder Schritt überprüfbar und nicht eitles Lügengewebe wie Rundfunk und Zeitungen?

Sandro hörte mir zu, mit ironischer Aufmerksamkeit, immer auf dem Sprung, mich mit knappen, höflich-kühlen Worten in die Wirklichkeit zurückzuholen, wenn ich allzusehr ins Schwärmen geriet: aber in ihm reifte etwas heran (sicher war es nicht nur mein Verdienst – es waren Monate, reich an verhängnisvollen Ereignissen), etwas, was ihn verstörte, denn es war zugleich das Alte und etwas Neues. Er, der bis dahin nur Salgari, London und Kipling gelesen hatte, wurde plötzlich ein gieriger Leser: er verarbeitete und behielt alles, alles ordnete sich bei ihm spontan zu einem Lebenssystem; gleichzeitig begann er zu lernen, und seine Durchschnittsnote schoß von 21 auf 29 hoch. Aus unbewußter Dankbarkeit oder vielleicht auch aus dem Wunsche heraus, sich zu revanchieren, begann er seinerseits, sich meiner Erziehung anzunehmen, und gab mir zu verstehen, daß sie unzureichend wäre. Ich mochte ja recht haben: die Materie konnte unsere Lehrmeisterin oder vielleicht auch, in Ermangelung eines Besseren, unsere politische Schule sein; er aber hatte eine andere Materie, zu der er mich hinführen wollte, eine andere Erzieherin: nicht die Pülverchen der qualitativen Analyse, sondern den wahren, echten, zeitlosen Urstoff, die Steine und das Eis der benachbarten Berge. Er machte mir mühelos klar, daß ich gar kein Recht hatte, von Materie zu sprechen. Was hatte ich denn bis dahin mit den vier Elementen des Empedokles zu schaffen gehabt, wie war ich mit ihnen vertraut? Konnte ich einen Ofen anzünden? Einen Wildbach durchwaten? Kannte ich das Toben des Sturmes auf der Höhe? Das Keimen des Samens? Nein, also hatte auch er mir etwas Lebenswichtiges beizubringen.

Wir schlossen einen Bund, und für mich begann eine wild bewegte Zeit. Sandro schien aus Eisen zu sein, er war dem Eisen von alters her verbunden: die Väter seiner Väter, erzählte er mir, waren Kupferschmiede (*magnín*) und Schlosser (*fré*) in den Tälern von Canavese gewesen, sie schmiedeten Nägel im Feuer, zogen glühende Eisenbänder auf Wagenräder, hämmerten Eisenplatten, bis sie taub wurden: und wenn er selber im Fels die rote Eisenader entdeckte, dann war ihm, als hätte er einen Freund wiedergefunden. Im Winter, wenn es ihn unversehens packte, band er die Skier an sein verrostetes Fahrrad, brach zu früher Stunde auf und radelte bis zur Schneegrenze, ohne Geld, in einer Tasche eine Artischocke, die andere voller Salatblätter: abends, oder auch erst am nächsten Tag, kam er dann nach Hause, er hatte in Scheunen genächtigt, und je mehr ihm Sturm und Hunger zusetzten, um so zufriedener und wohler fühlte er sich.

Im Sommer, wenn er allein aufbrach, nahm er häufig zur Gesellschaft den Hund mit. Es war ein kleiner gelber, unterwürfig dreinblickender Bastard; denn er hatte als Welpe ein unglückliches Erlebnis mit einer Katze gehabt, wie Sandro mir erzählte, wobei er auf seine Weise den Vorgang zwischen den Tieren nachgestaltete. Er hatte sich zu nahe an einen Wurf frisch geborener Kätzchen herangewagt, die Katzenmutter hatte es übelgenommen, sie hatte gefaucht und das Fell gesträubt: der Welpe aber kannte diese Zeichen noch nicht und war tölpelhaft stehengeblieben. Die Katze hatte ihn angegriffen, verfolgt, eingeholt und ihm die Nase zerkratzt: der Hund hatte davon ein bleibendes Trauma zurückbehalten. Er kam sich entehrt vor, Sandro hatte ihm daher einen Ball aus Flicken angefertigt, ihm erklärt, es wäre eine Katze, und jeden Morgen gab er ihm diesen Ball, damit er sich daran für die erlittene Schmach rächen und seine Hundeehre wiederherstellen konnte. Aus dem gleichen therapeutischen Grund nahm er ihn zur Ablenkung in die Berge mit; er band ihn an einem Seilende fest, sich selber am anderen, dann mußte der Hund sich auf einen Felsvorsprung setzen, und er kletterte nach oben; wenn das Seil abgelaufen war, zog er den Hund freundlich nach, und dieser folgte, wie er es gelernt hatte, mit erhobener Schnauze, die vier Beine gegen die nahezu senkrechte Felswand gestemmt, und jaulte dazu leise wie im Traum.

Sandro kletterte mehr mit Gefühl als mit Technik, er vertraute der Kraft seiner Hände und begrüßte, an den Felsvorsprung geklammert, ironisch Silizium, Kalzium und Magnesium, die er im Mineralogiekurs bestimmen gelernt hatte. Der Tag, an dem er seine Kräfte nicht irgendwie restlos verausgabt hatte, schien ihm ein verlorener Tag, gelang es ihm jedoch, schaute er viel lebhafter drein: bei sitzender Lebensweise, erklärte er mir, bildeten sich ungesunde Fettpolster hinter den Augen; wenn man hingegen seine Kräfte anstrenge, werde das Fett aufgebraucht, die Augen träten in die Höhlen zurück, der Blick werde schärfer.

Von seinen Unternehmungen sprach er nur ganz wenig. Er war nicht von der Art derer, die etwas tun, um es erzählen zu können (wie ich): große Worte, ja Worte überhaupt liebte er nicht. Sprechen wie Klettern schien ihm niemand beigebracht zu haben; er sprach wie kein anderer, und was er sagte, galt immer dem Kern einer Sache.

Wenn es not tat, trug er einen dreißig Kilo schweren Rucksack, für gewöhnlich aber zog er ohne Rucksack los: ihm reichten die Taschen, in denen er, wie gesagt, Gemüse, ein Stück Brot, ein kleines Messer, manchmal den völlig zerlesenen Bergführer des italienischen Alpinistenvereins und immer ein Stück Draht mit sich führte, um bei Bedarf etwas zu reparieren. Den Bergführer nahm er übrigens nicht mit, weil er ihm glaubte, sondern aus dem genau entgegengesetzten Grund. Er verschmähte ihn, weil er ihn als eine Fessel empfand, mehr noch, als einen Bastard, einen abscheulichen Zwitter aus Schnee, Fels und Papier. Er nahm ihn mit ins Gebirge, um ihn zu beschimpfen, und war glücklich, wenn er ihm einen Fehler nachweisen konnte, auch wenn er und seine Bergkameraden den Schaden davon hatten. Er konnte zwei Tage lang unterwegs sein, ohne zu essen, oder auch drei Mahlzeiten auf einmal verzehren und sich dann auf den Weg machen.

Jede Jahreszeit war ihm recht. Im Winter ging es zum Skilaufen, aber nicht in die mondänen, luxuriös eingerichteten Winterkurorte, die er mit lakonischem Spott bedachte und mied: da wir zu arm waren, um uns Seehundsfell für den Aufstieg leisten zu können, hatte er mir gezeigt, wie man sich Streifen aus derbem Hanf näht, ein spartanisch-einfaches Mittel, der Hanfstreifen saugt das Wasser auf und gefriert dann so steif wie Fisch, bei der Abfahrt muß man ihn sich dann um die Hüfte binden. Er verleitete mich zu aufreibenden Fahrten durch Neuschnee, fern allen menschlichen Lebens, auf Wegen, die er wie ein Wilder zu erahnen schien. Im Sommer von Hütte zu Hütte wandernd, berauschten wir uns an Sonne, Strapazen und Wind, wir schürften uns die Fingerkuppen an Felsen wund, die vor uns noch keine Menschenhand berührt hatte: nicht etwa auf den berühmten Berggipfeln oder um Denkwürdiges zu vollbringen; daraus machte er sich überhaupt nichts. Ihm lag daran, seine Grenzen kennenzulernen, sich zu messen und zu steigern; dunkel fühlte er wohl das Bedürfnis, sich (und mich) auf eine Monat um Monat näher rückende eisenharte Zukunft vorzubereiten.

Wenn man Sandro in den Bergen sah, war man mit der Welt versöhnt und vergaß den Alpdruck, der auf Europa lastete. Es war sein Platz, der Platz, für den er geschaffen war, wie die Murmeltiere, deren Pfiffe und Gebärden er nachahmte: im Gebirge wurde er glücklich und strahlte in stillem, ansteckendem Glück, wie ein Licht, das man entzündet. Er rief bei mir ein neues Gefühl des Einsseins mit Himmel und Erde hervor, und darin verschmolzen mein Freiheitsdrang, meine überquellende Kraft und das Verlangen, die Dinge zu erkennen, die mich zur Chemie getrieben hatten. Bei Sonnenaufgang wanderten wir, uns noch die Augen reibend, zum Tor des Martinotti-Biwaks hinaus –

und da, rings um uns, noch kaum von der Sonne berührt, die jungfräulichen, dunklen Berge, neu, als wären sie just in der eben verflossenen Nacht geschaffen worden, und zugleich unsagbar alt. Sie waren wie eine Insel, ein Anderswo.

Übrigens mußte man nicht immer hoch und weit steigen. Im Frühjahr und Herbst lag Sandros Reich auf den Felsplateaus. Deren gibt es, zwei, drei Fahrradstunden von Turin entfernt, etliche, und ich möchte gern wissen, ob sie auch heute noch besucht werden: die Pagliaio-Piks mit dem Torrione Wolkmann, die Denti di Cumiana, der Roca Patanüa (das bedeutet Nackter Felsen), der Plô, der Sbarüa und andere mit einfachen, anspruchslosen Namen. Letzteren hatte, glaube ich, Sandro oder ein mysteriöser Bruder von ihm entdeckt, den ich aber nie zu Gesicht bekam und der, wie Sandros knappen Andeutungen zu entnehmen war, zu ihm stehen mußte wie er selber zu den übrigen Sterblichen. Sbarüa ist abgeleitet von dem Verb „sbarüé", was „erschrecken" bedeutet; der Sbarüa ist ein prismenförmiger Granitfelsen, der sich einige hundert Meter über einem kleinen, mit Brombeersträuchern und Buschwald bestandenen Hügel erhebt: wie den Veglio di Creta durchzieht ihn vom Fuß bis zum Gipfel ein Spalt, der sich nach oben immer mehr verengt, so daß der Bergsteiger gezwungen ist, an der Felswand weiterzuklettern; dies ist die Stelle, an der er erschrickt, dort gab es damals einen einzigen, von Sandros Bruder barmherzigerweise hinterlassenen Haken.

Es waren merkwürdige Orte, die nur von ein paar Dutzend Sandro dem Namen nach oder vom Sehen bekannten Liebhabern unseres Schlages besucht wurden; nicht ohne bergsteigerische Schwierigkeiten stieg man hinauf, umgeben vom lästigen Surren der durch unseren Schweiß angezogenen Rinderbremsen, kletterte hoch an Wänden aus gutem festem Gestein, die sich mit Grasflächen abwechselten, auf denen Farn und Erdbeeren und im Herbst Brombeeren wuchsen; nicht selten hielt man sich beim Klettern an den

Stämmen verkümmerter Bäumchen fest, die in den Felsspalten Wurzeln geschlagen hatten: und nach einigen Stunden erreichte man den Gipfel, der eigentlich kein Gipfel war, sondern meistens eine friedliche Weide, auf der uns Kühe gelangweilt entgegenblickten. Hals über Kopf ging es dann über Pfade, bedeckt mit frischem und altem Kuhmist, wieder hinunter zu den Fahrrädern.

Andere Male waren es anstrengendere Unternehmungen: nie jedoch beschauliche Ausflüge, denn, so meinte Sandro, Rundblicke könnten wir mit vierzig Jahren genießen. „Morgen, nicht?" sagte er eines Tages im Februar zu mir; und in seiner Sprache hieß das, da schönes Wetter wäre, könnten wir abends zur Winterbesteigung des Dente di M. aufbrechen, wie wir es uns seit einigen Wochen vorgenommen hatten. Wir übernachteten in einem Gasthaus und brachen am nächsten Tag nicht allzufrüh zu einer unbestimmten Zeit auf (Sandro hatte für Uhren nichts übrig: ihre ständige stille Mahnung empfand er als willkürliche Einmischung); mutig stürzten wir uns in den Nebel, und gegen ein Uhr langten wir bei strahlendem Sonnenschein auf einem Bergkamm an: es war der falsche.

Ich meinte, wir könnten etwa hundert Meter wieder hinabsteigen, auf halber Höhe den Hang queren und den nächsten Gipfel erklimmen oder, noch besser, da wir schon einmal hier wären, könnten wir auch weiterklettern und uns mit dem falschen Gipfel abfinden; zumal er nur vierzig Meter niedriger war als der andere; aber wider besseres Wissen entgegnete Sandro knapp, er fände meinen letzten Vorschlag gut, aber „über den leicht besteigbaren Nordwestgrat" (dies war ein sarkastisches Zitat aus dem bereits erwähnten Bergführer) würden wir ebenfalls in einer halben Stunde den Dente di M. erreichen, und man müßte nicht zwanzig Jahre alt sein, wenn man sich nicht auch den Luxus erlaubte, sich im Wege zu irren.

Der leicht besteigbare Grat mußte tatsächlich einfach, ja

kinderleicht sein – im Sommer; uns aber bot er sich in recht unbequemem Zustand dar. Der Fels war auf der Sonnenseite naß und auf der Schattenseite mit schwärzlichem Glatteis bedeckt; zwischen Felsvorsprüngen feuchte Schneemulden, in denen man hüfthoch versank. Um fünf Uhr kamen wir auf dem Gipfel an, ich mit heraushängender Zunge, Sandro von einer unheimlichen Heiterkeit ergriffen, die mich irritierte.

„Und wie kommen wir runter?"

„Das werden wir sehen", erwiderte er; und geheimnisvoll fügte er hinzu: „Schlimmstenfalls müssen wir bei Fuchs und Hase übernachten." Nun, in dieser Nacht, die uns lang dünkte, schliefen wir bei Fuchs und Hase. Der Abstieg dauerte zwei Stunden, wobei das gefrorene Seil uns eine schlechte Hilfe war: es hatte sich in ein bösartiges, starres Knäuel verwandelt, das an allen Vorsprüngen hängenblieb und am Felsen entlangschnurrte wie ein Seilbahnkabel. Um sieben erreichten wir das Ufer eines gefrorenen kleinen Sees, es war dunkel. Wir aßen das wenige, was übriggeblieben war, bauten uns ein winziges Mäuerchen als Windschutz und legten uns, einer an den anderen geschmiegt, zum Schlafen auf die Erde. Auch die Zeit schien gefroren zu sein; ab und an erhoben wir uns, um den Kreislauf in Bewegung zu halten, und die Zeit blieb immer die gleiche: nach wie vor wehte der Wind, immer noch sah man am Himmel, an der gleichen Stelle, schemenhaft den Mond, an dem, stets gleichbleibend, bizarre Wolken vorüberglitten. Wir hatten die Schuhe ausgezogen, wie es in den Büchern von Lammer, die Sandro sehr schätzte, geschrieben stand, und die Füße in die Rucksäcke gesteckt; beim ersten spärlichen Licht, das mehr vom Schnee als vom Himmel zu kommen schien, erhoben wir uns, alle Gliedmaßen schmerzten, und vom langen Wachen, vom Hungern und vom harten Nachtlager hatte unser Blick etwas Gespenstisches: unsere Schuhe waren so hart gefroren, daß sie beim Anstoßen wie Glocken klangen, ehe wir sie anziehen konnten, mußten wir sie wie Glucken bebrüten.

Aber wir kehrten mit eigener Kraft ins Tal zurück, dem Gastwirt, der uns grinsend fragte, wie es uns ergangen wäre, und dabei verstohlen unsere verstörten Gesichter betrachtete, gaben wir frech zur Antwort, wir hätten einen herrlichen Ausflug gemacht. Wir bezahlten die Rechnung und brachen würdevoll auf. So war es, wenn man bei Fuchs und Hase übernachtete: und jetzt, nach Jahren, bedaure ich, es so selten getan zu haben, denn bei allem Guten, was das Leben mir beschert hat, gleicht nichts auch nur im entferntesten diesem Gefühl, stark und frei zu sein, frei auch, in die Irre zu gehen und sein eigenes Geschick in der Hand zu haben. Daher bin ich Sandro dankbar, daß er mich bei diesen und ähnlichen Unternehmungen, die nur scheinbar unsinnig waren, vorsätzlich in heikle Lagen gebracht hat, und ich bin sicher, daß sie mir später von Nutzen gewesen sind.

Er hingegen hat keinen Nutzen davon gehabt oder zumindest nicht lange. Sandro – das war Sandro Delmastro, der erste, der vom Piemontesischen Militärkommando der Aktionspartei* fiel. Nach einigen äußerst spannungsgeladenen Monaten wurde er im April 1944 von den Faschisten gefangengenommen, er gab aber nicht auf und versuchte, aus dem Liktorenhaus von Cuneo zu fliehen. Eine Maschinengewehrsalve traf ihn ins Genick, abgefeuert von einem scheußlichen kindlichen Henker, einem jener unglücklichen fünfzehnjährigen Schergen, die die Republik von Salò in den Besserungsanstalten gedungen hatte. Lange blieb sein Leichnam mitten auf der Straße liegen, da die Faschisten den Einwohnern verboten hatten, ihn zu beerdigen.

Heute weiß ich, daß es ein hoffnungsloses Unterfangen ist, einen Menschen in Worten wiedererstehen zu lassen, ihn

* Aus der liberal-sozialistischen Strömung des Antifaschismus hervorgegangene Partei, aktiv am Widerstandskampf beteiligt.

auf einer geschriebenen Seite wieder zum Leben zu erwekken: und ganz besonders einen Menschen wie Sandro. Er war kein Mensch, von dem man erzählt oder dem man Denkmäler setzt, zumal er über Denkmäler lachte; bei ihm lag alles im Handeln, und da dies vorbei ist, bleibt nichts von ihm; nichts als Worte.

Kalium

Im Januar 1941 schien das Schicksal Europas und der Welt besiegelt zu sein. Nur ein Verblendeter konnte noch glauben, Deutschland würde nicht siegen; die Engländer in ihrer Trotteligkeit „merkten nicht, daß sie das Spiel verloren hatten", und hielten hartnäckig den Bombenangriffen stand, aber sie waren allein und erlitten blutige Niederlagen an allen Fronten. Nur einer, der willentlich blind und taub war, konnte am Schicksal, das den Juden in einem deutschen Europa zuteil werden würde, zweifeln: wir hatten „Die Brüder Oppenheimer" von Feuchtwanger, heimlich aus Frankreich mitgebracht, und ein aus Palästina stammendes „Weißbuch" in englischer Sprache gelesen, in dem die „Greueltaten der Nazis" geschildert wurden; die Hälfte davon hatten wir geglaubt, aber das genügte. Viele Flüchtlinge aus Polen und Frankreich waren nach Italien gekommen, und wir hatten mit ihnen gesprochen: sie wußten keine Einzelheiten über das Blutbad, das unter einem ungeheuerlichen Schleier des Schweigens stattfand, ein jeder von ihnen aber war ein Bote, wie diejenigen, die zu Hiob kamen und sagten: „Ich bin allein entronnen, daß ich dir's ansagte."

Und doch, wenn wir leben, wenn wir die Jugend, die durch unsere Adern pulste, irgendwie nutzen wollten, blieb kein anderer Ausweg als die freiwillige Blindheit: wie die Engländer „merkten wir nichts", verdrängten wir alles Bedrohliche ins Reich des Nichterfaßten und sofort wieder Vergessenen. Man konnte sich auch ausmalen, daß man alles von sich werfen und fliehen, in ein fernes, sagenumwobenes

Land umsiedeln würde, in eines der wenigen, die die Grenze offenhielten: Madagaskar, Britisch-Honduras; dazu aber brauchte man viel Geld und einen tollen Unternehmungsgeist, und ich, meine Familie und meine Freunde, wir besaßen weder das eine noch das andere. Aus der Nähe und im einzelnen nahmen sich die Dinge übrigens gar nicht so unheilvoll aus: das uns umgebende Italien oder (in einer Zeit, in der man wenig reiste), besser gesagt, Piemont und Turin waren uns nicht feind. Piemont war unsere wahre Heimat, in der wir uns selbst erkannten; die Berge um Turin, an klaren Tagen in Sichtweite und mit dem Fahrrad zu erreichen, gehörten uns, waren unersetzlich, sie hatten uns das Ertragen von Anstrengungen, Ausdauer und eine gewisse Weisheit gelehrt. In Piemont und Turin hatten wir schließlich unsere Wurzeln, nicht starke, aber tiefe, weitverzweigte und phantastisch verflochtene.

Bei uns und allgemein in unserer Generation, ob nun „arisch" oder jüdisch, hatte sich der Gedanke, daß man dem Faschismus Widerstand leisten könne und müsse, noch nicht durchgesetzt. Unser damaliger Widerstand war passiv und beschränkte sich auf Verweigerung, Abkapselung, Sichnichtansteckenlassen. Der Same des aktiven Widerstandes hatte nicht bis zu uns fortgelebt, er war wenige Jahre zuvor abgetötet worden, mit dem Sensenhieb, der die letzten Helden und Zeugen Turins, Einaudi, Ginzburg, Monti, Vittorio Foà, Zini, Carlo Levi, zu Gefängnis, Verbannung, Exil oder Schweigen verurteilte. Diese Namen sagten uns nichts, wir kannten sie so gut wie gar nicht, der Faschismus hatte bei uns keine Widersacher. Es galt, aus dem Nichts heraus zu beginnen, unseren eigenen Antifaschismus zu „erfinden", ihn vom Keime an, von den Wurzeln an, aus unseren Wurzeln heraus zu erschaffen. Wir suchten in unserer Umgebung und schlugen Wege ein, die nicht weit führten. Die Bibel, Croce, die Geometrie, die Physik waren uns Quellen der Gewißheit.

Wir kamen im Turnsaal der „Talmud-Thora“ zusammen, der Gesetzesschule, wie sich die ehrwürdige jüdische Grundschule stolz nannte, und brachten uns gegenseitig bei, wie man in der Bibel Recht und Unrecht und die das Unrecht besiegende Kraft wiederfindet: daß in Assur und Nebukadnezar die neuen Unterdrücker zu sehen waren. Wo aber war Kadosch Baruchu, der „Geheiligte, Gebenedeite“, der die Ketten der Sklaven sprengt und die Wagen der Ägypter versenkt? Jener, der Moses das Gesetz diktiert und die Befreier Esra und Nehemia erleuchtet hatte, erleuchtete niemanden mehr, der Himmel über uns war stumm und leer: er ließ zu, daß die polnischen Ghettos vernichtet wurden, und langsam, verworren brach sich bei uns der Gedanke Bahn, daß wir allein waren, daß wir keine Verbündeten hatten, auf die wir zählen konnten, weder im Himmel noch auf Erden, daß wir die Kraft zum Widerstand in uns selbst finden mußten. Es war also nicht völlig absurd, wenn wir danach trachteten, unsere Grenzen zu erkennen: Hunderte Kilometer mit dem Fahrrad zurücklegten, wütend und hartnäckig an fast unbekannten Felswänden emporklommen, aus freien Stücken Hunger, Kälte und Strapazen auf uns nahmen, Dulden und Entscheiden übten. Dringt ein Felshaken ein oder nicht, hält das Seil oder nicht? Auch daraus ließ sich Gewißheit gewinnen.

Die Chemie hatte für mich aufgehört, eine solche Quelle zu sein. Sie führte zum Herzen der Materie, und die Materie war unser Verbündeter, weil der dem Faschismus so teure „Geist“ unser Feind war; nachdem ich allerdings bis ins vierte Studienjahr Reine Chemie vorgedrungen war, konnte ich nicht mehr übersehen, daß die Chemie oder zumindest die, die man uns lehrte, keine Antwort auf meine Fragen gab. Brombenzol oder Methylviolett nach Gattermann herzustellen war zwar unterhaltsam und vergnüglich, aber im Grunde nichts anderes als ein Kochen nach Rezepten von Artusi. Warum so und nicht anders? Nachdem man mich auf dem Gymnasium mit den Offenbarungen der faschistischen Lehre vollgestopft hatte, waren mir alle verkündeten und nicht bewiesenen Wahrheiten zuwider und verdächtig. Gab es chemische Theoreme? Nein: und deshalb mußte man weitergehen, durfte sich nicht mit der Tatsache als solcher abfinden, mußte sich auf die Ursprünge, auf Mathematik und Physik besinnen. Die Anfänge der Chemie waren unedel oder zumindest fragwürdig: Alchimisten in ihren Giftküchen, ihr gräßliches Wirrsal in Sprache und Denken, ihre eingestandene Sucht nach Gold, ihre levantinischen Scharlatanerien und Zaubertricks; am Anfang der Physik hingegen stand die kühne Klarheit des Abendlands, standen Archimedes und Euklid. Ich würde Physiker werden, *ruat coelum**: vielleicht auch ohne Abschlußexamen, da Hitler und Mussolini es mir verwehrten.

Zum Programm des vierten Studienjahres Chemie gehörte ein kurzer Übungskurs in Physik: einfache Messungen von Viskosität, Oberflächenspannung, Torsionskraft und ähnliches. Den Kurs leitete ein junger Assistent, schmächtig, groß, ein wenig gebeugt, freundlich und höchst schüchtern, ein Gebaren, an das wir überhaupt nicht gewöhnt waren. Unsere anderen Lehrer waren fast ausnahmslos von der Bedeutung und Vortrefflichkeit ihres Unterrichtsfaches überzeugt, manche ehrlichen Herzens, bei anderen war es offenkundig persönliches Machtstreben, ihr Jagdrevier. Dieser Assistent jedoch tat beinahe so, als wollte er sich bei uns entschuldigen, sich auf unsere Seite schlagen: sein leicht verlegenes, vornehm ironisches Lächeln schien zu sagen: „Ich weiß ja, daß ihr mit diesen altertümlichen, abgenutzten Apparaten nichts Rechtes zuwege bringen könnt und daß das außerdem eitle Nebensächlichkeiten sind und die Weisheit woanders zu Hause ist, es ist aber ein Handwerk, das ihr betreiben müßt und ich auch, sucht deshalb bitte nicht allzuviel Schaden anzurichten und soviel wie möglich zu lernen."

* (lat.) möge der Himmel einstürzen.

Binnen kurzem waren alle Mädchen des Kurses in ihn verliebt.

In diesen Monaten hatte ich verzweifelte Versuche unternommen, als Famulus bei dem einen oder anderen Professor anzukommen. Einige hatten mir mit schiefem Mund oder auch von oben herab erklärt, die Rassengesetze verböten es, andere hatten sich in vage und wenig stichhaltige Ausreden geflüchtet. Eines Abends, nachdem ich gelassen die vierte oder fünfte Ablehnung eingesteckt hatte, fuhr ich mit dem Rad nach Hause und verspürte nahezu greifbar, wie Entmutigung und Verbitterung auf mir lasteten. Verdrossen fuhr ich die Via Valperga Caluso entlang, während vom Valentino eisige Nebelschwaden herabkamen und an mir vorbeizogen; es war inzwischen Nacht geworden, und das Licht der zum Zwecke der Verdunklung lila gefärbten Straßenlaternen konnte den Dunstschleier und die Finsternis nicht durchdringen. Nur wenige eilige Passanten waren unterwegs, und auf einen von ihnen wurde ich aufmerksam. Er ging mit großen Schritten langsam in derselben Richtung wie ich, trug einen langen schwarzen Mantel und keine Kopfbedeckung, lief ein wenig krumm und sah dem Assistenten ähnlich – und er war es. Ich fuhr an ihm vorbei, unschlüssig, was ich tun sollte; dann faßte ich mir ein Herz, kehrte um und wagte es wiederum nicht, ihn anzusprechen. Was wußte ich denn von ihm? Nichts. Er konnte ein gleichgültiger Mensch sein, ein Heuchler, sogar ein Feind. Dann sagte ich mir, daß ich ja schlimmstenfalls eine weitere Zurückweisung riskierte, und fragte ihn ohne Umschweife, ob er mich zu experimentellen Arbeiten an seinem Institut gebrauchen könnte. Der Assistent sah mich überrascht an, und statt einer langen Rede, die ich hätte erwarten können, antwortete er mir mit einem Wort aus dem Evangelium: „Folge mir nach."

Das Innere des Instituts für Experimentelle Physik war voll von Staub und uraltem spukhaftem Gerät. Da standen

Reihen von Glasschränken, angefüllt mit vergilbten, von Mäusen und Motten angefressenen Blättern: Beobachtungen von Sonnenfinsternissen, Aufzeichnungen von Erdbeben, weit ins vergangene Jahrhundert zurückreichende Wetterberichte. An einer Korridorwand fand ich eine sonderbare, über zehn Meter lange Posaune, über deren Herkunft, Zweck und Verwendung niemand mehr Bescheid wußte: vielleicht sollte sie den Tag des Jüngsten Gerichtes verkünden, an dem alles Verborgene ans Tageslicht kommt. Da waren eine Äolipile im Sezessionsstil, ein Heronsball und eine unübersichtliche Welt von ganz und gar altmodischen Gerätschaften, die seit Generationen zu Demonstrationszwecken in Hörsälen verwendet wurden: eine rührend-naive Form der niederen Physik, bei der die Inszenierung mehr zählt als die Beweisführung. Es war weder Zauber- noch Taschenspielerkunst, aber es grenzte daran.

Der Assistent empfing mich in einem im Erdgeschoß gelegenen Kabuff, in dem er wohnte und das vollgepfropft war mit den verschiedensten faszinierenden, mir unbekannten Apparaten. Manche Moleküle sind Träger eines elektrischen Dipols, sie verhalten sich daher in einem elektrischen Feld wie winzige Kompaßnadeln: sie werden abgelenkt, die einen träge, die anderen weniger träge. Je nach den Umständen folgen sie mit mehr oder weniger Respekt bestimmten Gesetzen, und jene Geräte dienten dazu, diese Umstände und diesen so mangelhaften Respekt zu ermitteln. Sie warteten darauf, von jemandem benutzt zu werden: er aber war mit anderen Dingen beschäftigt (mit Astrophysik, wie er mir erklärte, und die Mitteilung ging mir durch Mark und Bein: ich hatte also einen leibhaftigen Astrophysiker vor mir!) und zudem nicht vertraut mit bestimmten Verfahren, die, wie er meinte, zur Reinigung der zu messenden Stoffe erforderlich waren; dazu brauchte er einen Chemiker, und der willkommene Chemiker war ich. Er räumte mir gern das Feld und überließ mir die Geräte. Das Feld bestand aus zwei Quadratmetern Tisch und Schreibtisch; die Instrumente bildeten eine kleine Familie, die wichtigsten waren eine Westphal-Waage und der Heterodyn-Oszillator. Erstere kannte ich bereits, mit dem zweiten freundete ich mich schnell an. Es war im Grunde ein Rundfunkempfänger, so konstruiert, daß er geringste Frequenzabweichungen anzeigte. Wenn der Bedienende sich nur auf dem Stuhl rührte oder die Hand bewegte oder gar jemand ins Zimmer trat, verstellte er sich und jaulte los wie ein Schloßhund. Zu manchen Tageszeiten brachte er überdies ein Gewirr mysteriöser Botschaften, Morsezeichen, modulierter Pfeiftöne und entstellter, verstümmelter menschlicher Stimmen hervor, die unverständlich oder zuweilen auch italienisch sprachen, aber es waren verschlüsselte Sätze, ohne Sinn. Es war das Funkbabel des Krieges, Todesnachrichten, übermittelt von Schiffen oder Flugzeugen, von irgendwem an irgendwen, hinter Bergen und Meeren.

Hinter Bergen und Meeren gab es, so erklärte mir der Assistent, einen Weisen namens Onsager, von dem er nur wußte, daß er eine Gleichung aufgestellt hatte, die das Verhalten von Dipolmolekülen unter allen Bedingungen sofern sie sich im flüssigen Zustand befanden, zu bestimmen vermochte. Die Gleichung funktionierte gut bei verdünnten Lösungen, es war aber nicht bekannt, daß sich jemand die Mühe gemacht hätte, sie bei konzentrierten Lösungen, bei reinen Dipolflüssigkeiten und bei Mischungen der Letztgenannten zu überprüfen. Das war die Arbeit, die er mir vorschlug und die ich mit uneingeschränkter Begeisterung annahm: ich sollte eine Serie gemischter Flüssigkeiten herstellen und prüfen, ob sie der Onsager-Gleichung folgten. Als erstes sollte ich etwas tun, was er nicht konnte: in jener Zeit war es nicht einfach, reine Stoffe für die Analyse aufzutreiben, und so sollte ich mich einige Wochen lang mit der Reinigung von Benzol, Chlorbenzol, Chlorphenolen, Aminophenolen, Toluidin und anderem beschäftigen.

Wenige Stunden Zusammensein mit dem Assistenten genügten, um mir ein Bild von ihm zu machen. Er war dreißig, seit kurzem verheiratet, kam aus Triest, war aber griechischer Abstammung, konnte vier Sprachen, liebte Musik, Huxley, Ibsen, Conrad und den mir teuren Thomas Mann. Er liebte auch die Physik, hegte aber Argwohn gegen jede zweckgebundene Tätigkeit: deshalb war er von edler Trägheit und verabscheute den Faschismus von Natur aus.

Sein Verhältnis zur Physik verblüffte mich. Er zögerte nicht, mein letztes Flügelroß zu durchbohren, und bestätigte mir klipp und klar jene Botschaft von den „eitlen Nebensächlichkeiten“, die wir im Labor in seinen Augen gelesen hatten. Nicht nur unsere bescheidenen Übungen, sondern die gesamte Physik war ihrer Natur, ihrer Anlage nach etwas Nebensächliches, da sie die Welt des äußeren Scheins in Normen zu pressen suchte, während Wahrheit, Wirklichkeit, das innere Wesen der Dinge und des Menschen woanders lagen, verborgen hinter einem Schleier oder sieben Schleiern (genau weiß ich das nicht mehr). Er war Physiker, genauer, Astrophysiker, fleißig und voll guten Willens, aber bar aller Illusionen: das Wahre lag weiter entfernt, für unsere Teleskope unerreichbar, erreichbar nur für Eingeweihte; es war ein weiter Weg, den er mühsam, staunend und mit inniger Freude wandelte. Physik war Prosa: anmutige Geistesgymnastik, Spiegel der Schöpfung, Schlüssel zur Herrschaft des Menschen über den Planeten. Welches aber ist die Gestalt der Schöpfung, des Menschen und des Planeten? Sein Weg war lang, und er stand erst ganz am Anfang, ich aber war sein Schüler: wollte ich ihm folgen?

Es war ein überwältigendes Angebot. Schüler des Assistenten zu sein bedeutete für mich unausgesetzte Freude, eine nie zuvor erlebte Bindung, frei von Schatten und um so intensiver, da ich wußte, daß dieses Verhältnis auf Gegenseitigkeit beruhte: ich, Jude, ausgestoßen, skeptisch geworden durch die jüngsten Ereignisse, Feind der Gewalt, aber noch nicht verschlungen von der Not zur Gegengewalt, mußte für ihn ein idealer Partner sein, ein unbeschriebenes Blatt, das jede beliebige Botschaft aufnehmen konnte.

Ich schwang mich nicht auf das neue riesige Flügelroß, das der Assistent mir bot. In jenen Monaten zerstörten die Deutschen Belgrad, zerschlugen den griechischen Widerstand, überfielen Kreta aus der Luft: das war die Wahrheit, die Wirklichkeit. Es gab kein Entfliehen, zumindest nicht für mich. Lieber auf der Erde bleiben, mangels Besserem mit Dipolen spielen, Benzol reinigen und sich auf eine ungewisse, aber unmittelbar bevorstehende und mit Gewißheit leidvolle Zukunft gefaßt machen. Benzolreinigen übrigens war unter den Verhältnissen, die infolge des Krieges und der Bombenangriffe am Institut herrschten, kein leichtes Unterfangen; der Assistent sagte mir, ich hätte völlig freie Hand, könnte alles durchstöbern vom Keller bis zum Boden, über alle Geräte und Stoffe verfügen, jedoch nichts kaufen: nicht einmal er könnte das, es herrsche ein striktes Selbstversorgungssystem.

Im Kellergeschoß fand ich einen Ballon mit fünfundneunzigprozentigem technischem Benzol: besser als gar nichts, die Lehrbücher freilich schrieben vor, daß es zuerst zu rektifizieren und dann nochmals unter Zugabe von Natrium zu destillieren sei, um die letzten Spuren von Feuchtigkeit zu beseitigen. Rektifizieren heißt fraktionsweise destillieren, indem die Komponenten, die bei einer tieferen oder höheren Temperatur als der vorgeschriebenen sieden, abgeschieden und das „Herz", das bei konstanter Temperatur sieden müßte, aufgefangen wird. Im unerschöpflichen Keller fand ich die nötigen Glasgefäße einschließlich jener Vigreux-Kolonnen, fein wie Spitzen, Ergebnis übermenschlicher Glasbläserkunst und -geduld, die aber, unter uns gesagt, von fragwürdigem Nutzen waren. Das Wasserbad bereitete ich in einem Aluminiumtopf.

Destillieren ist schön. Vor allem, weil es ein beschauliches, philosophisches und lautloses Geschäft ist, das einen zwar in Anspruch nimmt, aber einem dennoch Zeit läßt, an anderes zu denken, ähnlich wie das Radfahren. Des weiteren, weil dabei eine Verwandlung vor sich geht: von Flüssigkeit zu (unsichtbarem) Dampf und von diesem erneut zu Flüssigkeit; auf diesem doppelten Wege aber, von oben nach unten, entsteht das Reine – ein zweideutiger, faszinierender Zustand, der von der Chemie ausgeht und in weite Fernen führt. Und schließlich wird man sich beim Destillieren bewußt, daß man einen durch Jahrhunderte geheiligten Ritus nachvollzieht, gewissermaßen eine religiöse Handlung, bei der aus unvollkommener Materie das Wesen, der Geist und vor allem der gemüterheiternde, herzerwärmende Alkohol gewonnen wird. Gut zwei Tage brauchte ich, um eine hinreichend reine Fraktion herzustellen: ich hatte mich hierzu, da ich mit offener Flamme arbeiten mußte, freiwillig in ein verlassenes, leeres Zimmer im ersten Stock, fernab von allem menschlichen Treiben, zurückgezogen.

Nun mußte ich ein zweites Mal unter Zugabe von Natrium destillieren. Natrium ist ein degeneriertes Metall: ein Metall eigentlich nur im chemischen Sinne, nicht aber im Sinne der Alltagssprache. Es ist weder hart noch elastisch, sondern weich wie Wachs, es glänzt nicht, besser gesagt, es glänzt nur, wenn es mit äußerster Sorgfalt aufbewahrt wird, da es sonst in wenigen Augenblicken mit der Luft eine Reaktion eingeht und sich mit einer häßlichen rauhen Kruste überzieht: noch schneller reagiert es mit Wasser, auf dem es schwimmt (ein Metall, das schwimmt!), hektisch herumfährt und Wasserstoff freisetzt. Vergebens durchstöberte ich den Bauch des Instituts, ich fand Dutzende etikettierter Ampullen, wie Astolf* auf dem Mond, Hunderte abstruser Ver-

* Gestalt aus dem Versepos „Der rasende Roland" des Renaissancedichters Ludovico Ariosto (1444–1533). Herzog Astolf reist im Feuerwagen zum Mond, um Rolands Verstand auf die Erde zu holen, und findet dort alle vergänglichen irdischen Dinge vor.

bindungen, weitere unbestimmte, namenlose Sedimente, die wahrscheinlich seit Generationen nicht angerührt worden waren, aber kein Natrium. Hingegen fand ich ein Fläschchen Kalium: Kalium ist der Zwillingsbruder des Natriums, deshalb nahm ich es an mich und kehrte in meine Klause zurück.

Ich gab in den Benzolballon einen Krümel Kalium „von der Größe einer halben Erbse" (laut Lehrbuch) und destillierte das Ganze sorgfältig, gegen Ende des Vorgangs löschte ich vorschriftsmäßig die Flamme, baute den Apparat ab, ließ die im Ballon verbliebene geringe Flüssigkeitsmenge ein wenig abkühlen, spießte dann die „halbe Erbse" Kalium auf einen langen spitzen Draht und nahm sie heraus.

Kalium ist, wie gesagt, der Zwillingsbruder des Natriums, reagiert aber mit Luft und Wasser noch heftiger: bekanntlich (auch ich wußte das) setzt es bei Berührung mit Wasser nicht nur Wasserstoff frei, sondern entzündet sich. Daher behandelte ich meine halbe Erbse wie eine heilige Reliquie; ich legte sie auf trockenes Filterpapier, wickelte sie ein, ging in den Institutshof hinunter, hob ein winziges Grab aus und begrub den kleinen Höllenkadaver. Die Erde drückte ich fest und ging wieder an meine Arbeit.

Ich nahm den geleerten Ballon, hielt ihn unter den Wasserhahn und ließ das Wasser laufen. Da gab es einen dumpfen Knall, aus dem Ballon schoß eine Stichflamme gegen das Fenster, das neben dem Waschbecken war, und die Vorhänge fingen Feuer. Während ich nach einem Löschmittel, mochte es noch so primitiv sein, suchte, brannten die Fensterladen an, und Rauch füllte bereits den ganzen Raum. Es gelang mir, einen Stuhl heranzurücken und die Vorhänge herunterzureißen, ich warf sie zu Boden und trat wütend auf ihnen herum, während mich der Rauch schon halb blind gemacht hatte und das Blut in meinen Schläfen hämmerte.

Als alles vorbei, die glühenden Fetzen gelöscht waren, stand ich minutenlang sprachlos und benommen da, mit weichen Knien, und betrachtete die Spuren des Unglücks, ohne sie zu sehen. Einigermaßen zu mir gekommen, ging ich hinunter und erzählte die Geschichte dem Assistenten. So wie es kein größeres Leid gibt, als im Elend glücklicher Zeiten zu gedenken, so bereitet es auch tiefe Freude, sich ruhigen Sinnes, am Schreibtisch sitzend, ausgestandene Ängste ins Gedächtnis zurückzurufen.

Der Assistent hörte sich meinen Bericht mit wohlerzogener Aufmerksamkeit, aber erstaunter Miene an: Wer hatte mich gezwungen, dieses Boot zu besteigen und das Benzol mit solch ausgemachter Sorgfalt zu destillieren? Im Grunde geschah mir recht: derlei passiert Laien, denen, die vor dem Tempeltor spielen, statt hineinzugehen. Aber er sagte nichts, er nahm dabei (ungern wie immer) eine dienstlich distanzierte Haltung an und gab mir zu bedenken, daß ein leerer Ballon nicht in Brand gerät: leer konnte er also nicht gewesen sein. Er mußte zumindest Benzoldämpfe enthalten haben, natürlich außer der durch den Hals eingedrungenen Luft. Noch nie aber haben sich kalte Benzoldämpfe von allein entzündet: nur das Kalium konnte das Gemisch entzündet haben, und das Kalium hatte ich entfernt. Alles?

Alles, antwortete ich, aber mir kamen Zweifel. Ich ging hinauf zum Unfallort und fand am Fußboden noch die Scherben des Ballons; auf einer entdeckte ich bei genauem Hinsehen, kaum wahrnehmbar, einen kleinen weißen Fleck. Ich machte eine Probe mit Phenolphthalein: es reagierte basisch, es war Kaliumhydroxid. Der Schuldige war gefunden: an der Ballonwand mußte ein winziges Stück Kalium haftengeblieben sein, so viel, daß es genügt hatte, nun mit dem eingefüllten Wasser zu reagieren und die Benzoldämpfe zu entzünden.

Amüsiert und leicht ironisch betrachtete mich der Assistent: besser, nichts zu tun, als etwas zu tun, besser, nachzudenken, als zu handeln, seine Astrophysik, an der Schwelle des Unerkennbaren, sei besser als meine mit Gestank, Explosionen und eitlen kleinen Geheimnissen vermischte Chemie. Ich dachte an eine andere, irdischere und konkretere Moral, die, so glaube ich, jeder streitbare Chemiker bestätigen kann: man muß dem Fast-Gleichen (und Natrium ist dem Kalium fast gleich: aber mit Natrium wäre nichts passiert), dem praktisch Identischen, dem Beinahe, dem Oder, allen Surrogaten und allem Machwerk mißtrauen. Die Unterschiede mögen gering sein, aber sie können grundlegend andersartige Auswirkungen haben, wie die Zungen einer Weiche; das Geschäft des Chemikers besteht zum großen Teil darin, vor diesen Unterschieden auf der Hut zu sein, sie zu erkennen und ihre Wirkung vorauszusehen. Nicht nur das Geschäft des Chemikers.

Nickel

In einer Kassette verwahrte ich eine reich verzierte Urkunde, auf der in zierlicher Schrift geschrieben stand, daß Primo Levi, jüdischer Rasse, der Doktortitel in Chemie mit der Note 110 und cum laude verliehen wurde; es war also ein zweideutiges Dokument, halb Ehre, halb Hohn, halb Freispruch, halb Verurteilung. Seit Juli 1941 lag es in dieser Kassette, und inzwischen war November vorüber; die Welt raste der Katastrophe entgegen, und um mich herum geschah nichts. Die Deutschen hatten Polen, Norwegen, Holland, Frankreich, Jugoslawien überflutet und drangen in die russische Ebene ein wie ein Messer in die Butter; die Vereinigten Staaten trafen keine Anstalten, den allein gelassenen Engländern zu Hilfe zu kommen. Ich fand keine Arbeit, die Suche nach irgendeiner bezahlten Beschäftigung rieb mich auf; im Nebenzimmer verbrachte mein Vater, von einem Tumor hingestreckt, die letzten Monate seines Lebens.

Es klingelte: an der Tür ein großer, schmächtiger junger Mann in Uniform, Leutnant des Königlichen Heeres, ich erkannte auf der Stelle den Boten, den Merkur, den Führer der Seelen oder, wenn man will, den Verkündigungsengel: kurzum denjenigen, auf den jeder, bewußt oder unbewußt, wartet; er überbringt die himmlische Botschaft, die dein Leben ändert, zum Guten oder zum Schlechten, bevor er den Mund auftut, weißt du es nicht.

Er tat den Mund auf und fragte mit stark toskanischem Akzent nach Doktor Levi, der, so unglaublich es klang, ich war (an den Titel hatte ich mich noch nicht gewöhnt); er stellte sich höflich vor und schlug mir eine Arbeit vor. Wer schickte ihn zu mir? Ein anderer Merkur, Caselli, der unerschütterlich eines anderen Ruf hütete – zu etwas war das „Lob“ in meinem Doktordiplom doch nütze gewesen.

Daß ich Jude war, schien der Leutnant zu wissen (mein Name läßt übrigens kaum Zweifel zu), aber anscheinend störte ihn das nicht. Man hatte vielmehr den Eindruck, daß es ihn reizte, daß er ein prickelndes, subtiles Vergnügen daran hatte, den Gesetzen der Rassentrennung zuwiderzuhandeln, daß er also insgeheim ein Verbündeter war und in mir einen Verbündeten suchte.

Die Arbeit, die er mir vorschlug, war geheimnisvoll und faszinierend. „Irgendwo“ war ein Bergwerk, aus dem man zwei Prozent Brauchbares (er sagte mir nicht, was) und achtundneunzig Prozent Unbrauchbares förderte, das in ein anliegendes Tal geschüttet wurde. Die unbrauchbare Masse enthielt Nickel: zwar sehr wenig, aber der Nickelpreis war so hoch, daß man die Verwertung erwägen konnte. Er hatte eine Idee, vielmehr einen Haufen Ideen, aber er war eingezogen und hatte wenig freie Zeit; ich sollte seine Stelle einnehmen, im Labor seine Ideen erproben und sie dann, wenn möglich, gemeinsam mit ihm industriell nutzen. Es war klar, daß ich nach „Irgendwo“, mir ganz allgemein beschrieben, übersiedeln mußte: meine Übersiedlung würde unter dem doppelten Siegel der Verschwiegenheit vor sich gehen. Erstens dürfte zu meinem Schutz niemand meinen Namen noch meine fluchwürdige Herkunft kennen, da der Ort unter Aufsicht der Militärbehörden stünde; zweitens sollte ich zum Schutze seiner Idee mit meiner Ehre dafür einstehen, daß ich keinem ein Wort davon laut werden ließe. Es war übrigens klar, daß ein Geheimnis das andere befestigen würde und daß meine Stellung als *outcast* ihm also gewissermaßen gelegen kam.

Worin bestand seine Idee, und wo lag dies Irgendwo? Der Leutnant bat um Entschuldigung: bis zu meiner prinzipiellen Zusage könnte er mir nicht viel sagen, das war klar; die Idee bestünde jedenfalls darin, den Angriff auf die unbrauchbare Masse in gasförmigem Zustand zu unternehmen, und der Ort läge wenige Fahrtstunden von Turin entfernt. Ich beriet mich schnell mit den Meinen. Sie waren einverstanden: durch die Erkrankung meines Vaters wurde zu Hause dringend Geld gebraucht. Ich selber zögerte keinen Augenblick: das untätige Leben hatte mich zermürbt, meiner Chemie war ich sicher und brannte darauf, sie zu erproben. Außerdem machte mich der Leutnant neugierig, er gefiel mir.

Man merkte, daß er die Uniform mit Widerwillen trug: bei der Wahl meiner Person hatte er sich gewiß nicht nur von Nützlichkeitserwägungen leiten lassen. Über den Faschismus und den Krieg sprach er mit Zurückhaltung und einer unheimlichen Heiterkeit, die zu deuten mir nicht schwerfiel. Es war die ironische Heiterkeit einer ganzen Generation von Italienern, die klug und ehrlich genug waren, den Faschismus abzulehnen, aber zu skeptisch, um ihm aktiv Widerstand zu leisten, zu jung, um passiv die sich abzeichnende Tragödie hinzunehmen und an der Zukunft zu verzweifeln; eine Generation, der ich selbst angehört hätte, wenn mich nicht die verhängnisvollen Rassengesetze hätten frühzeitig reifen und eine Entscheidung finden lassen.

Der Leutnant nahm meine Zustimmung zur Kenntnis und verabredete sich mit mir, ohne Zeit zu verlieren, für den darauffolgenden Tag auf dem Bahnhof. Vorbereitungen? Deren bedurfte es kaum: Dokumente natürlich nicht (ich würde inkognito, ohne Namen oder unter falschem Namen den Dienst antreten, später würde man weitersehen); warme Sachen, Kleidung für die Berge wäre gut geeignet, einen Kittel, Bücher, wenn ich wollte: was das übrige beträfe, so würde es keine Schwierigkeiten geben, ich würde ein Zimmer mit Heizung vorfinden, ein Labor, regelmäßiges Essen bei einer Arbeiterfamilie und brave Leute als Kollegen, mit denen ich jedoch, so würde er mir raten, aus den bewußten Gründen nicht allzu vertrauten Umgang pflegen sollte.

Wir fuhren los, stiegen aus dem Zug und kamen nach einem Aufstieg von fünf Kilometern durch einen wunderbar bereiften Wald im Bergwerk an. Der Leutnant, der nie viel Worte machte, stellte mich kurz dem Direktor vor, einem großen, kräftigen, jungen Ingenieur, der noch wortkarger war und offenbar über meine Lage bereits Bescheid wußte. Ich wurde ins Labor geführt, wo mich ein eigenartiges Wesen erwartete: ein etwa achtzehnjähriges stämmiges Mädchen mit feuerrotem Haar und schrägen grünen Augen, aus denen Spott und Neugier sprachen. Ich erfuhr, daß es meine Gehilfin sei.

Während des Mittagessens, das ich ausnahmsweise in den Büroräumen einnehmen durfte, brachte der Rundfunk die Nachricht vom japanischen Angriff auf Pearl Harbor und von der Kriegserklärung Japans an die Vereinigten Staaten. Meine Tischgefährten (der Leutnant und einige Angestellte) nahmen die Mitteilung unterschiedlich auf: einige, auch der Leutnant, mit Zurückhaltung, wobei sie vorsichtig zu mir herüberblickten; manche äußerten sich besorgt; und andere wieder meinten kriegerisch, es sei doch inzwischen bewiesen, daß die japanischen und deutschen Armeen unschlagbar wären.

„Irgendwo" hatte also räumliche Gestalt angenommen, ohne dabei aber etwas von seinem Zauber einzubüßen. Haftet doch allen Bergwerken von alters her ein Zauber an. Das Erdinnere wimmelt von Gnomen, Kobolden (Kobalt!), Nickeln (Nickel!), die dir wohlwollen und dich den Schatz unter der Spitzhacke finden lassen, dich aber auch irreleiten und täuschen können, indem sie bescheidenen Eisenkies wie Gold erglänzen oder Zink als Zinn erscheinen lassen. Tatsächlich gibt es viele Mineralbezeichnungen, deren Wurzel „Täuschung, Betrug, Verblendung" bedeutet.

Auch dieses Bergwerk hatte seinen Zauber, einen herben

Reiz. Auf einem flachen, kahlen Hügel, auf dem nur Gesteinsbrocken und Gestrüpp zu finden waren, tat sich ein riesiger kegelförmiger Abgrund auf, ein künstlicher Krater von vierhundert Meter Durchmesser; er glich vollkommen den schematischen Darstellungen der Hölle auf den synoptischen Tafeln zur „Göttlichen Komödie". Rund um den Höllenkreis explodierten Tag für Tag Sprengladungen: die Kegelwände waren minimal geneigt, so daß das gelockerte Erdreich zwar bis auf den Grund rollen konnte, ohne dabei aber allzu große Wucht zu entfalten. Auf dem Grund befand sich statt Luzifers ein gewaltiger, falltürähnlicher Verschluß und darunter ein kurzer senkrechter Schacht, der in einen langen waagerechten Stollen führte. Dieser wiederum mündete an der Flanke des Hügels, oberhalb der Anlage, ins Freie. Im Stollen fuhr ein gepanzerter Zug hin und her: eine kleine, aber kräftige Lokomotive zog Waggon um Waggon zum Füllen unter die Fallöffnung und dann wieder ans Tageslicht.

Der Betrieb war terrassenförmig unterhalb der Stollenöffnung angelegt: dort wurde das Erz in einem ungeheuren Brechwerk zerkleinert, das der Direktor mir mit nahezu kindlicher Begeisterung zeigte und erläuterte: es war eine umgestülpte Glocke oder, wenn man will, eine Ackerwindenblüte aus massivem Stahl von vier Meter Durchmesser, in der Mitte pendelte ein gigantischer Schwengel, der oben eingehängt war und von unten geführt wurde. Seine Schwingung war minimal, kaum sichtbar, reichte aber aus, um die aus dem Zug herabprasselnden Gesteinsbrocken im Nu zu zerspalten: sie wurden zuerst zerschlagen, weiter unten zusammengeschoben, dann noch einmal zertrümmert und kamen unten in mannskopfgroßen Stücken heraus. Das alles vollzog sich bei einem Höllenlärm und ließ eine Staubwolke aufsteigen, die bis zur Ebene zu sehen war. Das Material wurde dann zu Schotter zerrieben, getrocknet und gesiebt; und es war leicht zu erkennen, daß der Endzweck dieser

Zyklopenarbeit darin bestand, dem Felsen die armseligen zwei Prozent Amiant zu entreißen, die in ihm gefangen lagen. Der Rest, tausend Tonnen täglich, wurde ins Tal geschüttet.

Im Laufe der Zeit füllte sich das Tal mit einer lockeren Staub- und Schotterlawine. Durch den Restgehalt von Amiant wurde die Masse zu einem glitschigen, zähen Brei, wie ein Gletscher: die riesige graue Zunge, in der sich schwärzliche Felsbrocken wie Punkte ausnahmen, wälzte sich mühsam und schwerfällig jährlich einige Dutzend Meter nach unten; sie übte auf die Talhänge einen so starken Druck aus, daß sich im Felsen tiefe Querrinnen bildeten; einige zu weit unten erbaute Gebäude wurden jährlich um einige Zentimeter verschoben. In einem dieser Gebäude, „Unterseeboot" genannt, weil es lautlos fortgetrieben wurde, wohnte ich.

Überall lag Amiant, wie aschgrauer Schnee; ließ man ein Buch einige Stunden auf einem Tisch liegen und nahm es dann weg, so waren seine Umrisse zu erkennen; die Dächer waren mit einer dicken Staubschicht bedeckt, die sich an Regentagen wie ein Schwamm vollsog und plötzlich mit ungestümer Gewalt auf die Erde herabrutschte. Anteo, der Grubenmeister, ein beleibter Riese mit dichtem schwarzem Bart, der wie sein Namensvetter Antäus seine Kraft direkt aus Mutter Erde zu schöpfen schien, erzählte mir, vor Jahren habe ein lang anhaltender Regen viele Tonnen Amiant aus den Grubenwänden herausgewaschen; der Amiant hatte sich auf dem Trichtergrund über der geöffneten Klappe gesammelt und unmerklich zu einem Pfropfen verdichtet. Niemand hatte dem Bedeutung beigemessen; doch es regnete weiter, der Kegel wirkte wie ein Trichter, über dem Pfropfen bildete sich ein See von zwanzigtausend Kubikmeter Wasser, und noch immer nahm es niemand ernst. Er, Anteo, ahnte Schlimmes und hatte gegenüber dem damaligen Direktor darauf gedrungen, er solle etwas unternehmen: als tüchtiger Grubenmeister plädierte er dafür, eine hübsche kleine Mine zu versenken und unverzüglich auf dem Grund des Sees zu zünden; aber es gab diese und jene Einwände, es könnte gefährlich sein, die Klappe könnte beschädigt werden, man müßte erst den Verwaltungsrat anhören. Keiner wollte entscheiden, und so entschied es der böse Geist der Grube.

Während die Gelehrten berieten, hörte man ein dumpfes Getöse: der Pfropfen hatte nachgegeben, das Wasser hatte sich in Schacht und Stollen ergossen, den Zug mit allen Waggons weggefegt und die Anlage verwüstet. Anteo zeigte mir die Zeichen der Überschwemmung, gut zwei Meter oberhalb der Neigungsebene.

Die Arbeiter und Bergleute kamen aus den Nachbardörfern, wobei manche zwei Stunden Weg auf Bergpfaden zurückzulegen hatten: die Angestellten wohnten am Ort. Das Tiefland war nur fünf Kilometer entfernt, und trotzdem war das Bergwerk in jeder Hinsicht ein kleiner Staat für sich. In einer Zeit, in der Rationierung und schwarzer Markt herrschten, gab es dort oben keinerlei Versorgungsprobleme: man wußte zwar nicht, wie es geschah, aber jeder hatte genügend von allem. Viele Angestellte hatten sich einen Garten rings um das quadratische Bürogebäude angelegt; einige besaßen auch einen Hühnerstall. Des öfteren waren nun Hühner des einen in den Garten des anderen eingedrungen und hatten Schaden angerichtet, daraus waren unerquickliche Zänkereien und Fehden entstanden, die nicht im Einklang standen mit der Heiterkeit des Ortes und dem Wesen des Direktors, der alle Dinge rasch und glatt erledigt wissen wollte. Und so hatte er den Knoten auf seine Art gelöst: er hatte ein Flobertgewehr anschaffen lassen und es an einem Nagel in seinem Büro aufgehängt. Jeder, der aus dem Fenster ein fremdes Huhn in seinem Garten scharren sah, hatte das Recht, zum Gewehr zu greifen und zweimal auf das Huhn zu schießen, aber es mußte in flagranti ertappt werden. Das

Huhn gehörte dem Schützen, wenn es auf dessen Grund und Boden erlegt worden war: so lautete das Gesetz. Anfangs hatten viele schnell zum Gewehr gegriffen und geschossen, während die Unbeteiligten Wetten abschlossen; dann waren keine Grenzverletzungen mehr vorgekommen.

Ich hörte noch andere wundervolle Geschichten, wie die vom Hund des Signor Pistamiglio. Dieser Signor Pistamiglio war zu meiner Zeit schon jahrelang von der Bildfläche verschwunden, aber das Andenken an ihn war noch immer lebendig und – wie stets in solchen Fällen – von der goldenen Patina der Legende verschönt. Signor Pistamiglio also war ein ausgezeichneter Abteilungsleiter gewesen, nicht mehr der Jüngste, unverheiratet, verständig, von allen geachtet, und er hatte einen prächtigen Wolfshund, der ebenso ehrbar und geachtet war wie er.

Einmal, zu Weihnachten, waren in dem im Tal gelegenen Dorf vier der fettesten Truthähne verschwunden. Nur ruhig Blut: man hatte an Diebe, an den Fuchs, dann an gar nichts mehr gedacht. Aber es wurde wieder Winter, und diesmal verschwanden von November bis Dezember sieben Truthähne. Man hatte bei den Carabinieri Anzeige erstattet, aber niemand hätte je das Geheimnis gelüftet, wenn nicht Signor Pistamiglio eines Abends, als er ein wenig beschwipst war, ein Wort zuviel über die Lippen geschlüpft wäre. Die Truthahndiebe waren sie beide – er und der Hund. Am Sonntag führte er den Hund ins Dorf, streifte mit ihm an den Bauernhöfen vorbei und zeigte ihm die schönsten und am schlechtesten bewachten Truthähne; er erklärte dem Hund von Fall zu Fall die beste Strategie. Dann kehrten sie ins Bergwerk zurück, und nachts ließ er den Hund los, der lief unbemerkt hin, an den Wänden entlangschleichend wie ein echter Wolf, übersprang das Gatter zum Hühnerhof oder grub sich unten durch, tötete lautlos den Truthahn und brachte ihn seinem Komplizen. Es ist nicht bekannt, daß Signor Pistamiglio die Truthähne verkauft hätte: nach der glaubwürdigsten Darstellung schenkte er sie seinen zahlreichen Geliebten, die häßlich und alt waren und über die ganzen Piemonteser Voralpen verstreut wohnten.

Viele Geschichten wurden mir erzählt; offenbar waren alle fünfzig Bergwerksbewohner miteinander Reaktionen eingegangen, immer zwei zu zwei, wie in der Kombinatorik; das heißt, jeder mit jedem anderen und im besonderen jeder Mann mit jeder Frau, unverheiratet wie verheiratet, und jede Frau mit jedem Mann. Ich brauchte nur aufs Geratewohl zwei Namen, am besten unterschiedlichen Geschlechts, auszuwählen und einen Dritten zu fragen: „Was hat es zwischen denen gegeben?“, und schon wurde mir eine köstliche Geschichte zum besten gegeben, denn jeder kannte die Geschichte aller anderen. Ich weiß nicht, warum sie diese zumeist verwickelten und stets intimen Geschehnisse gerade mir so unbekümmert erzählten, der ich doch meinerseits niemandem etwas erzählen, nicht einmal meinen Namen nennen konnte; aber offenbar liegt das an meinem Stern (und ich beklage mich keineswegs darüber): ich bin ein Mensch, dem man vieles anvertraut.

In verschiedenen Varianten hörte ich eine Legende aus längst vergangenen, noch weit vor Signor Pistamiglio liegenden Zeiten; einstmals habe in den Bergwerksbüros ein Treiben wie zu Sodom und Gomorrha geherrscht. In jenen sagenhaften Zeitläuften ging, wenn abends halb sechs die Sirene ertönte, kein Angestellter nach Hause. Auf dieses Signal hin wurden zwischen den Schreibtischen Likörflaschen und Matratzen hervorgeholt, und eine Orgie begann, die alle und jeden erfaßte, junge unerfahrene Stenotypistinnen ebenso wie Buchhalter mit Geheimratsecken, vom damaligen Direktor bis hinunter zu den invaliden Amtsdienern: die triste Mühle des Grubenpapierkrams wich allabendlich einer ungeheuren, öffentlichen, mannigfaltig verschlungenen Hurerei, bei der sich alle Klassen vermischten. In unserer Zeit war kein unmittelbar Beteiligter mehr da, der davon hätte erzählen können: eine Serie von katastrophalen Bilanzen hatte die Verwaltung in Mailand zu drastischem Einschreiten und Säubern genötigt. Keiner war mehr da außer der Signora Bortolasso, die, so versicherte man mir, alles wußte, alles gesehen hatte, aber aus übertriebenem Schamgefühl nicht sprach.

Signora Bortolasso sprach übrigens mit keinem, es sei denn, wenn es bei der Arbeit unumgänglich war. Bevor sie diesen Namen trug, war sie Baggerschaufel-Gina genannt worden: mit neunzehn Jahren – sie war damals Stenotypistin im Büro – hatte sie sich in einen hageren, rotblonden jungen Bergarbeiter verliebt, der, ohne ihre Liebe wirklich zu erwidern, jedenfalls den Anschein erweckte, sie zu akzeptieren. Die „Ihren" aber waren unnachgiebig geblieben. Sie hatten Geld ausgegeben, damit sie etwas lernen konnte, und dafür sollte sie dankbar sein, eine gute Ehe eingehen und sich nicht mit dem ersten besten einlassen; und da das Mädchen sich nicht darauf verstünde, würden sie sich darum kümmern; entweder sie gäbe ihren Rotschopf auf, oder sie müßte fort von zu Hause und vom Bergwerk.

Gina beschloß zu warten, bis sie einundzwanzig war (es fehlten nur noch zwei Jahre): aber der Rote wartete nicht auf sie. Er ließ sich sonntags mit einer anderen Frau sehen, dann mit einer dritten und heiratete schließlich eine vierte. Da faßte Gina einen grausamen Entschluß: da sie den einzigen Mann, den sie mochte, nicht bekam, wollte sie auch keinem anderen gehören. Ins Kloster gehen – nein, schließlich hatte sie moderne Anschauungen: sie würde sich aber die Ehe auf eine raffinierte, unbarmherzige Art versagen, nämlich indem sie heiratete. Sie war inzwischen eine qualifizierte Angestellte, der Verwaltung unentbehrlich, verfügte über ein zuverlässiges Gedächtnis, und ihr Fleiß war sprichwörtlich: so teilte sie allen, den Eltern und den Vorgesetzten, mit, daß sie Bortolasso, den Bergwerkstrottel, zu heiraten gedenke.

Bortolasso war ein Hilfsarbeiter in mittleren Jahren, stark

wie ein Bär und schmutzig wie ein Schwein. Er war wohl nicht vollkommen blöd, wahrscheinlich gehörte er zu jener Art Menschen, von denen man in Piemont sagt, sie spielen den Narren, um das Salz nicht bezahlen zu müssen: im Schutze der Straffreiheit, die man Schwachköpfen zugesteht, übte er mit äußerster Nachlässigkeit das Amt des Gärtners aus. Die Nachlässigkeit war so groß, daß sie schon an Schlauheit grenzte: schön, die Welt hatte ihn für unzurechnungsfähig erklärt, jetzt mußte sie ihn so ertragen, ja, sie mußte ihn unterhalten und für ihn sorgen.

Regennasser Amiant läßt sich schlecht abbauen, deshalb war der Niederschlagsmesser für das Bergwerk sehr wichtig: er stand in einem Beet, und der Direktor selbst las die Angaben ab. Bortolasso, der jeden Morgen die Beete sprengte, gewöhnte es sich an, auch den Niederschlagsmesser zu besprengen, und brachte damit die Daten der Förderkosten ernsthaft durcheinander; der Direktor kam (nicht sofort) dahinter und untersagte es ihm. „Also möchte er ihn trocken haben", schlußfolgerte Bortolasso: und öffnete nun nach jedem Regen das Ventil am Boden des Instruments.

Als ich hinkam, hatte sich die Lage seit geraumer Zeit stabilisiert. Gina, jetzt Signora Bortolasso, war um die Fünfunddreißig: die unauffällige Schönheit ihres Gesichts war erstarrt und zu einer straffgespannten Maske gefroren, und es trug deutlich das Mal fortdauernder Jungfernschaft. Denn Jungfrau war sie geblieben: alle wußten es, da Bortolasso es allen erzählte. So hatte die Abmachung bei der Heirat gelautet, er hatte sie akzeptiert, auch wenn er dann fast jede Nacht versucht hatte, das Bett der Frau mit Gewalt zu erobern. Sie aber hatte sich heftig gewehrt und tat es noch immer: nie und nimmer würde ein Mann sie berühren, und schon gar nicht dieser.

Diese nächtlichen Schlachten zwischen den unglücklichen Ehegatten waren zur Legende des Bergwerks, zu einer seiner wenigen Attraktionen geworden. In einer der ersten lauen Nächte lud mich eine Gruppe von Fanatikern ein, mit ihnen gemeinsam hinzugehen und zu sehen, was passierte. Ich lehnte ab, und sie kehrten kurz darauf enttäuscht zurück: man hörte nur, wie eine Posaune „Faccetta Nera" spielte. Sie erklärten mir, daß das hin und wieder vorkäme; Bortolasso war nämlich ein musikalischer Trottel und machte auf diese Weise seinem Herzen Luft.

In meine Arbeit verliebte ich mich gleich am ersten Tag, obwohl es in dieser Phase nur darum ging, von Felsproben quantitative Analysen anzufertigen: Ätzen mit Flußsäure, das Eisen runter mit Ammoniak, Nickel (wie wenig! ein winziger rosa Niederschlag) runter mit Dimethylglyoxim, Magnesium mit Phosphat, immer wieder das gleiche, tagaus, tagein: an sich nicht sehr aufregend. Aufregend und neu aber war ein anderes Gefühl: die Probe, die man zu bestimmen hatte, war nicht mehr nur ein anonymes, handgefertigtes Pülverchen, ein Quiz in stofflicher Hülle; es war ein Stück Felsen, Erdinneres, der Erde durch die Kraft von Minen entrissen: vermittels der Daten aus den täglichen Analysen entstand so nach und nach eine Karte, das Abbild der unterirdischen Adern. Zum erstenmal nach siebzehn Jahren Schule mit ihren Aoristen und Peloponnesischen Kriegen war mir das Gelernte also zu etwas nütze. Die quantitative Analyse, die so wenig Emotionen zuließ und so hart wie Granit war, wurde etwas Lebendiges, Wahres, Nützliches, Teil ernsthafter, konkreter Arbeit. Sie war nützlich: eingegliedert in einen Plan, ein Steinchen in einem Mosaik. Die analytische Methode, die ich anwandte, war keine Buchweisheit mehr, sondern wurde täglich neu erprobt, konnte im feinsinnigen Zusammenspiel von Verstand, Proben und Irrtümern verfeinert, unseren Zwecken nutzbar werden. Irren war kein leicht komisches Unglück mehr, das eine Prüfung verdirbt oder die Note herabsetzt: Irren war wie Bergsteigen, ein Sichmessen, Einsehen, eine höhere Stufe und machte einen tüchtiger und tauglicher.

Das Mädchen im Labor hieß Alida. Sie beobachtete meine Begeisterung, die Begeisterung des Neulings, ohne sie zu teilen; sie war eher überrascht und ein wenig unwillig. Ihre Anwesenheit war nicht unangenehm. Sie kam vom Lyzeum und zitierte Pindar und Sappho, sie war die Tochter eines ganz harmlosen kleinen Lokalbonzen. Gescheit und träge, hatte sie keinerlei Interessen, schon gar nicht an Gesteinsuntersuchungen, die sie mechanisch auszuführen verstand, wie es ihr der Leutnant beigebracht hatte. Auch sie hatte wie alle dort oben mit verschiedenen Personen in Wechselbeziehungen gestanden und machte mir gegenüber, der ich, wie schon erwähnt, merkwürdigerweise als Beichtvater angesehen wurde, kein Hehl daraus. Mit vielen Frauen hatte sie sich wegen Eifersüchteleien gezankt, in viele Männer hatte sie sich ein bißchen, in einen bestimmten richtig verliebt und war mit einem anderen verlobt, einem braven Mann, unscheinbar und schlicht, der im Technischen Büro angestellt war, aus demselben Ort wie sie stammte und den die Ihren für sie ausgesucht hatten; auch das kümmerte sie nicht. Was sollte sie tun? Sich auflehnen? Fortgehen? Nein, sie war ein Mädchen aus guter Familie, ihre Zukunft waren Kinder und Kochtopf, Sappho und Pindar gehörten der Vergangenheit an, Nickel war ein schwer verständliches Füllwort. Während sie ohne große Sehnsucht auf die Hochzeit wartete, pusselte sie ein bißchen im Labor herum, wusch ohne Lust den Niederschlag, wog das Nickeldimethylglyoxim, und es bedurfte meiner ganzen Überredungskunst, sie davon zu überzeugen, daß es nicht zweckmäßig sei, die Analysenergebnisse höher anzusetzen: dazu neigte sie nämlich, ja sie gestand mir sogar, daß sie es schon häufig getan hatte, da es, wie sie meinte, nichts kostete und dem Direktor, dem Leutnant und mir Freude machte.

Was war denn letztlich diese Chemie, der der Leutnant und ich uns freiwillig widmeten? Wasser und Feuer, wie in der Küche, nichts weiter. Eine weniger appetitliche Küche zwar, erfüllt von scharfen, widerlichen Gerüchen statt der häuslichen, aber auch hier gab es die Schürze, wurde gemischt, verbrühte man sich die Finger, mußte man am Ende des Tages aufräumen. Es gab kein Entrinnen für Alida. Mit bekümmert-andächtiger Miene und italienischer Skepsis hörte sie sich meine Berichte über das Turiner Leben an: es waren stark beschnittene Berichte, denn sowohl sie als auch ich mußten das Spiel meiner Anonymität spielen, etwas sikkerte aber doch durch, nicht zuletzt aus dem, was ich selber verheimlichte. Nach einigen Wochen merkte ich, daß ich nicht mehr namenlos war: ich war ein gewisser Doktor Levi, der aber anstandshalber, um keine Scherereien heraufzubeschwören, nicht Levi genannt werden durfte, weder in der zweiten noch in der dritten Person. Bei der in der Grube herrschenden klatschsüchtigen, toleranten Atmosphäre sprang der Widerspruch zwischen meiner ungewissen Lage als Ausgestoßener und meinem ruhigen, sicheren Gebaren in die Augen und wurde, wie mir Alida gestand, des langen und breiten erörtert und unterschiedlich interpretiert: vom Geheimagenten bis hin zum Schützling eines hohen Tieres.

Ins Tal zu kommen war mühselig und in meiner Lage auch nicht sehr klug; da ich mit niemandem verkehren durfte, zogen sich meine Abende im Bergwerk endlos lang. Manchmal blieb ich auch noch nach Ertönen der Sirene im Labor oder kehrte nach dem Abendessen wieder dorthin zurück, um zu studieren oder über Nickel nachzudenken; ein andermal wiederum schloß ich mich in meiner Mönchszelle im „U-Boot" ein und las die Geschichten Jakobs. An Abenden mit Mondschein unternahm ich oft lange einsame Spaziergänge durch die wüste Grubenlandschaft bis hinauf an den Rand des Kraters oder auch auf halber Höhe bis zur grauen, zerklüfteten Rückseite der Abraumhalde, in der es geheimnisvoll raschelte und knisterte, als hätten sich hier wirklich geschäftige Gnome eingenistet: aus dem Dunkel, vom unsichtbaren Talgrund her, erscholl entferntes Hundegebell.

Dieses Herumstreifen lenkte mich ein wenig ab von dem quälenden Gedanken an meinen Vater, der in Turin im Sterben lag, an die Niederlage der Amerikaner in Bataan, an den Sieg der Deutschen auf der Krim und schließlich an die offene Falle, die im Begriff war zuzuschnappen: es ließ in mir ein neues Verhältnis zu den Brombeersträuchern und Steinen entstehen, die meine Insel und meine Freiheit waren, eine Freiheit, die ich vielleicht bald verlieren würde. Es war ein Verhältnis, das ehrlicher war als all die schönen Aussprüche über die Natur, die ich in der Schule gelernt hatte. Für diesen ruhelosen Felsen empfand ich eine zarte, ungewisse Zuneigung: ich hatte ein zwiefaches Band zu ihm geknüpft, zuerst bei den Unternehmungen mit Sandro und dann hier, wo ich ihn als Chemiker untersuchte, um ihm den Schatz zu entlocken. Aus dieser Liebe zu den Steinen, aus der Einsamkeit des Amiants heraus entstanden an anderen langen Abenden zwei Erzählungen über Inseln und über die Freiheit, die ersten, die zu schreiben mir nach der Qual der Schulaufsätze in den Sinn kam. Die eine ist eine Phantasterei über einen meiner Vorgänger aus längst vergangenen Zeiten, der nach Blei anstatt nach Nickel jagt; zu der anderen, rätselhaft und quecksilbrig-turbulent, war ich von einer zufällig in meine Hände geratenen Notiz über die Insel Tristan da Cunha angeregt worden.

Der Leutnant, der in Turin seinen Militärdienst ableistete, kam jede Woche nur einmal ins Bergwerk. Er kontrollierte meine Arbeit, gab mir Anweisungen und Ratschläge für die folgende Woche und erwies sich dabei als hervorragender Chemiker und Forscher mit Ausdauer und Scharfsinn. Nach kurzer Orientierungszeit zeichnete sich neben der täglichen Routine der Analysen eine anspruchsvollere Arbeit für mich ab.

Das Gestein der Grube enthielt also Nickel: aber herzlich wenig, aus unseren Analysen ergab sich ein durchschnittlicher

Anteil von 0,2 Prozent. Lächerlich im Vergleich zu der Erzausbeute meiner Kollegen und Rivalen am anderen Ende der Welt, in Kanada und Neukaledonien. Aber vielleicht ließ sich das Erz anreichern? Unter Anleitung des Leutnants probierte ich alle Möglichkeiten: Abscheidung nach dem Magnetverfahren, durch Flotation, Sedimentierung, Sieben, mit schweren Flüssigkeiten, mit dem Schüttelrost. Es führte zu nichts: es konzentrierte sich nichts, bei allen Fraktionen blieb der Nickelanteil beharrlich gleich. Die Natur kam uns nicht zu Hilfe: wir vermuteten, daß das Nickel sich dem bivalenten Eisen anschloß, wie ein Stellvertreter dessen Platz einnahm, ihm wie ein unsichtbarer Schatten, wie ein winzig kleiner Bruder folgte: 0,2 Prozent Nickel, 8 Prozent Eisen. Alle für Nickel denkbaren Reagenzien hätten in vierzigfacher Konzentration angewandt werden müssen, selbst wenn man das Magnesium dabei unberücksichtigt ließ. Ökonomisch gesehen, ein wahnwitziges Unternehmen. In Augenblicken, wenn meine Kraft versagte, erfaßte ich die ganze astrale, feindselige, fremdartige Härte des mich umgebenden Gesteins, des grünen Serpentins der Voralpen: im Vergleich dazu waren die Bäume des Tals, die bereits ihr Frühlingskleid angelegt hatten, lebende Wesen wie wir, Wesen, die zwar nicht sprechen, aber doch Hitze und Frost, Freud und Leid empfinden, werden und vergehen, mit dem Wind Blütenstaub ausstreuen und auf geheimnisvolle Weise dem Lauf der Sonne folgen. Der Stein tut das nicht: er nimmt keine Energie auf, er ist erloschen von Urzeiten an, die reine, feindselige Passivität; eine massive Festung, die ich Bastion für Bastion abtragen mußte, um des verborgenen Kobolds, des launischen Nickels Nikolaus habhaft zu werden, der mal hierhin, mal dahin hüpft, geschickt ausweichend und boshaft, mit langen gespitzten Ohren, immer auf dem Sprung, um vor den Schlägen der neugierigen Spitzhacke zu fliehen und einem das Nachsehen zu geben.

Doch die Zeit der Kobolde, der Nickel und Wichtel ist

vorbei. Wir sind Chemiker, das heißt Jäger: unser sind „die beiden Erfahrungen des Erwachsenseins“, von denen Pavese sprach, Erfolg und Scheitern. Den weißen Wal töten oder das Schiff zerschellen lassen; nicht die Waffen strecken vor der ungreifbaren Materie, nicht seßhaft werden. Wir sind dazu da, daß wir Fehler begehen und sie berichtigen, daß wir Schläge einstecken und austeilen. Niemals darf man sich wehrlos ausgeliefert fühlen: die Natur ist unermeßlich und komplex, aber nicht undurchdringlich für den Verstand; man muß um sie herumgehen, sie reizen, sondieren, den Zugang zu ihr suchen oder ihn sich selbst schaffen. Meine wöchentlichen Gespräche mit dem Leutnant ähnelten Kriegsberatungen.

Neben vielen anderen hatten wir auch den Versuch unternommen, das Metall mit Hilfe von Wasserstoff aus dem Gestein herauszulösen. Wir hatten das feingemahlene Mineral in einen Porzellantiegel gegeben, diesen in eine Quarzröhre gesteckt und durch die von außen erhitzte Röhre Wasserstoff geleitet, in der Hoffnung, er würde den an das Nickel gebundenen Sauerstoff herauslösen, so daß dieses zu reinem Metall reduziert würde. Metallisches Nickel ist ebenso wie Eisen magnetisch, es wäre in diesem Falle also ein leichtes gewesen, das Nickel allein oder samt dem Eisen einfach mittels eines Magneten vom übrigen zu trennen. Aber nach der Behandlung hatten wir vergeblich einen starken Magneten in der wässerigen Lösung unseres Pülverchens hin und her geschwenkt: die einzige Ausbeute war ein wenig Eisen. Die klare und traurige Tatsache lautete: der Wasserstoff löste unter diesen Bedingungen nicht das geringste heraus; das Nickel mußte zusammen mit dem Eisen stabil in die Struktur des Serpentingesteins eingefügt, fest mit Kiesel und Wasser verbunden und gewissermaßen so mit seinem Zustand zufrieden sein, daß es keine Neigung verspürte, einen anderen anzunehmen.

Wenn man aber versuchte, diese Struktur zu sprengen?

Der Gedanke kam mir, wie einem ein Licht aufgeht, eines Tages, als ich zufällig ein altes, verstaubtes Diagramm fand, das einer meiner Vorgänger angefertigt hatte: es stellte den Gewichtsverlust des Amiants aus dem Bergwerk in Abhängigkeit von der Temperatur dar. Bei 150 °C verlor der Amiant eine geringe Menge Wasser, dann blieb er bis 800 °C scheinbar unverändert; hier machte die Kurve eine schroffe Zacke, ein Gewichtsabfall von 12 Prozent, und der Verfasser hatte angemerkt: „Er wird brüchig." Das Serpentin nun ist der Vater des Amiants: wenn Amiant bei 800 °C zerfällt, müßte Serpentin es auch tun; und da ein Chemiker nicht ohne Modell denkt, ja lebt, stellte ich mir die langen Ketten von Silizium, Sauerstoff, Eisen und Magnesium mit dem wenigen in ihren Maschen gefangenen Nickel vor und zeichnete sie auf Papier, und daneben das Ganze nach der Zertrümmerung, zu kurzen Stümpfen geschrumpft, mit dem aus seiner Höhle hervorgeholten Nickel, das jetzt dem Angriff frei ausgesetzt war; und ich fühlte mich nicht viel anders als jener urzeitliche Jäger aus Altamira, der eine Antilope an die Felswand malt, damit die Jagd am nächsten Tag vom Glück begünstigt sein möge.

Die Opferzeremonien dauerten nicht lange: der Leutnant war nicht da, konnte aber jede Stunde kommen, und ich befürchtete, er würde meine so unorthodoxe Arbeitshypothese nicht oder nicht gern billigen. Mir kribbelte es in den Fingern: was geschehen ist, ist geschehen, am besten, ich ging gleich ans Werk.

Nichts wirkt belebender als eine Hypothese. Unter Alidas belustigt-skeptischen Blicken ging ich wie ein Wirbelwind an die Arbeit, während sie, da es bereits später Nachmittag war, ostentativ auf ihre Armbanduhr schaute. Im Nu war der Apparat aufgebaut, der Thermostat auf 800 °C eingestellt, das Druckregulationsventil an der Stahlflasche justiert, der Blasenzähler angeschlossen. Ich erhitzte das Material eine halbe Stunde lang, dann drosselte ich die Temperatur und leitete eine Stunde lang Wasserstoff hindurch: inzwischen war es dunkel geworden, das Mädchen war gegangen, überall war es still, nur im Hintergrund war das dumpfe Summen der Scheideanlage zu hören, die auch nachts arbeitete. Ich fühlte mich halb als Verschwörer, halb als Alchimist.

Als die Zeit abgelaufen war, zog ich den Tiegel aus der Quarzröhre, ließ ihn im Vakuum abkühlen und löste sodann das Pulver, das nun nicht mehr grünlich, sondern gelblich aussah – ein, wie ich fand, gutes Zeichen –, in Wasser auf. Ich nahm den Magneten und machte mich an die Arbeit. Jedesmal, wenn ich den Magneten aus dem Wasser zog, haftete an ihm eine dünne Schicht braunes Pulver: ich wischte es behutsam mit Filterpapier ab und brachte es, jedesmal vielleicht ein Milligramm, beiseite; wenn die Analyse glaubwürdig sein sollte, brauchte ich wenigstens ein halbes Gramm, das hieß also mehrere Stunden Arbeit. Gegen Mitternacht beschloß ich aufzuhören, ich meine, die Scheidung abzubrechen, denn um keinen Preis wollte ich mit der Analyse länger warten. Da es sich um eine magnetische Fraktion handelte (die voraussichtlich arm an Silikaten sein würde) und um meine Ungeduld zu befriedigen, ersann ich für die Analyse eine vereinfachte Variante. Um drei Uhr früh hatte ich das Resultat: nicht mehr das gewohnte rosafarbene Nickeldimethylglyoxim-Wölkchen, sondern einen sichtlich reichhaltigen Niederschlag. Filtrieren, waschen, trocknen, wiegen. Das Endergebnis stand wie mit Flammenschrift auf dem Rechenschieber: 6 Prozent Nickel, der Rest Eisen. Ein Sieg: auch ohne weitere Scheidung war das eine Legierung, mit der man, so wie sie war, den Elektroofen beschicken konnte. Kurz vor Morgengrauen kehrte ich ins „U-Boot" zurück, beseelt von dem unbändigen Wunsch, sofort den Direktor zu wecken, den Leutnant anzurufen und mich auf den dunklen, taufeuchten Wiesen zu wälzen. Ich dachte lauter unsinnige Dinge, das Sinnvolle aber, das freilich trostlos war, wollte nicht in meinen Kopf.

Ich glaubte eine Tür mit einem Schlüssel aufgeschlossen zu haben und nun den Schlüssel zu vielen, vielleicht allen Türen zu besitzen. Ich meinte einen Gedanken gehabt zu haben, auf den noch kein anderer gekommen war, nicht einmal in Kanada und Neukaledonien, und ich dünkte mich unbesiegbar und unantastbar, auch angesichts der bereits nahe herangerückten und mit jedem Monat näher rückenden Feinde. Ich dachte schließlich, ich hätte mich ehrenvoll an denen gerächt, die mich für biologisch minderwertig erklärt hatten.

Ich bedachte nicht, daß, hätte das von mir gefundene Verfahren zur Nickelgewinnung auch industriell nutzbar gemacht werden können, alles produzierte Nickel in die Panzer und Geschosse des faschistischen Italien und Hitlerdeutschland eingegangen wäre. Ich bedachte nicht, daß zur selben Zeit in Albanien Lagerstätten von Nickelerz entdeckt worden waren, hinter dem sich unseres verstecken konnte und mit ihm all meine und des Direktors und des Leutnants Pläne. Ich ahnte nicht, daß meine Interpretation der magnetischen Nickelscheidung grundlegend falsch war, wie mir der Leutnant wenige Tage darauf nachwies, als ich ihm meine Ergebnisse mitgeteilt hatte. Ebensowenig ahnte ich, daß der Direktor, der einige Tage lang meine Begeisterung geteilt hatte, meine und seine Begeisterung dämpfen würde, als er feststellen mußte, daß kein Magnetscheider im Handel war, mit dem man Material in Form eines feinen Pülverchens hätte scheiden können, und daß meine Methode bei grobkörnigem Pulver nicht funktionieren konnte.

Und doch ist die Geschichte damit nicht zu Ende. Obwohl inzwischen viele Jahre vergangen sind, der Handel mit Nickel freigegeben und der internationale Nickelpreis gesunken ist, entzündet die Kunde von den enormen Reichtümern, die in jenem Tal in Form von jedermann zugänglichen Brocken liegen, noch heute die Phantasie. In einer Sphäre, wo sich Chemie und weiße Magie berühren, machen sich noch heute unweit der Grube Menschen in Kellern und Ställen zu schaffen, gehen nachts zur Abraumhalde und kehren mit Säcken voll grauen Abraums zurück, den sie mahlen, kochen, mit immer neuen Reagenzien behandeln. Der Zauber des vergrabenen Reichtums, der zwei Kilo edlen silbrigen Metalls, gebunden an tausend Kilo sterilen Gesteins, ist noch nicht erloschen.

Ebenfalls noch nicht verschollen sind die beiden Mineralgeschichten, die ich damals schrieb. Sie hatten ein bewegtes Schicksal, beinahe so wie ich: sie haben Bombenangriffe und Flucht überstanden, ich hatte sie verloren gegeben und habe sie vor kurzem wiedergefunden, als ich seit Jahrzehnten vergessene Papiere ordnete. Ich wollte sie nicht ganz fallenlassen: der Leser findet sie anschließend, eingeflochten zwischen diese Geschichten von streitbarer Chemie wie der Fluchttraum eines Gefangenen.

Blei

Mein Name ist Rodmund, und ich komme von weit her. Mein Land heißt Tiuda; jedenfalls nennen wir es so, unsere Nachbarn aber, das heißt unsere Feinde, geben uns andere Namen: Saksa, Nemet, Alaman. In meinem Land ist es ganz anders als hier: da gibt es große Wälder und Flüsse, lange Winter, Sümpfe, Nebel und Regen. Die Meinen, das heißt diejenigen, die meine Sprache sprechen, sind Hirten, Jäger und Krieger: sie mögen den Ackerbau nicht, ja sie verachten all jene, die den Boden bestellen, sie treiben die Herden auf deren Felder, plündern ihre Dörfer und machen ihre Frauen zu Sklavinnen. Ich bin weder Hirte noch Krieger und auch kein Jäger, obwohl sich mein Handwerk nicht gar zu sehr von der Jagd unterscheidet. Es bindet mich an den Boden, und trotzdem bin ich frei: ich bin kein Bauer.

Wir, mein Vater und alle Rodmunds der väterlichen Linie, gehen von jeher diesem Handwerk nach; es besteht darin, daß wir ein bestimmtes schweres Gestein kennen, es in fernen Ländern finden, auf eine nur uns bekannte Art zum Glühen bringen und daraus das schwarze Blei gewinnen. In der Nähe meines Dorfes war ein großes Vorkommen: es wird berichtet, einer meiner Urahnen, Rodmund Blauzahn, habe es einst entdeckt. Im Dorf wohnen lauter Bleischmiede; sie alle verstehen das Blei zu schmieden und zu bearbeiten, aber nur wir Rodmunds wissen, wie man das Gestein findet und ermittelt, ob es echtes Bleigestein ist und nicht eines der vielen schweren Gesteine, die die Götter in den Gebirgen verstreut haben, um den Menschen zu täuschen. Die Götter lassen Metalladern unter der Erde wachsen, halten sie jedoch geheim, versteckt; wer sie findet, ist den Göttern beinahe ebenbürtig, und deshalb mögen sie ihn nicht und suchen ihn zu verwirren. Sie mögen uns Rodmunds nicht: aber das kümmert uns nicht.

Nach fünf oder sechs Generationen ist das Vorkommen nun erschöpft: manche meinten, man solle es unter die Erde verfolgen, Stollen treiben, und sie haben es zu ihrem Schaden auch versucht; am Ende aber setzte sich die Meinung der Klügeren durch. Alle Männer haben die alten Berufe wiederaufgenommen, außer mir: so wie das Blei ohne uns nicht das Licht erblickt, so können wir nicht ohne Blei leben. Unsere Kunst ist eine von den Künsten, durch die man reich wird, aber auch jung stirbt. Manche führen dies darauf zurück, daß das Metall ins Blut eindringt und es allmählich verdünnt; andere meinen, dies sei vielmehr die Rache der Götter. Auf jeden Fall schert es uns Rodmunds wenig, ob unser Leben kurz ist, da wir reich und geachtet sind und die Welt zu sehen bekommen. Mein Urahne mit den blauen Zähnen bildete hierbei eine Ausnahme, denn das von ihm entdeckte Vorkommen war ungewöhnlich ergiebig; im allgemeinen aber sind wir Bleisucher auch Wanderer. Er selbst kam, wie man mir erzählte, von weit her, aus einem Land, in dem die Sonne kalt ist und nie untergeht, wo die Menschen in Eispalästen wohnen und wo im Meer Seeungeheuer von tausend Fuß Länge schwimmen.

Nachdem sechs Generationen seßhaft waren, habe ich wieder mit dem Wanderleben begonnen, auf der Suche nach Gestein, das ich selbst ausschmelzen oder von anderen, die ich diese Kunst gegen Gold lehre, ausschmelzen lassen kann; denn wir Rodmunds sind Schwarzkünstler: wir verwandeln Blei in Gold.

Ich bin allein aufgebrochen, gen Süden, als ich noch jung war. Vier Jahre lang bin ich gewandert, von Land zu Land, habe die Ebenen gemieden, bin den Tälern in Richtung Ge-

birge gefolgt, habe mit dem Hammer alles abgeklopft und wenig oder gar nichts gefunden: im Sommer arbeitete ich auf den Feldern, im Winter flocht ich Körbe oder gab das mitgenommene Gold aus. Allein, wie ich schon sagte: die Frauen brauchen wir nur, damit sie uns einen Sohn schenken, der das Geschlecht vor dem Aussterben bewahrt, sie aber nehmen wir nicht auf unsere Wanderungen mit. Wozu wären sie auch nütze? Das Gestein zu finden, lernen sie nicht, im Gegenteil, wenn sie es während ihrer Regel berühren, löst es sich in Staub und Asche auf. Da sind Mädchen vorzuziehen, die man am Wege findet und sich für eine Nacht oder einen Monat nimmt, mit denen man sich vergnügt, ohne an das Morgen zu denken, wie es die Ehefrauen tun. Unser Morgen erleben wir lieber allein: wenn das Fleisch mürbe und fahl wird, der Leib schmerzt, die Haare und Zähne ausfallen, das Zahnfleisch grau wird, dann ist es besser, allein zu sein.

Ich gelangte an einen Ort, von dem aus bei heiterem Wetter im Süden eine Bergkette zu sehen war. Im Frühling machte ich mich wieder auf den Weg, entschlossen, diese Berge zu erreichen: ich hatte den feuchtklebrigen Boden satt, der zu nichts taugte, es sei denn dazu, tönerne Okarinen anzufertigen, und der keinerlei Vorzüge und Geheimnisse barg. Im Gebirge ist es anders, die Felsen, die Knochen der Erde, liegen entblößt da, sie klingen unter den eisenbeschlagenen Schuhen, und die einzelnen Felsarten sind leicht zu unterscheiden: das Tiefland ist nichts für uns. Ich erkundigte mich nach dem bequemsten Paßweg; ich fragte die Leute auch, ob sie Blei hätten, wo sie es kauften, wieviel sie dafür bezahlten: je teurer sie es bezahlten, desto eifriger suchte ich in der Umgebung. Zuweilen wußten sie gar nicht, was Blei ist: wenn ich ihnen das Stück zeigte, das ich immer in der Umhängetasche mitführte, lachten sie, weil es sich so weich anfühlte, und fragten mich spöttisch, ob bei mir zu Hause auch Pflugschar und Schwert aus Blei gefertigt würden. Mei-

stens aber konnte ich sie nicht verstehen und mich nicht verständlich machen: Brot, Milch, eine Lagerstatt, ein Mädchen, die Richtung, die ich am nächsten Tag einzuschlagen hatte – das war alles.

Einen großen Paß überwand ich mitten im Sommer, die Sonne stand mittags fast senkrecht über mir, und doch lagen noch Schneeflocken auf den Wiesen. Etwas weiter unten sah ich Herden, Hirten und Pfade: die Talsohle lag so tief, daß sie noch in Nacht getaucht zu sein schien. Ich stieg hinab, stieß auf Dörfer, eines, das an einem Wildbach lag, war ziemlich groß, hier fanden sich die Leute aus dem Gebirge ein, um Vieh, Pferde, Käse, Felle und ein rotes Getränk zu tauschen, das sie Wein nannten. Es reizte mich zum Lachen, wenn ich sie sprechen hörte: ihre Sprache war ein rauhes, unartikuliertes Gestammel, ein tierisch-barbarisches Gebrabbele, so daß man sich wundern mußte, daß sie dennoch Waffen und Geräte besaßen, die den unseren ähnlich und in einigen Fällen sogar noch sinnreicher und feiner gearbeitet waren. Ihre Frauen spannen, wie die unseren; sie bauten Steinhäuser, die zwar nicht sehr schön, dafür aber stabil waren: doch es gab auch Häuser aus Holz, die einige Handbreit über dem Erdboden, auf vier oder sechs Holzpfählen, bedeckt mit glatten Steinplatten, ruhten. Ich glaube, die Platten sollten verhindern, daß Mäuse eindrangen, und das dünkte mich eine kluge Erfindung. Die Dächer waren nicht mit Stroh, sondern mit breiten, flachen Steinen gedeckt. Bier war in diesem Lande unbekannt.

Oben, an den Talwänden, bemerkte ich sofort Löcher im Felsen und herabgerieselten Gesteinsschutt: ein Zeichen dafür, daß dort jemand beim Schürfen war. Ich stellte jedoch keine Fragen, um keinen Verdacht zu erwecken; ein Fremder, wie ich es war, mußte ohnehin verdächtig erscheinen. Ich stieg zu dem reißenden Bach hinunter (ich erinnere mich, das Wasser war weißlich-trüb, so als hätte man Milch hineingegossen; dergleichen hatte ich bei uns zu Hause noch nie gesehen) und begann sorgfältig die Steine zu untersuchen: das ist einer unserer Kniffe, die Steine der Wildbäche legen einen weiten Weg zurück und sprechen eine klare Sprache für den, der sie versteht. Es war von allem etwas vorhanden: Feuersteine, grüne Steine, Kalksteine, Granit, eisenhaltiges Gestein, sogar etwas von dem, was wir Galmei nennen – das alles interessierte mich nicht; denn ich hatte mir in den Kopf gesetzt, in einem Tal wie diesem, mit weißen Streifen auf dem roten Fels, mit so viel Eisen überall, dürfe Bleigestein nicht fehlen.

Ich folgte dem Bach talwärts, lief teils über Felsbrocken, watete dann wieder, sofern möglich, im Wasser, die Augen wie ein Jagdhund auf den Boden geheftet, als ich kurz nach der Einmündung eines kleineren Baches einen Stein inmitten Millionen anderer Steine erblickte, einen Stein, der den übrigen beinahe glich, weißlich, mit schwarzen Körnchen durchsetzt. Gespannt und reglos blieb ich vor ihm stehen, wie ein Jagdhund vor dem Wild. Ich hob ihn auf, er war schwer, daneben lag noch ein zweiter, kleinerer. Wir irren uns kaum; vorsichtshalber zerschlug ich ihn aber und nahm ein nußgroßes Stück zum Prüfen mit. Ein guter, ernsthafter Mineralsucher, der weder andere noch sich selbst belügen will, darf sich nicht auf das Aussehen verlassen, denn die Steine, die tot zu sein scheinen, stecken doch voller Trug und Arglist: manchmal verändern sie sich noch beim Ausgraben grundlegend, so wie manche Schlangen ihre Farbe wechseln, damit man sie nicht entdeckt. Ein guter Sucher hat also immer alles bei sich: den tönernen Schmelztiegel, Holzkohle, Zunder, Feuerstahl und ein weiteres Werkzeug, welches aber ein Geheimnis ist und bleiben muß, denn mit ihm stellt man fest, ob ein Stein taugt oder nicht.

Abends suchte ich mir einen abgelegenen Ort, legte eine Feuerstelle an, stellte den sorgfältig beschichteten Schmelztiegel darauf, erbitzte ihn eine halbe Stunde lang und ließ ihn dann erkalten. Ich zerbrach ihn, und siehe, da fand sich das glänzende, schwere Plättchen, das sich mit dem Nagel einritzen läßt, das einem das Herz weit macht und die Müdigkeit vom Wandern aus den Beinen vertreibt, wir nennen es „kleiner König".

Damit ist aber noch nicht alles geschafft; ja, die meiste Arbeit bleibt noch zu tun. Man muß bachauf wandern und an jeder Gabelung sehen, ob das gute Gestein rechts oder links weiter auftritt. Ich wanderte ein Stück am größeren Bach hinauf, und das Gestein war noch vorhanden, aber immer nur spärlich; dann verengte sich das Tal zu einer so tiefen, steilen Schlucht, daß an Weitergehen nicht zu denken war. Ich fragte Hirten, die ich in der Nähe fand, und sie gaben mir gestikulierend und grunzend zu verstehen, es gäbe keine Möglichkeit, den steilen Abhang zu umgehen, aber wenn man in das große Tal hinabstiege, so fände man einen Pfad, der über einen Paß führe. Diesem Paß hatten sie einen Namen gegeben, der so ähnlich klang wie Tringo, er führte oberhalb der Schlucht an einen Ort, wo es Vieh mit Hörnern gab, das muhte, und also (dachte ich mir) auch Weiden, Hirten, Brot und Milch. Ich machte mich auf den Weg, fand mühelos den Pfad und den Tringo und stieg von dort in ein wunderschönes Land hinab.

Beim Abstieg öffnete sich vor meinen Augen ein lärchengrünes Tal mit Bergen im Hintergrund, die mitten im Sommer schneeweiß waren: das Tal endete zu meinen Füßen in einer weiten, von Hütten und Herden besprenkelten Wiese. Ich war müde, stieg hinab und blieb bei den Hirten. Die waren mißtrauisch, kannten aber (leider nur zu gut) den Wert des Goldes, nahmen mich ein paar Tage auf, ohne mir mit Fragen zuzusetzen. Ich nutzte die Gelegenheit, um einige Wörter ihrer Sprache zu lernen; „pen" nennen sie die Berge, „tza" die Wiesen, „roisa" den Sommerschnee, „fea" die Schafe, „bait" ihre Häuser, die unten, wo das Vieh gehalten wird, aus Stein und oben aus Holz sind, der obere Teil ruht, wie gesagt, auf Steinuntersätzen und dient als Wohnraum und Lager für Heu und Vorräte. Diese Hirten waren rauhbeinig und wortkarg, besaßen aber keine Waffen und behandelten mich nicht schlecht.

Als ich mich erholt hatte, nahm ich die Suche wieder auf, immer nach dem Wildbachsystem, und kam schließlich in ein langgestrecktes, enges, ödes Tal ohne Weiden und Wälder, das parallel zu dem mit den Lärchen verlief. Der Bach, der es durchfloß, war voll guten Gesteins: ich fühlte, daß ich mich dem, was ich suchte, näherte. Drei Tage brauchte ich, in denen ich unter freiem Himmel oder auch vor Ungeduld gar nicht schlief; nachts durchforschte ich den Himmel und wartete auf das Morgengrauen.

Das Vorkommen lag ziemlich abseits, in einer steilen Rinne: das weiße Gestein blinkte aus dem kümmerlichen Gras hervor, zum Greifen nahe, man brauchte nur zwei, drei Handbreit tief zu graben, um das schwarze Gestein freizulegen, das am erzhaltigsten war. Ich hatte es noch nie zuvor gesehen, kannte es aber aus den Beschreibungen meines Vaters. Kompaktes Gestein ohne Schlacke, an dem hundert Männer hundert Jahre lang zu arbeiten gehabt hätten. Seltsam war, daß schon jemand hiergewesen sein mußte: halb versteckt hinter einem Felsen (der gewiß absichtlich hierhergewälzt worden war) lag der Eingang zu einem offenbar sehr alten Tunnel, denn von der Wölbung hingen fingerlange Stalaktiten herab. Auf dem Boden lagen halb verfaulte Holzpfähle und ein paar morsche Knochenreste, das übrige hatten wahrscheinlich Füchse fortgeschleppt, denn es waren die Spuren von Füchsen, vielleicht sogar Wölfen zu erkennen: ein halber, aus dem Schlamm herausragender Schädel indes war gewiß der eines Menschen. Es ist schwer erklärlich, doch schon mehr als einmal passiert: irgend jemand, von irgendwoher gekommen, entdeckt irgendwann, vielleicht noch vor der Sintflut, eine Ader, er sagt zu keinem ein Wort, versucht das Gestein allein abzubauen, zahlt mit dem Leben drauf, und dann gehen die Jahrhunderte darüber hinweg. Mein

Vater sagte mir, man fände überall, in welchem Stollen man auch grübe, die Gebeine von Toten.

Ein Vorkommen gab es also: ich entnahm Proben, baute mir draußen notdürftig einen Brennofen, stieg hinab, um Holz zu holen, schmolz so viel Blei, wie ich auf dem Rücken tragen konnte, und kehrte ins Tal zurück. Zu den Leuten auf den Weiden sprach ich kein Wort: ich schlug wieder den Weg über den Tringo ein und stieg zu dem großen Dorf auf der anderen Seite hinab, das Sales hieß. Es war Markttag, und ich stellte mich gut sichtbar mit meinem Batzen Blei in der Hand hin. Ein paar Leute blieben stehen, nahmen das Blei wägend in die Hand und stellten mir Fragen, die ich nur halb verstand: es war klar, daß sie wissen wollten, wozu es diente, was es kostete und woher es kam. Dann trat ein aufgeweckt aussehender Bursche mit einem geflochtenen Wollkäppchen vor, und wir verstanden uns ganz gut. Ich zeigte ihm, daß sich das Zeug mit dem Hammer bearbeiten ließ, ja, noch während des Gesprächs machte ich einen Hammer und einen Prellstein ausfindig und führte ihm vor, wie leicht man es zu Platten und Plättchen formen konnte; dann erklärte ich ihm, daß man aus den Plättchen Röhren herstellen konnte, wenn man sie an einer Seite mit einem glühenden Eisen zusammenschweißte; ich sagte ihm, daß die Holzrohre, zum Beispiel die Dachrinnen im Dorfe Sales, leicht morsch und faul würden, machte ihm klar, daß sich Bronzerohre schwer herstellen ließen und, wenn man Trinkwasser hindurchleitete, Bauchschmerzen verursachten, während Bleirohre ewig hielten und sich leicht zusammenschweißen ließen. Auf gut Glück spielte ich auch meinen Trumpf aus, indem ich ihm mit feierlicher Miene erklärte, mit einer Bleiplatte könne man auch Särge auskleiden, dann würden die Toten nicht von Würmern befallen, sie trockneten ein, schrumpften, und auch die Seele ginge auf diese Weise nicht verloren, was ein großer Vorteil wäre; weiterhin könne man aus Blei auch Totenstatuen gießen, die nicht glänzten wie die aus Bronze, sondern ein wenig stumpf und matt wirkten, wie es sich für Trauergegenstände geziemte. Da ich merkte, daß ihn diese Dinge sehr interessierten, behauptete ich weiter, daß Blei, habe man sich erst einmal vom äußeren Schein gelöst, geradezu das Metall des Todes wäre: weil es den Tod brächte, weil sein Gewicht das Bestreben zu fallen ausdrückte und Fall und Verfall den Toten eigen wären; weil sogar seine leichenfahle Farbe darauf hindeutete und weil es das Metall des Planeten Tuisto wäre, des langsamsten aller Planeten, das heißt des Planeten der Toten. Ich sagte ihm auch, daß meiner Meinung nach Blei ein ganz anderer Stoff ist als alle übrigen, ein Metall, das sich matt anfühlt, weil es vielleicht müde ist, müde, da es sich wandeln muß, sich aber nicht mehr wandeln möchte; Asche irgendwelcher anderer lebendiger Elemente, die vor tausend und aber tausend Jahren in ihrem eigenen Feuer verglüht sind. Diese Dinge glaube ich tatsächlich; nicht, daß ich sie erfunden hätte, um das Geschäft abzuschließen. Der Mann, der sich Borvio nannte, hörte mit offenem Mund zu und meinte dann, es müsse sich in der Tat so verhalten, wie ich gesagt hätte, daß dieser Planet nämlich einem Gott geweiht sei, der bei ihnen Saturn heiße und mit einer Sichel dargestellt werde. Es war an der Zeit, zur Hauptsache zu kommen, und während er noch über meine marktschreierischen Reden nachsann, verlangte ich von ihm dreißig Pfund Gold dafür, daß ich ihm das Vorkommen und die Kenntnis des Schmelzverfahrens überließe und genau über die wichtigsten Verwendungsmöglichkeiten des Metalls belehrte. Er bot mir dafür Bronzemünzen mit einem Wildschwein darauf, wer weiß wo geprägt, ich aber tat so, als spuckte ich darauf: Gold und sonst nichts. Übrigens sind dreißig Pfund zu schwer für einen, der zu Fuß wandert, jedermann weiß das, und ich wußte, daß Borvio es wußte; so schlossen wir zu zwanzig Pfund ab. Er ließ sich zu dem Vorkommen führen, und das war richtig. Nachdem wir ins Tal zurückgekehrt waren, händigte er mir das Gold aus:

ich überprüfte alle zwanzig Barren, fand, daß sie echt waren und das richtige Gewicht hatten, und dann tranken wir zur Feier unseres Handels uns mit Wein einen ordentlichen Rausch an.

Es war zugleich ein Abschiedsrausch. Nicht, daß mir dieses Land nicht gefallen hätte, aber viele Gründe trieben mich, meinen Weg fortzusetzen. Erstens wollte ich die warmen Länder sehen, von denen es heißt, daß dort Oliven und Zitronen gedeihen. Zweitens wollte ich das Meer sehen, nicht das stürmische, von dem mein Ahne mit den blauen Zähnen herkam, sondern das warme Meer, aus dem das Salz stammt. Drittens hat es keinen Zweck, Gold zu besitzen, es auf dem Rücken zu tragen und in ständiger Angst zu leben, es könnte nachts oder während einer Zecherei gestohlen werden. Viertens und letztens wollte ich das Gold bei einer Seereise ausgeben, um See und Seeleute kennenzulernen, denn Seeleute brauchen Blei, auch wenn sie es nicht wissen.

So ging ich fort; ich wanderte zwei Monate lang ein großes, eintöniges Tal hinab, bis dieses in eine Ebene mündete. Da gab es Wiesen und Getreidefelder, und es roch herb nach verbranntem Reisig, und das rief Heimweh in mir wach; der Herbst riecht überall gleich – nach abgestorbenem Laub, nach ruhender Erde, nach brennenden Reisigbündeln, kurz, nach Vergehendem – und man denkt sich hinzu, „für immer" Vergehendem. An einer Stelle, wo zwei Flüsse zusammenströmten, stieß ich auf eine befestigte Stadt, so groß wie keine Stadt bei uns; da war ein Markt, auf dem man mit Sklaven, Fleisch, Wein, schmutzigen, derben, struppigen Mädchen handelte, und ein Gasthaus mit einem gut wärmenden Feuer, dort verbrachte ich den Winter: es schneite wie bei uns. Im März brach ich wieder auf, und nachdem ich einen Monat gewandert war, kam ich ans Meer, das nicht blau, sondern grau war, wie ein Wisent fauchte und sich gegen das Land warf, als wollte es dieses verschlingen: der Gedanke, daß es nie zur Ruhe kam, nie zur Ruhe gekommen war, seit die Welt bestand, nahm mir den Mut. Aber ich wanderte trotzdem weiter nach Osten, am Strand entlang, weil das Meer mich faszinierte und ich mich nicht von ihm losreißen konnte.

Ich gelangte zu einer anderen Stadt und blieb dort, auch weil mein Gold zur Neige ging. Da lebten Fischer und sonderbare Menschen, die mit dem Schiff aus allerlei fernen Ländern kamen; sie kauften und verkauften, rauften sich nachts um die Weiber und lauerten sich mit gezogenem Messer in den Gassen auf; darum kaufte ich mir auch ein stabiles Bronzemesser in lederner Scheide, das man, unter der Kleidung versteckt, um die Hüfte tragen konnte. Die Leute dort kannten Glas, aber keine Spiegel, das heißt, sie hatten nur kleine wertlose Spiegel aus polierter Bronze, die sofort streifig werden und die Farben verzerren. Wenn man Blei hat, ist es nicht allzu schwierig, Glasspiegel anzufertigen, ich aber ließ sie lange warten, bis ich ihnen das Geheimnis verriet, ich erzählte ihnen, es sei eine Kunst, die nur wir Rodmunds kennen, eine Göttin mit Namen Frigga habe sie uns gelehrt, und noch andere Dummheiten, die ihnen wie Honig eingingen.

Ich brauchte Geld; so hielt ich Umschau, entdeckte in der Nähe des Hafens einen recht gescheit aussehenden Glasbläser und wurde mit ihm handelseinig.

Von ihm habe ich manches gelernt, vor allem, daß man Glas blasen kann; dieses System gefiel mir so, daß ich mich darin unterweisen ließ, und eines Tages werde ich auch versuchen, flüssiges Blei und geschmolzene Bronze zu blasen (beides aber ist zu dünnflüssig, es kann schwerlich gelingen). Ich hingegen lehrte ihn, wie man auf die noch warme Glasscheibe geschmolzenes Blei gießt und so nicht allzu große, aber glänzende Spiegel erhält, makellos und jahrelang haltbar. Er war übrigens recht tüchtig, er kannte ein Geheimnis, wie man farbiges Glas herstellt, und goß wunderschöne bunte Scheiben. Ich war von der Zusammenarbeit sehr ange-

tan und erfand ein Verfahren, auch aus geblasenen Glaskalotten Spiegel anzufertigen, indem ich nämlich Blei hineingoß oder außen auftrug: wenn man sich darin spiegelt, sieht man sehr groß oder sehr klein oder auch ganz verzerrt aus; die Frauen mögen diese Spiegel nicht, aber alle Kinder ließen sich welche kaufen. Während des ganzen Sommers und Herbstes verkauften wir Spiegel an Händler, die sie uns gut bezahlten: ich unterhielt mich mit ihnen und versuchte, möglichst viele Auskünfte über ein Land zu sammeln, das viele von ihnen kannten.

Es war erstaunlich, was für verworrene Vorstellungen von Himmelsrichtungen und Entfernungen diese Menschen hatten, die doch die Hälfte ihres Lebens auf See zubrachten; in einem aber waren sich alle einig, daß man nämlich, wenn man gen Süden führe – manche sagten, tausend Meilen, andere zehnmal soviel –, auf ein Land stieße, das von der Sonne zu Staub ausgetrocknet wäre, in dem es viele Bäume und fremdartige Tiere gäbe und wo schwarzhäutige Wilde wohnten. Viele waren überzeugt, daß auf halber Strecke eine große Insel, genannt Icnusa, läge, die Insel der Metalle: von dieser Insel erzählte man die merkwürdigsten Geschichten, daß sie von Riesen bewohnt wäre, während Pferde, Rinder und sogar Kaninchen und Hühner winzig klein wären; daß die Frauen herrschten und Krieg führten, während die Männer das Vieh hüteten und Wolle spännen; daß diese Riesen Menschen fräßen, insbesondere Fremdlinge; daß es ein Land wäre, in dem Hurerei herrschte, wo die Männer die Frauen untereinander austauschten und auch die Tiere sich aufs Geratewohl paarten, Wölfe mit Katzen, Bären mit Kühen; daß die Schwangerschaft der Frauen nur drei Tage dauerte, die Frauen dann entbänden und dem Kind sofort zuriefen: „Los, hol mir die Schere und mach Licht, auf daß ich dir die Nabelschnur durchschneide." Andere wiederum erzählten, entlang den Küsten erhöben sich berghohe Festungen aus Stein; so wie alles auf dieser Insel aus Stein wäre, Lanzenspitzen,

Wagenräder, selbst die Kämme der Frauen und die Nähnadeln; auch die Kochtöpfe, und sie hätten sogar brennende Steine, die sie unter diesen Töpfen anzündeten; und an den Straßen, die Wegscheiden bewachend, lauerten versteinerte, gruselig aussehende Ungeheuer. All dies hörte ich mir mit zerknirschter Miene an, innerlich aber lachte ich herzhaft darüber, denn ich bin inzwischen ziemlich weit in der Welt herumgekommen und weiß, daß die Welt ein Dorf ist; ich mache mir übrigens selbst ein Vergnügen daraus, wunderliche Dinge zu erfinden, wenn ich nach Hause komme und von den Ländern erzähle, in denen ich gewesen bin; und hier erzählt man Phantastisches über mein Land, zum Beispiel, daß die Büffel bei uns keine Knie haben und man, um sie zu schlachten, nur die Bäume, an die sie sich nachts zum Schlafen lehnen, unten abzusägen braucht; unter ihrem Gewicht bricht der Baum auseinander, sie stürzen nieder und können sich nicht mehr erheben.

Über die Metalle aber waren sich alle einig, viele Kaufleute und Schiffskapitäne hatten von der Insel Ladungen mit rohem und bearbeitetem Metall an Land gebracht, es waren jedoch ungebildete Leute, und ihren Reden ließ sich schwerlich entnehmen, um welches Metall es sich handelte: zumal nicht alle die gleiche Sprache sprachen und keiner meine verstand, so daß es ein großes Durcheinander von Bezeichnungen gab. Sie sprachen zum Beispiel von kalibe, und es war schier unmöglich, zu erkennen, ob sie Eisen, Silber oder Bronze meinten. Andere nannten sider sowohl Eisen als auch Eis, und sie waren so unwissend, daß sie behaupteten, das Eis auf den Bergen würde im Laufe der Jahrhunderte unter dem Gewicht des Felsens hart und verwandelte sich zuerst in Bergkristall und dann in Eisenstein.

Ich jedenfalls hatte jegliches Weiberhandwerk nun einfach satt und wollte unbedingt nach diesem Icnusa fahren. Ich trat meinen Anteil am Unternehmen dem Glasbläser ab und beglich mit diesem und dem mit den Spiegeln verdienten

Geld die Überfahrt an Bord eines Lastschiffes: im Winter aber fährt kein Schiff, denn da weht der Nordwind oder der Mistral oder der Südwind oder der Südost, fast sieht es so aus, als wäre kein Wind günstig und man bliebe am besten bis April an Land, betränke sich, verspielte sein Hemd beim Würfelspiel und schwängerte die Mädchen vom Hafen.

Im April brachen wir auf. Das Schiff war voll beladen mit Weinamphoren, an Bord waren außer dem Schiffseigner der Bootsmann, vier Matrosen und zwanzig an den Bänken angekettete Ruderer. Der Bootsmann stammte aus Kriti und war ein großes Lügenmaul: er erzählte von einem Land, in dem Menschen wohnten, die Langohren genannt würden, weil sie so riesige Ohren hätten, daß sie sich im Winter zum Schlafen darin einwickelten, und er berichtete von Tieren, Alfil genannt, die vorn einen Schwanz hätten und die Sprache der Menschen verstünden.

Ich muß gestehen, daß ich mich nur mühsam an das Leben auf dem Schiff gewöhnte: es tanzt einem unter den Füßen, schlingert nach rechts und nach links, essen und schlafen ist schwierig, und man stolpert aus Platzmangel über die eigenen Füße; die angeketteten Ruderer starren einen wild an, so daß man denkt, sie würden einen auf der Stelle in Stücke reißen, wenn sie nicht angekettet wären: der Eigner sagte mir, daß das manchmal vorkommt. Andererseits, wenn der Wind günstig steht, füllen sich die Segel, die Ruderer ziehen die Ruder ein, und es kommt einem vor, als flöge man in verzauberter Stille dahin; man sieht die Delphine aus dem Wasser springen, und die Seeleute behaupten, sie könnten ihrem Ausdruck entnehmen, wie das Wetter am nächsten Tag wird. Das Schiff war gut verpicht, und trotzdem sah man, daß der ganze Kiel zerfressen war: von Bohrwürmern, wie man mir erklärte. Im Hafen hatte ich auch gesehen, daß alle vor Anker liegenden Schiffe zernagt waren: dagegen läßt sich nichts tun, sagte mir der Schiffseigner, der zugleich Kapitän war. Wenn ein Schiff alt ist, wird es auseinander-

genommen und verbrannt; ich aber hatte eine Idee, auch was den Anker anbetraf. Es ist dumm, ihn aus Eisen herzustellen: dann rostet er und hält keine zwei Jahre. Und die Fischnetze? Bei günstigem Wind ließen die Matrosen ein Netz zu Wasser, das hatte Schwimmer aus Holz und als Ballast Steine. Steine! Wären sie aus Blei gewesen, hätten sie ein Viertel des Platzes eingenommen. Natürlich sagte ich keinem ein Wort davon, aber ich dachte schon, wie man gewiß begriffen hat, an das Blei, das ich dem Leib von Icnusa entreißen würde, und verkaufte bereits das Fell, noch ehe ich den Bären erlegt hatte.

Nach elf Tagen Seefahrt kam die Insel in Sicht. Rudernd fuhren wir in einen kleinen Hafen ein: überall Steilhänge aus Granit und Sklaven, die an Säulen meißelten. Es waren keine Riesen, und sie schliefen nicht in die eigenen Ohren gewickelt; sie sahen aus wie wir und verständigten sich ganz gut mit den Seeleuten, ihre Aufseher aber gestatteten ihnen das Reden nicht. Es war ein Land, lauter Fels und Wind, das mir sofort gefiel: die Luft roch nach bitteren wilden Kräutern, und die Menschen wirkten schlicht und kraftvoll.

Das Land der Metalle lag zwei Tagesstrecken entfernt: ich mietete einen Esel mit Führer, und dies eine stimmt wirklich, es sind kleine Esel (wenn auch nicht so klein wie Katzen, wie man auf dem Festland erzählt hatte), aber sie sind kräftig und zäh; kurz, an den Gerüchten konnte etwas Wahres sein, vielleicht lag die Wahrheit hinter einem Schleier von Worten verborgen, wie ein Rätsel. Beispielsweise habe ich gesehen, daß auch die Geschichte von den Festungen aus Stein stimmte: zwar sind sie nicht berghoch, aber fest, von regelmäßiger Form und bestehen aus genau ineinandergefügten Quadersteinen; merkwürdig ist nur, daß alle sagen, sie „sind immer dagewesen", und niemand weiß, von wem, wie, weshalb und wann sie erbaut wurden. Daß die Inselbewohner die Fremden auffressen, ist jedoch eine große Lüge: in mehreren Tagreisen führten sie mich zu den Berg-

werken, ohne Ausflüchte zu suchen oder Geheimnisse darum zu machen, als ob ihr Land allen gehörte.

Das Land der Metalle ist berauschend: es erging mir wie einem Spürhund, der in einen Wald voll Wild kommt, von Fährte zu Fährte springt, am ganzen Leibe zitternd und ganz außer sich. Das Land liegt nahe am Meer, besteht aus einer Reihe von Hügeln, die oben in einer schroffen Felswand auslaufen, und man sieht in der Nähe und in der Ferne, bis hin zum Horizont, die Rauchfahnen der Gießereien. Überall waren Menschen bei der Arbeit, Freie und Sklaven; und auch die Geschichte von dem brennenden Gestein stimmt, ich traute kaum meinen Augen. Es läßt sich zwar etwas schwer anzünden, gibt dann aber viel Hitze und brennt lange. Sie schaffen es in Körben auf dem Rücken der Esel von irgendwo herbei: es ist schwarz, schmierig, brüchig und nicht sehr schwer.

Ich sagte schon, daß es dort herrliche Steine gibt, bestimmt reich an noch nie gesehenen Metallen, die in weißen, violetten, himmelblauen Spuren an der Oberfläche sichtbar sind: unter dieser Erde mußte ein unvorstellbares Aderngewirr liegen. Ich hätte gern dabei verweilt, hätte klopfen, graben und untersuchen mögen: doch ich bin ein Rodmund, und mein Gestein ist das Blei. Ich machte mich sofort an die Arbeit.

Am westlichen Saum des Landes fand ich ein Vorkommen, in dem, glaube ich, noch niemand gegraben hatte: denn es waren weder Schächte noch Stollen, noch Abraum und auch keine sichtbaren Spuren an der Oberfläche vorhanden; die Steine, die hervorguckten, sahen aus wie andere Steine. Aber etwas tiefer lag Blei; und das ist etwas, über das ich oft nachgedacht habe: wir Mineralsucher glauben *nämlich, das Metall mit den Augen, kraft unserer Erfahrung und unseres Verstandes zu finden, in Wirklichkeit aber führt uns etwas, was tiefer liegt, eine Kraft wie jene, die die Lachse unsere Flüsse hinaufwandern oder die Schwalben zum Nest zurückfinden läßt. Vielleicht ergeht es uns wie den Wasser-*

suchern, die nicht wissen, was sie zum Wasser führt, irgend etwas aber führt sie und bewegt die Wünschelrute zwischen ihren Fingern.

Ich weiß nicht, wieso, aber gerade hier war Blei, ich fühlte es unter meinen Füßen, dunkel, giftig und schwer, während ich zwei Meilen an einem Bach entlangwanderte, in einem Wald, wo wilde Bienen in den vom Blitz getroffenen Baumstümpfen nisteten. In kurzer Zeit kaufte ich Sklaven, die für mich graben sollten, und sobald ich ein wenig Geld beisammen hatte, kaufte ich mir auch eine Frau. Nicht, um mich mit ihr zu amüsieren: ich wählte sie sorgfältig aus, ohne allzu sehr auf Schönheit zu achten, sondern vielmehr darauf, daß sie gesund, breithüftig, jung und lustig wäre. Ich wählte sie nach diesen Gesichtspunkten aus, weil sie mir einen Rodmund schenken sollte, damit unsere Kunst nicht ausstirbt; und ich verlor keine Zeit damit, denn meine Hände und Knie fingen an zu zittern, und meine Zähne wackelten im Kiefer und waren blau geworden wie die meines Ahnen, der vom Meer gekommen war. Jener Rodmund wird gegen Ende des nächsten Winters geboren werden, in diesem Land, in dem Palmen wachsen und aus dem Meerwasser Salz gewonnen wird und in dem man nachts die wilden Hunde kläffen hört, wenn sie der Fährte des Bären folgen; in dem Dorf, das ich am Bach mit den wilden Bienen gegründet habe und dem ich gern einen Namen aus meiner Sprache geben wollte, die ich allmählich zu vergessen beginne. Bak der Binnen, was „Bach der Bienen", bedeutet: die Leute von hier freilich haben den Namen nur teilweise übernommen und nennen das Dorf unter sich, in ihrer Sprache, die jetzt auch die meine ist, Bacu Abis.

Quecksilber

Mit meiner Frau Maggie wohne ich, Unterzeichneter Korporal Abrahams, seit vierzehn Jahren auf dieser Insel. Man hatte mich hierher in Garnison geschickt; wie es heißt, war auf eine benachbarte Insel (ich meine damit die „nächstgelegene"; sie liegt nicht weniger als 1 200 Meilen nordöstlich von dieser und heißt Sankt Helena) ein bedeutender, gefährlicher Mann verbannt worden, und man befürchtete, seine Anhänger könnten ihm zur Flucht verhelfen und er könnte sich hierher flüchten. An diese Geschichte habe ich nie geglaubt: meine Insel heißt „Trostlosigkeit", und nie war eine Insel so zutreffend benannt; darum habe ich nie verstanden, was ein so bedeutender Mann hier zu suchen haben sollte.

Es ging das Gerücht, es handle sich um einen Abtrünnigen, Ehebrecher, Papisten, Volksaufwiegler und Aufschneider. Solange er lebte, waren weitere zwölf Soldaten mit uns hier, junge, lustige Burschen aus Wales und Surrey; sie waren auch gute Bauern und gingen uns bei der Arbeit zur Hand. Dann starb der Volksaufwiegler, und man schickte ein Kanonenboot, das uns alle nach Hause bringen sollte; Maggie und ich aber dachten an gewisse alte Schulden, die wir noch zu begleichen hatten, und zogen es vor, hierzubleiben und unsere Schweine zu hüten. Unsere Insel sieht so aus, wie man sie auf der nächsten Seite abgebildet findet.

Es ist die einsamste Insel der Welt. Sie ist mehr als einmal entdeckt worden, von Portugiesen, von Holländern und vorher schon von Wilden, die Zeichen und Götzenbilder in den Felsen des Mount Snowdon gehauen haben; aber nie-

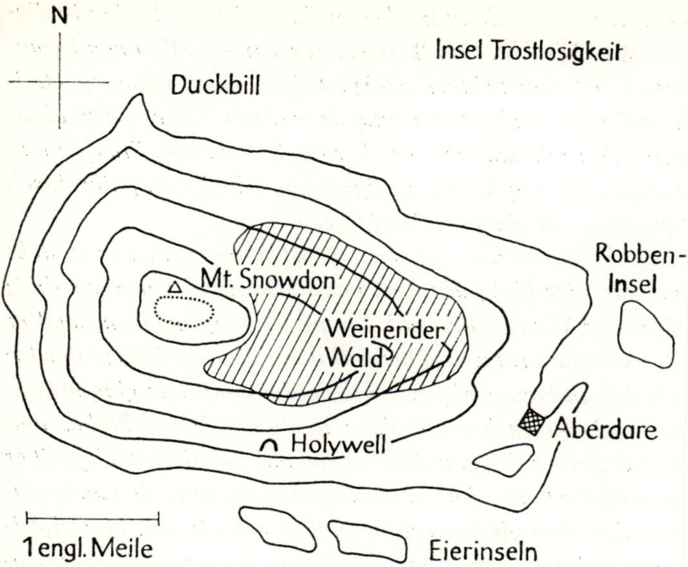

mand ist hiergeblieben, weil es die Hälfte des Jahres regnet und der Boden nur zum Anbau von Mohrenhirse und Kartoffeln taugt. Trotzdem, wer sich mit wenigem begnügt, stirbt sicher nicht Hungers, denn fünf Monate im Jahr wimmelt es an der Nordküste nur so von Robben, und die beiden südlich gelegenen kleinen Inseln sind voller Möwennester; man braucht nur mit einem Kahn hinzufahren und findet so viel Eier, wie man will. Sie schmecken nach Fisch, sind aber nahrhaft und stillen den Hunger; im übrigen schmeckt hier alles nach Fisch, auch die Kartoffeln und die Schweine, die sie fressen.

An den Osthängen des Snowdon wachsen Steineichen und andere Bäume, deren Namen ich nicht kenne; im Herbst treiben sie himmelblaue, fleischige, nach Schweiß riechende Blüten; im Winter tragen sie harte, saure, ungenießbare Beeren. Es sind seltsame Bäume: tief aus dem Boden saugen sie das Wasser und lassen es von den Zweigspitzen wieder herabregnen; auch an trockenen Tagen ist der Boden in diesem Wald feucht. Das Wasser, das von den Bäumen herabregnet, ist zum Trinken geeignet, ja es dient sogar als Heilmittel gegen erhöhten Blutandrang, obwohl es nach Moos schmeckt: wir sammeln es über ein System von Traufen und Trögen. Diesen Wald, übrigens der einzige auf der Insel, haben wir „Weinenden Wald" genannt.

In Aberdare wohnen wir. Es ist keine Stadt, es besteht aus nur vier Holzbaracken, von denen zwei verfallen sind; einer der Waliser bestand darauf, es so zu nennen, weil er aus Aberdare stammt. Duckbill heißt die Nordspitze der Insel: der an Heimweh leidende Soldat Cochrane ging oft dahin und verbrachte die Tage in dem salzigen Nebel und Wind, weil er sich einbildete, England auf diese Weise näher zu sein. Er baute dort auch einen Leuchtturm, den anzuzünden sich aber nie jemand bemüßigt gefühlt hat. Die Nordspitze heißt Duckbill, weil sie, von Osten gesehen, tatsächlich wie ein Entenschnabel aussieht.

Die Robbeninsel ist flach und sandig; hierher kommen im Winter die Robben, um ihre Jungen zur Welt zu bringen. Die Grotte Holywell, das heißt Heiliger Brunnen, hat meine Frau so benannt, ich weiß nicht, was sie dort vorfand. Zu bestimmten Zeiten, wenn wir allein waren, ging sie fast allabendlich mit einer Fackel dorthin, und von Aberdare sind es immerhin nahezu zwei Meilen. Sie setzte sich, spann und strickte und wartete auf irgend etwas. Ich habe sie öfter danach gefragt, sie gab wirres Zeug zur Antwort: sie höre Stimmen und sehe Schatten und fühle sich dort unten, wo nicht einmal das Meerestosen hindringe, weniger einsam, geborgener. Ich aber fürchtete, daß Maggie zum Götzendienst neigte. In der Grotte lagen Felsblöcke, die Menschen- und Tiergestalten ähnelten: einer, ganz hinten, war ein gehörnter Schädel. Sicher, diese Formen stammten nicht von Menschenhand, von wessen Hand aber sonst? Was mich betraf, so mied ich die Grotte lieber; zumal hin und wieder ein dumpfes Grol-

len in ihr zu vernehmen war, wie von einem Grimmen in den Eingeweiden der Erde. Dann fühlte sich der Boden unter den Füßen warm an, und aus einigen Spalten im Hintergrund drangen schweflig riechende Luftblasen. Ich hätte dieser Grotte also einen ganz anderen Namen gegeben: Maggie aber sagte, die Stimme, die sie vorgab zu hören, würde eines Tages unser Schicksal, das Schicksal der Insel und der gesamten Menschheit weissagen.

Maggie und ich blieben mehrere Jahre allein: jedes Jahr zu Ostern kam Burtons Walfänger, brachte Nachrichten und Proviant und lud den wenigen geräucherten Speck auf, den wir herstellen; dann aber änderte sich alles. Vor drei Jahren setzte Burton zwei Holländer an Land: Willem, fast noch ein Kind, war schüchtern, blond und rosig; auf der Stirn hatte er eine silberweiße Wunde, die wie Lepra aussah, und kein Schiff wollte ihn an Bord nehmen. Hendrik war älter, schmächtig, er hatte graues Haar, und seine Stirn war voller Falten: er erzählte eine verworrene Geschichte von einer Rauferei, bei der er seinem Quartiermeister den Kopf eingeschlagen hätte, so daß in Holland der Galgen auf ihn wartete; er sprach aber nicht wie ein Seemann und hatte Hände wie ein besserer Herr, nicht wie einer, der anderen die Köpfe einschlägt. Wenige Monate danach sahen wir eines Morgens von einer der Eierinseln Rauch aufsteigen. Ich fuhr mit dem Boot hin, um nachzusehen, und fand zwei schiffbrüchige Italiener: Gaetano aus Amalfi und Andrea aus Noli. Ihr Schiff war an den Klippen der „Egge“ zerschellt, und sie hatten sich schwimmend retten können; sie wußten nicht, daß die große Insel bewohnt war; aus Reisig und Vogelmist hatten sie ein Feuer angezündet, um sich zu trocknen. Ich sagte ihnen, in einigen Monaten käme Burton wieder vorbei und könnte sie nach Europa mitnehmen, sie aber lehnten entsetzt ab: nach dem, was sie in jener Nacht erlebt hätten, würden sie nie wieder ihren Fuß auf ein Schiff setzen; und es kostete mich einige Mühe, sie zum Einsteigen in mein Boot zu bewegen, damit wir die hundert Faden zurücklegen konnten, die uns von der Insel Trostlosigkeit trennten. Wäre es nach ihnen gegangen, sie wären auf dieser elenden Klippe geblieben und hätten sich bis zu ihrem Tode von Möweneiern ernährt.

Auf „Trostlosigkeit" ist im Grunde genügend Platz. Ich brachte die vier in einer der von den Walisern verlassenen Baracken unter, und sie hatten es hier auch ganz bequem, zumal sie nur wenig Gepäck mitgebracht hatten. Nur Hendrik besaß einen Holzkoffer, der durch ein Vorhängeschloß gesichert war. Willems Wunde war überhaupt nicht von Lepra verursacht: Maggie heilte sie in wenigen Wochen mit Umschlägen aus einem ihr bekannten Kraut; es ist eigentlich keine Kresse, sondern ein dickfleischiges Gewächs, das am Waldrand gedeiht und genießbar ist, auch wenn es dann wunderliche Träume hervorruft: wir nennen es jedenfalls Kresse. In Wahrheit hat sie ihn nicht nur mit Umschlägen geheilt: sie schloß sich mit ihm im Zimmer ein und sang ihm so etwas wie Wiegenlieder vor, mit Pausen, die mich ein wenig lang dünkten. Ich war erleichtert und ruhiger, als Willem geheilt war, aber gleich danach begann eine andere ärgerliche Geschichte mit Hendrik. Er und Maggie unternahmen lange gemeinsame Spaziergänge, und ich hörte sie von den sieben Schlüsseln, von Hermes Trismegistos, von der Vereinigung der Gegensätze und anderen unverständlichen Dingen sprechen. Hendrik baute sich eine feste, fensterlose Hütte, trug seinen Koffer dahin und verbrachte in ihr ganze Tage, manchmal zusammen mit Maggie: aus dem Schornstein sah man Rauch aufsteigen. Sie gingen auch zur Grotte und kehrten mit bunten Steinen zurück, die Hendrik „Zinnober" nannte.

Die beiden Italiener machten mir weniger Kummer. Auch sie blickten Maggie mit glänzenden Augen an, aber sie konnten nicht Englisch und darum nicht mit ihr sprechen: oben-

drein waren sie aufeinander eifersüchtig und bewachten sich den ganzen Tag gegenseitig. Andrea war fromm, und binnen kurzem quoll die Insel über von Heiligenfiguren aus Holz und gebranntem Ton; eine Madonna aus Terrakotta schenkte er auch Maggie, die allerdings nichts damit anzufangen wußte und sie in eine Ecke der Küche stellte. Kurzum, jedem mußte klarwerden, daß für diese vier Männer vier Frauen gebraucht wurden; eines Tages rief ich sie zusammen und sagte ihnen ohne Umschweife, wenn einer von ihnen Maggie anrührte, würde er in der Hölle landen, denn man dürfe nicht des anderen Weib begehren: in die Hölle aber würde ich ihn höchstpersönlich befördern, selbst wenn ich ebenfalls dort landen müßte. Als Burton wieder vorbeikam, den Laderaum randhoch mit Walfischöl gefüllt, gaben wir ihm einstimmig den feierlichen Auftrag, die vier Frauen für uns zu besorgen, er aber lachte uns ins Gesicht: Was dachten wir uns denn? Daß es so einfach wäre, Frauen zu finden, die bereit wären, inmitten von Robben auf dieser verlassenen Insel zu leben und vier Taugenichtse zu heiraten? Vielleicht, wenn wir sie dafür bezahlten, aber womit? Doch wohl nicht mit unseren Würsten aus Schweine- und Robbenfleisch, die noch ärger nach Fisch stanken als sein Walfänger? Er ging los und setzte sofort die Segel.

Am selben Abend, kurz vor Anbruch der Nacht, vernahm man ein starkes Grollen und Beben, als würde die Insel bis in die tiefsten Tiefen erschüttert. Binnen weniger Minuten verdunkelte sich der Himmel, und die schwarze Wolke, die ihn bedeckte, leuchtete unten wie von einem Feuer. Aus dem Gipfel des Mount Snowdon sah man zunächst in schneller Folge rote Blitze zum Himmel schießen, und dann ergoß sich ein breiter, träger Strom glühender Lava nach unten; er kam nicht auf uns zu, sondern wälzte sich nach links, gen Süden, fauchend und knisternd von Felsrand zu Felsrand kriechend. Nach einer Stunde war er am Meer angekommen und erlosch zischend in einer aufsteigenden Dampfsäule. Keiner von uns war je auf den Gedanken gekommen, daß der Snowdon ein Vulkan sein könnte: und doch hätten wir es aus der Form der Bergspitze, die eine runde, mindestens zweihundert Fuß tiefe Mulde bildete, schließen können.

Das Schauspiel währte die ganze Nacht, beruhigte sich ab und zu und flammte dann in einer neuen Serie von Ausbrüchen wieder auf: es schien, als wollte es nie enden. Gegen Morgen aber kam ein warmer Wind von Osten auf, der Himmel wurde klar, und der Lärm nahm allmählich ab, bis er zu einem Murmeln wurde, dann trat Stille ein. Die Lavadecke, die zuerst grellgelb geleuchtet hatte, wurde feuerrot und erlosch ganz, als der Tag heraufzog.

Sorgen machte ich mir nur um die Schweine. Ich sagte Maggie, sie solle schlafen gehen, und forderte die vier auf, mit mir zu kommen: ich wollte sehen, was sich auf der Insel verändert hatte.

Den Schweinen war nichts passiert, aber sie kamen uns entgegengelaufen, als wären wir ihre Brüder (ich kann es nicht leiden, wenn jemand schlecht über Schweine spricht; es sind verständige Tiere, und es fällt mir schwer, sie zu schlachten). Spalten hatten sich aufgetan, zwei am Nordwesthang, so tief, daß man nicht bis auf den Grund sehen konnte. Der Südwestzipfel des Weinenden Waldes war verschüttet, und der danebenliegende Streifen war auf einer Breite von zweihundert Fuß verdorrt und hatte Feuer gefangen; der Boden mußte heißer gewesen sein als der Himmel, denn das Feuer hatte sich bis in die Wurzeln der Baumstämme hineingefressen und an ihrer Stelle unterirdische Gänge hinterlassen. Die Lavadecke war von Blasen übersät, die an den scharfkantigen Rändern wie Glassplitter zerplatzten, und sie sah wie eine riesige Käsereibe aus: sie wälzte sich vom eingestürzten Südrand des Kraters herab, während der Nordrand, der den Berggipfel bildet, jetzt ein abgerundeter Grat war und viel höher wirkte als vorher.

Als wir die Grotte des Heiligen Brunnens betraten, blie-

ben wir vor Staunen wie versteinert stehen. Es war eine andere Grotte, sie hatte sich ganz verändert, so als wäre ein Spiel Karten gemischt worden: sie war eng, wo sie vorher weit, hoch, wo sie niedrig gewesen war; an einer Stelle war das Gewölbe eingestürzt, und die Stalaktiten hingen nicht mehr nach unten, sondern zeigten wie Storchenschnäbel zur Seite. Im Hintergrund, wo vorher der Teufelsschädel gelegen hatte, öffnete sich jetzt eine Halle, so groß wie die Kuppel einer Kirche, in der es noch rauchte und knisterte, so daß Andrea und Gaetano um jeden Preis umkehren wollten. Ich schickte sie los, Maggie zu holen, sie sollte sich ihre Höhle ebenfalls ansehen, und wie vorausgesehen, kam Maggie herbeigeeilt, vom schnellen Laufen und vor Aufregung keuchend, die beiden blieben draußen und flehten wahrscheinlich zu ihren Heiligen und sprachen Bittgebete. In der Grotte lief Maggie wie ein Jagdhund hin und her, als riefen sie jene Stimmen, die sie zu hören behauptete; plötzlich stieß sie einen Schrei aus, bei dem sich uns allen die Haare sträubten. In der Kuppeldecke war ein Spalt, von dem es heruntertropfte, allerdings kein Wasser: leuchtende, schwere Tropfen fielen auf den Felsboden und zerplatzten in tausend Tröpfchen, die weit weg rollten. Etwas tiefer hatte sich eine Lache gebildet, und da begriffen wir, daß es sich um Quecksilber handelte: Hendrik berührte die Lache, dann auch ich; es war ein kalter, quicklebendiger Stoff, der sich zitternd und wie rasend wellenförmig bewegte.

Hendrik war völlig verwandelt. Er und Maggie tauschten rasche Blicke, deren Sinn ich nicht begriff, er sprach zu uns dunkles, wirres Zeug, das sie aber zu verstehen schien: daß es an der Zeit wäre, das Große Werk zu beginnen; daß ebenso wie der Himmel auch die Erde ihren Tau hätte; daß die Höhle erfüllt wäre vom spiritus mundi*; dann wandte er sich offen an Maggie und sagte zu ihr: „Komm heute abend hierher, wir wollen das Tier mit den zwei Rücken machen.“ Er nahm ein Kettchen mit einem Bronzekreuz vom Hals und* zeigte es uns: eine Schlange war an das Kreuz geschlagen, er warf das Kreuz in die Quecksilberlache, und das Kreuz schwamm obenauf.

Wenn man sich richtig umschaute, sah man aus allen Spalten der neuen Höhle Quecksilber sickern wie Bier aus neuen Fässern. Wenn man aufmerksam hinhörte, vernahm man ein klingendes Rauschen, hervorgerufen von Tausenden Metalltropfen, die sich von der Decke lösten und am Boden zerschellten, und von Bächlein, die wie geschmolzenes Silber zitternd dahinflossen und durch die Bodenspalten in der Tiefe verschwanden.

Ehrlich gesagt, ich hatte Hendrik nie gemocht: von den vieren war er derjenige, den ich am wenigsten mochte; in diesem Augenblick aber flößte er mir geradezu Angst, Wut und Abscheu ein. In seinen Augen glomm ein tückisches Licht, unstet wie Quecksilber; er schien zu Quecksilber geworden zu sein, das durch seine Adern floß und ihm aus den Augen sickerte. Wie ein Meerschweinchen lief er durch die Höhle, Maggie an der Hand hinter sich herziehend, tauchte die Hände in die Quecksilberlachen, bespritzte sich damit und goß es sich über den Kopf, wie es ein Verdurstender mit Wasser tut: es fehlte nicht viel, und er hätte es getrunken. Maggie folgte ihm wie verzaubert. Ein Weilchen sah ich mir das mit an, dann klappte ich das Messer auf, packte ihn am Kragen und drückte ihn gegen die Felswand: ich bin viel stärker als er, und er sackte zusammen wie ein Segel, wenn der Wind abflaut. Ich wollte wissen, wer er war, was er von uns und von der Insel wollte und was die Geschichte von dem Tier mit den zwei Rücken bedeuten sollte.

Er schien aus einem Traum zu erwachen und ließ sich nicht lange bitten. Die Sache mit dem erschlagenen Quartiermeister war, wie er gestand, erlogen, nicht aber die Tatsache, daß ihn in Holland der Galgen erwartete: er hatte den Generalstaaten vorgeschlagen, Dünensand in Gold zu verwandeln, hatte eine Summe von hunderttausend Gulden dafür *erhalten, einige wenige für Versuche und den Rest bei Zechgelagen ausgegeben, dann war er aufgefordert worden, vor den Vertrauensmännern des Staates sein, wie er es nannte,* experimentum crucis *vorzuführen; aber aus tausend Pfund Sand hatte er gerade zwei Körnchen Gold gewonnen, da war er aus dem Fenster gesprungen, hatte sich bei seinem Liebchen im Zimmer verborgen gehalten und dann insgeheim auf dem erstbesten Schiff, das nach dem Kap fuhr, eingeschifft: im Koffer führte er all sein Alchimistengerät mit. Was das Tier anbelangte, sagte er mir, so könnte man das nicht in ein paar Worten erklären. Quecksilber wäre für ihr Werk unerläßlich, da es flüchtiger fester Geist, das heißt das weibliche Prinzip ist, und mit Schwefel kombiniert, der männliche glühende Erde ist, das Philosophische Ei, eben das Tier mit den zwei Rücken, ergäbe, in dem Mann und Weib vereint und vermischt sind. Eine schöne Rede, nicht wahr? Eine klare, unumwundene Sprache, wie es sich für einen Alchimisten geziemte, ich glaubte davon nicht ein Wort. Sie beide, er und Maggie, sie waren das Tier mit den zwei Rücken: er fahl und behaart, sie hellhäutig und glatt, in der Höhle oder anderswo oder vielleicht sogar in unserem Bett, während ich die Schweine hütete; trunken vom Quecksilber, wie sie waren, rüsteten sie sich, es zu tun, wenn sie es nicht gar schon getan hatten.*

Vielleicht floß auch mir schon Quecksilber durch die Adern, denn in diesem Augenblick sah ich tatsächlich rot. Nach zwanzigjähriger Ehe machte ich mir zwar nicht mehr viel aus Maggie, in diesem Augenblick aber war ich durchglüht von Verlangen nach ihr und hätte ein Blutbad angerichtet. Doch ich beherrschte mich; ja, ich hielt Hendrik noch gegen die Wand gedrückt, als mir ein Gedanke durch den Kopf schoß, ich fragte ihn, wieviel das Quecksilber wert sei: bei seinem Beruf mußte er das ja wissen.

„Zwölf Sterling das Pfund Quecksilber", antwortete er mir mit schwacher Stimme.

„Schwöre!"

„Ich schwöre!" antwortete er, indem er beide Daumen hob und auf die Erde spuckte; vielleicht war das ihr Schwur, der Schwur der Metallwandler; mein Messer saß jedoch so nahe an seiner Kehle, daß er sicher die Wahrheit sagte. Ich ließ ihn los, und noch ganz verschüchtert, erklärte er mir, daß Rohquecksilber wie dieses hier nicht viel wert sei, man könne es aber, ähnlich wie Whisky, durch Destillation in gußeisernen oder tönernen Retorten reinigen; danach müsse man die Retorte zerschlagen, und im Rückstand finde man Blei, häufig Silber und manchmal auch Gold; dies sei ihr Geheimnis, er würde es aber für mich machen, wenn ich ihm verspräche, ihn am Leben zu lassen.

Ich versprach ihm nichts und sagte vielmehr, daß ich mit dem Quecksilber die vier Frauen bezahlen wollte. Tönerne Retorten und Gefäße anfertigen müsse einfacher sein, als Hollands Sand in Gold zu verwandeln: er solle sich an die Arbeit machen, Ostern rückte immer näher und damit Burtons Besuch, bis Ostern wollte ich vierzig Steintöpfe mit einer Pinte voll gereinigtem Quecksilber haben, alle gleich, mit einem ordentlichen Deckel versehen, glatt und rund, denn es sollte auch etwas fürs Auge sein. Er könne sich ruhig von den drei anderen helfen lassen, ich würde ihm ebenfalls zur Hand gehen. Um das Brennen der Retorten und Töpfe brauche er sich nicht zu sorgen: Andrea hatte ja schon einen Brennofen, in dem er seine Heiligen brannte.

Das Destillieren lernte ich im Handumdrehen, und in zehn Tagen waren die Töpfe fertig; sie faßten nur eine Pinte, aber hinein gingen gut siebzehn Pfund Quecksilber, so viel, daß man sie nur mühsam mit gestrecktem Arm anheben konnte, und wenn man sie schüttelte, konnte man glauben, ein lebendes Tier wälze sich darin. Rohquecksilber zu finden war nicht schwer: in der Höhle schwamm man in Quecksilber, es tropfte einem auf Kopf und Schultern, und zu Hause fand man es noch in den Taschen, in den Stiefeln und sogar im

Bett, es stieg allen ein wenig zu Kopfe, so daß es uns allmählich ganz natürlich vorkam, dafür Frauen einzutauschen. Tatsächlich ist es ein wunderlicher Stoff: kalt und flüchtig, immer unstet, liegt es aber ruhig da, so kann man sich besser darin spiegeln als in einem Spiegel. Rührt man es in einer Schale um, bewegt es sich noch fast eine halbe Stunde weiter im Kreise. Nicht nur Hendriks gotteslästerliches Kruzifix schwimmt darauf, sondern auch Steine, selbst Blei. Gold allerdings nicht; Maggie probierte es mit ihrem Ring, er sank gleich auf den Boden, und als wir ihn herausfischten, war er zu Zinn geworden. Es ist also ein Stoff, der mir nicht zusagt, und ich wollte das Geschäft schnell zu Ende bringen.

Zu Ostern kam Burton, lud die vierzig ordentlich mit Wachs und Ton versiegelten Steintöpfe ein und fuhr wieder los, ohne etwas zu versprechen. Eines Abends, gegen Herbstende, sahen wir sein Segel im Regen auftauchen, größer werden und dann wieder in der diesigen Luft und in der Dunkelheit verschwinden. Wir glaubten, er würde warten, bis es hell würde, um in den kleinen Hafen einzufahren, wie er es gewöhnlich tat, am Morgen indes war von Burton und seinem Walfänger nichts mehr zu sehen. Dafür aber standen am Strand, durchnäßt und fröstelnd, die vier Frauen und dazu zwei Kinder, schüchtern und vor Kälte zitternd, zu einem Haufen zusammengedrängt; eine von ihnen überreichte mir stumm einen Brief von Burton. Es waren nur wenige Zeilen: um vier Frauen für vier Unbekannte auf einer trostlosen Insel zu finden, habe er alles Quecksilber hingeben müssen, und für ihn sei nichts als Maklerlohn übriggeblieben; er würde diesen bei seinem nächsten Besuch von uns noch einziehen, in Form von Quecksilber oder Speck, und zwar zehn Prozent; es seien keine Frauen erster Wahl, er habe aber nichts anderes auftreiben können; er habe es vorgezogen, sie schnell an Land zu setzen und wieder zu seinen Walen zu fahren, um nicht häßlichen Raufereien beiwohnen zu müssen, und auch, weil er weder Heiratsvermittler noch Kuppler und erst recht kein Priester sei, der die Trauung vollziehen könne; er würde uns aber empfehlen, sie um unseres Seelenheils willen, das er allerdings schon für ein wenig gefährdet hielte, selbst vorzunehmen.

Ich rief die vier und wollte ihnen vorschlagen, das Los entscheiden zu lassen, merkte aber gleich, daß sich das erübrigte. Eine dickliche Mulattin mittleren Alters mit einer Narbe auf der Stirn blickte beharrlich Willem an, und Willem blickte neugierig zu ihr hin, die Frau hätte seine Mutter sein können. Ich fragte Willem: „Willst du sie? Nimm sie!" Er nahm sie sich, und ich traute sie, so gut es ging; das heißt, ich fragte sie, ob sie ihn wolle, und ihn, ob er sie wolle, aber an das Sprüchlein „in guten und in bösen Tagen, in Freud und Leid" erinnerte ich mich nicht mehr genau, und so erfand ich einfach etwas und schloß mit den Worten „bis daß der Tod euch scheidet", die sich meines Erachtens ganz gut anhörten. Als ich mit diesen beiden fast fertig war, merkte ich, daß Gaetano sich ein schielendes junges Mädchen ausgesucht hatte, oder vielleicht sie ihn, und daß sie, einander an den Händen haltend, im Regen davonliefen, so daß ich ihnen hinterherlaufen und sie im Laufen aus der Entfernung trauen mußte. Andrea hatte sich von den zweien, die übriggeblieben waren, eine Negerin um die Dreißig genommen, niedlich und sogar elegant, mit einem Federhut und einer völlig durchnäßten Boa aus Straußenfedern angetan, freilich ein etwas zweifelhafter Anblick, und ich traute auch sie, obwohl ich vom Laufen noch ganz außer Atem war.

Es blieben Hendrik und ein kleines, mageres Mädchen, die Mutter der beiden Kinder: sie hatte graue Augen und schaute sich um, als ginge sie das alles gar nichts an, sondern belustige sie. Sie blickte nicht Hendrik an, sondern mich; Hendrik blickte Maggie an, die gerade erst aus der Baracke getreten war und noch nicht einmal die Lockenwickler aus dem Haar genommen hatte, und Maggie blickte Hendrik an. Da kam mir der Gedanke, die beiden Kinder könnten mir beim Schweinehüten helfen; Maggie würde mir bestimmt keine Kinder schenken; Hendrik und Maggie würden sehr gut zueinander passen, könnten ihr Tier mit den zwei Rükken machen und destillieren; und das grauäugige Mädchen gefiel mir nicht schlecht, auch wenn es sehr viel jünger war als ich: im Gegenteil, es weckte in mir ein frohes, leichtes Gefühl, wie einen Kitzel, und brachte mich auf den Gedanken, das Mädchen wie einen Schmetterling im Fluge zu erhaschen. So fragte ich sie, wie sie heiße, und richtete dann mit lauter Stimme im Beisein der Zeugen an mich die Frage: „Korporal Daniel K. Abrahams, willst du die hier anwesende Rebecca Johnson zur Frau nehmen?“ Ich antwortete mir mit Ja, und da auch das Mädchen einwilligte, ehelichten wir uns.

Phosphor

Im Juni 1942 sprach ich offen mit dem Leutnant und dem Direktor: ich war mir im klaren, daß meine Arbeit sinnlos zu werden begann, auch sie waren sich dessen bewußt und rieten mir, eine andere Arbeit an einem der nicht gerade zahlreichen Zufluchtsorte zu suchen, die das Gesetz mir noch ließ.

Ich suchte vergeblich, als ich eines Morgens, was äußerst selten geschah, im Bergwerk ans Telefon gerufen wurde: vom anderen Ende des Drahtes hörte ich eine Stimme im Mailänder Tonfall, rauh und energisch, die sagte, sie gehöre einem Dr. Martini und wolle mich – ohne mir den Luxus irgendeiner näheren Erklärung zu gönnen – für den darauffolgenden Sonntag in das Hotel Suisse in Turin bestellen. Aber er hatte „Hotel Suisse" und nicht „Albergo Svizzera" gesagt, wie es sich für einen getreuen Bürger geziemt hätte; damals, zur Zeit Staraces*, achtete man sehr auf solche Kleinigkeiten, und die Ohren waren geübt im Heraushören gewisser Nuancen.

Im Vestibül (Verzeihung, in der Halle) des Hotels Suisse, einer gar nicht mehr zeitgemäßen Oase aus Samt, Halbschatten und Vorhängen, wartete Doktor Martini auf mich, der übrigens in erster Linie Commendatore und nicht Doktor war, wie ich kurz zuvor vom Portier erfahren hatte. Er war

* Achille Starace, 1931–1939 Sekretär der Nationalen Faschistischen Partei. Mit der „Ära Starace" ist die Zeit der „Gleichschaltung" gemeint, die Eingliederung der Italiener in faschistische Organisationen unter strenger Disziplin und ideologischem Konformismus.

ein untersetzter Mann um die Sechzig, mittelgroß, braungebrannt und fast kahlköpfig: sein Gesicht hatte schwerfällige Züge, die Augen aber waren klein und listig, und der wie zu einer verächtlichen Grimasse ein wenig nach links verzogene Mund war schmal wie eine Messerschneide. Auch dieser Commendatore entpuppte sich nach den ersten Worten als ein eilfertiger Mensch: damals begriff ich, daß diese von vielen „arischen" Italienern gegenüber Juden an den Tag gelegte sonderbare Hast nicht zufällig war. Ob Intuition oder Berechnung, sie entsprach einem Zweck: zu einem Juden konnte man in Zeiten, in denen der Schutz der Rasse anbefohlen war, zwar höflich sein, man konnte ihm vielleicht auch helfen und sich sogar (vorsichtig) dieser Hilfe rühmen, es war aber ratsam, keine zwischenmenschlichen Beziehungen mit ihm zu pflegen, sich nicht vollkommen zu kompromittieren, um nicht irgendwann zu Verständnis und Mitgefühl verpflichtet zu sein.

Der Commendatore stellte mir wenige Fragen, beantwortete meine vielen nur ausweichend und erwies sich in zwei Hauptpunkten als praktisch denkender Mann. Das Anfangsgehalt, das er mir bot, belief sich auf eine Summe, die ich nie zu fordern gewagt hätte und die mich ganz betroffen machte; sein Betrieb war ein Schweizer Unternehmen, ja, er selber war Schweizer (er sagte nicht „svizzero", sondern „svissero"), meiner eventuellen Einstellung bei ihm stand darum nichts im Wege. Ich fand sein mit einem derart verbissenen Mailänder Akzent artikuliertes Schweizertum merkwürdig, ja, offen gesagt, komisch; verständlich dagegen fand ich seine Zurückhaltung.

Der Betrieb, dessen Inhaber und Direktor er war, lag in der Nähe von Mailand, und ich sollte nach Mailand übersiedeln. Er stellte Hormonextrakte her: ich aber sollte mich mit einem ganz bestimmten Problem beschäftigen, und zwar sollte ich nach einem oral einzunehmenden Mittel gegen Diabetes forschen. Ob ich etwas über Diabetes wüßte? Wenig, antwortete ich, aber mein Großvater mütterlicherseits sei an Diabetes gestorben, und auch in der väterlichen Linie hätten verschiedene meiner Onkel, die sagenhafte Mengen von Spaghetti verschlungen hätten, im Alter Anzeichen dieser Krankheit gezeigt. Als der Commendatore dies vernahm, hörte er gleich aufmerksamer zu, und seine Augen zogen sich noch enger zusammen: später begriff ich, daß es ihm, da die Tendenz zum Diabetes vererbbar ist, nicht unlieb gewesen wäre, einen echten Diabetiker, im Grunde doch noch der menschlichen Rasse angehörend, zur Erprobung gewisser Ideen und Präparate bei der Hand zu haben. Er sagte, das mir gebotene Gehalt würde rasch steigen; das Labor sei modern, gut ausgestattet, geräumig; im Betrieb gebe es eine Bibliothek mit über zehntausend Bänden; und schließlich fügte er, wie der Zauberkünstler, der ein Kaninchen aus dem Zylinder zieht, hinzu, vielleicht wüßte ich es noch nicht (und so war es in der Tat), aber in seinem Labor arbeite bereits jemand am gleichen Problem, den ich gut kenne, eine Studienkameradin und Freundin von mir, die ihm auch von mir erzählt habe: Giulia Vineis. Ich solle mich in aller Ruhe entscheiden: zwei Sonntage darauf könne ich ihn im Hotel Suisse aufsuchen.

Gleich am nächsten Tag kündigte ich im Bergwerk und siedelte nach Mailand über, nur die wenigen Sachen mitführend, die ich für unerläßlich hielt: Fahrrad, Rabelais, die „Macaroneae", „Moby Dick" in der Übersetzung von Pavese und wenige andere Bücher, Eispickel, Bergsteigerseil, Rechenstab und Blockflöte.

Das Labor des Commendatore stand der von ihm gegebenen Beschreibung in nichts nach: ein Königspalast im Vergleich zum Bergwerk. In Erwartung meines Eintreffens fand ich bereits vor: einen Arbeitstisch, eine Abzugshaube, einen Schreibtisch, einen Schrank mit Gläsern und ein schon nicht mehr menschliche Ruhe und Ordnung. „Meine" Gläser waren mit einem himmelblauen Emaillepünktchen gekennzeichnet, damit ich sie nicht mit denen aus den anderen Schränken verwechselte und weil „hier bei uns bezahlt wird, was man zerbricht“. Dies war übrigens nur eine der vielen Vorschriften, die der Commendatore mir bei meiner Einstellung mitgeteilt hatte: mit eiserner Miene hatte er sie mir als „Schweizer Präzision“ erläutert, von welcher das Labor und der gesamte Betrieb beseelt sei, mich aber dünkten sie ein Haufen alberner Fesseln, die an Verfolgungswahn grenzten.

Der Commendatore erklärte mir, die Tätigkeit des Betriebes und insbesondere das Problem, das er mir anzuvertrauen gedächte, müßten gewissenhaft vor möglichen Industriespionen geschützt werden. Diese Spione könnten Außenstehende, jedoch trotz aller Vorsicht, die er bei Einstellungen walten ließ, auch Angestellte und Arbeiter des Betriebes sein. Deshalb dürfte ich mit niemandem über das mir übertragene Thema und seine eventuelle Entwicklung sprechen: nicht einmal, ja erst recht nicht mit meinen Kollegen. Aus diesem Grunde hatte jeder Angestellte seine besondere Arbeitszeit, die jeweils einer Ankunfts- und Abfahrtszeit der aus der Stadt kommenden Straßenbahn entsprach: A mußte um 8.00 Uhr eintreffen, B um 8.04 Uhr, C um 8.08 Uhr und so weiter, und ebenso verhielt es sich bei Arbeitsschluß, so daß niemals zwei Kollegen mit derselben Bahn fahren konnten. Bei verspätetem Eintreffen und früherem Weggehen drohten schwere Geldstrafen.

Die letzte Stunde jedweden Tages, und sollte auch die Welt untergehen, mußte dazu genutzt werden, die gebrauchten Gläser abzubauen, auszuwaschen und wegzuräumen, damit keiner, der außerhalb der Arbeitszeit hereinkäme, die am Tage durchgeführte Arbeit rekonstruieren könnte. Jeden Abend war ein Tagesbericht abzufassen und in geschlossenem Umschlag ihm persönlich oder Signora Loredana, seiner Sekretärin, auszuhändigen.

Das Mittagessen könnte ich einnehmen, wo ich wollte: es

läge nicht in seiner Absicht, die Angestellten während der Mittagspause im Betrieb festzuhalten. Aber, so sagte er mir (und hierbei verzog sich sein Mund mehr als gewöhnlich und wurde noch schmaler), gute Restaurants gäbe es in der Nähe nicht und sein Rat wäre, mich darauf einzurichten, im Labor zu essen; ich sollte nur die Zutaten von zu Hause mitbringen, und eine Arbeiterin würde für mich kochen.

Was die Bibliothek anbelangt, so waren die einzuhaltenden Vorschriften sonderbar streng. Es war in keinem Falle gestattet, Bücher aus dem Betrieb mitzunehmen: sie durften nur mit Zustimmung der Bibliothekarin, Signorina Paglietta, eingesehen werden. Ein Wort zu unterstreichen oder auch nur ein Zeichen mit Tinte oder Bleistift zu machen, war ein schweres Vergehen: die Paglietta war verpflichtet, bei der Rückgabe jedes Buches Seite für Seite zu überprüfen, und wenn sie ein Zeichen fand, mußte das Buch vernichtet und auf Kosten des Schuldigen durch ein neues ersetzt werden. Es war verboten, zwischen den Blättern auch nur ein Buchzeichen zu hinterlassen oder die Ecke einer Seite umzuknikken; „irgend jemand" hätte daraus Hinweise über die Interessen und die Tätigkeit des Betriebes entnehmen und damit die Geheimhaltung verletzen können. Selbstverständlich spielten bei diesem System die Schlüssel eine wichtige Rolle: abends mußte alles eingeschlossen werden, selbst die Analysenwaage, und die Schlüssel waren beim Pförtner abzugeben. Der Commendatore besaß einen Schlüssel, der zu allen Schlössern paßte.

Diese Predigt über Ge- und Verbote hätte mich für immer unglücklich gemacht, wenn ich nicht beim Eintritt ins Labor, ruhig an ihrem Arbeitstisch sitzend, Giulia Vineis vorgefunden hätte. Sie arbeitete nicht, sondern stopfte ihre Strümpfe und schien auf mich zu warten. Sie empfing mich liebevoll-vertraut mit einem vielsagenden Grinsen.

Wir waren vier Jahre lang Studienkameraden gewesen und hatten gemeinsam alle Laborkurse besucht, die wunderbar zum Anbändeln geeignet waren, ohne uns aber je näher anzufreunden. Giulia war ein dunkelhaariges Mädchen, schmächtig und flink; ihre Augenbrauen wölbten sich in elegantem Bogen, ihr Gesicht war glatt und spitz, ihre Bewegungen waren lebhaft, aber bestimmt. Sie hatte mehr Sinn für das Praktische als für die Theorie, besaß viel Herzenswärme, war katholisch, doch ohne übertriebene Strenge, gütig und etwas wirrköpfig; sie sprach mit matter, verschleierter Stimme, als wäre sie ein für allemal des Lebens überdrüssig, was keineswegs stimmte. Seit nahezu einem Jahr war sie hier; ja, sie hatte dem Commendatore meinen Namen genannt: von meiner prekären Situation im Bergwerk hatte sie Unbestimmtes gehört, ihrer Meinung nach eignete ich mich für diese Forschungsarbeit, und dann, warum es nicht zugeben, sie hatte es satt, allein zu sein. Ich sollte mir aber keine Illusionen machen: sie war verlobt, richtig verlobt, eine stürmische, verwickelte Geschichte, die sie mir später erklären würde. Und ich? Ich nicht? Keine Mädchen? Schlimm: sie würde mir dabei behilflich sein, Rassengesetze hin, Rassengesetze her; alles bloß Getue, was konnte das schon ausmachen?

Sie riet mir, die Launen des Commendatore nicht allzu tragisch zu nehmen. Giulia gehörte zu jenen Menschen, die scheinbar mühelos, ohne Fragen zu stellen, sofort über jedermann Bescheid wissen, mir passiert das aus unerfindlichen Gründen nie; deshalb war sie für mich ein hervorragender Reiseführer und Dolmetscher. In einer einzigen Sitzung unterrichtete sie mich über das Wichtigste: wie hinter der Bühne des Unternehmens die Drähte gezogen wurden und welche Rolle die Hauptpersonen spielten. Der Commendatore war der Chef, obwohl er anderen unbekannten Chefs in Basel unterstand; das eigentliche Kommando aber führte die Loredana (vom Fenster zeigte sie sie mir im Hof: groß, braun, wohlgestalt, mit einem leichten Zug ins Vulgäre, schon leicht verblüht), seine Sekretärin und Geliebte. Sie hatten eine

Villa am See, und er, „alt, aber lüstern", fuhr sie auf dem See im Boot spazieren: in der Direktion hingen Fotos, hatte ich sie denn nicht gesehen? Auch Signor Grasso vom Personalbüro war hinter der Loredana her, aber bisher hatte sie, Giulia, noch nicht feststellen können, ob er mit ihr schon geschlafen hatte oder nicht: sie würde mich auf dem laufenden halten. In diesem Betrieb zu leben war nicht schwer: schwer war es dagegen, hier zu arbeiten, auf Grund all der lästigen Dinge. Die Lösung war ganz einfach, es genügte, gar nicht zu arbeiten; sie hatte das sofort begriffen und ein Jahr lang, ganz bescheiden gesagt, so gut wie nichts getan, sie baute nur morgens die Apparate auf, fürs Auge sozusagen, und abends vorschriftsmäßig wieder ab; die Tagesberichte saugte sie sich aus den Fingern. Außerdem arbeitete sie an ihrer Aussteuer, schlief reichlich, schrieb ellenlange Briefe an ihren Verlobten und unterhielt sich, den Vorschriften zum Trotz, mit allen, die ihr über den Weg liefen. Mit dem nahezu blöden Ambrogio, der die Kaninchen für die Experimente versorgte; mit Michela, die alle Schlüssel verwahrte und wahrscheinlich eine faschistische Spionin war; mit der Varisco, einer kleinen Arbeiterin, die mir, wie der Commendatore gesagt hatte, das Essen zubereiten sollte; mit Maiocchi, der Legionär in Spanien gewesen war, einem geschniegelten Schürzenjäger, und zum Ausgleich auch mit dem bleichen, schleimigen Moioli, Vater von neun Kindern, der der Volkspartei* angehört hatte und dem die Faschisten mit Stockschlägen das Rückgrat gebrochen hatten.

Die Varisco sei ihr Schützling, sagte Giulia: sie hing voller Ergebenheit an ihr und tat alles, was sie ihr befahl, sie erledigte für sie auch bestimmte Aufträge in den Abteilungen für opotherapeutische Präparate (deren Betreten den dort nicht Beschäftigten untersagt war) und brachte von dort Leber, Hirn, Nebennieren und andere leckere Innereien mit. Die

* Partito popolare, 1919 von Don Luigi Sturzo begründete katholische Partei, 1926 verboten, Vorläufer der Democrazia Cristiana.

Varisco war ebenfalls verlobt, die beiden hielten eng zusammen und tauschten eingehend Vertraulichkeiten aus. Von der Varisco, die als Reinigungskraft Zutritt zu allen Abteilungen hatte, wußte sie, daß auch die Produktion von einem engmaschigen Spionageabwehrsystem umgeben war: alle Wasser-, Dampf-, Vakuum-, Gas-, Ölleitungen und so fort verliefen durch unterirdische Schächte oder waren in Zement eingelassen, und nur die Ventile waren frei zugänglich; komplizierte Schutzvorrichtungen, die verschlossen wurden, umgaben die Maschinen. Die Thermometer- und Manometerskalen wiesen keine Gradeinteilung, sondern nur intern vereinbarte farbige Markierungen auf.

Wohlgemerkt, wenn ich Lust zum Arbeiten hätte und die Diabetesforschung mich interessierte, könnte ich ruhig arbeiten, wir würden uns trotzdem verstehen; aber ich sollte nicht auf ihre Mitarbeit zählen, da sie andere Dinge im Kopf hätte. Ich könnte aber mit ihr und mit der Varisco rechnen, was das Kochen beträfe. Sie beide müßten für die Ehe trainieren und würden mir Speisen zubereiten, daß ich an Lebensmittelkarten und Rationierung nicht mehr denken würde. Ich fand es nicht ganz in der Ordnung, daß man in einem Labor umständliche Gerichte kochte, aber Giulia sagte mir, in dieses Labor käme nie eine Menschenseele, höchstens einmal im Monat (und im übrigen lange vorher angekündigt) ein mysteriöser Berater aus Basel, der wie eine Mumie aussähe, sich umschaute, als befände er sich in einem Museum, und wieder ginge, ohne den Mund aufgetan zu haben; und man könne tun, was man wolle, wenn man nur keine Spuren hinterließe. Der Commendatore habe seit Menschengedenken seinen Fuß nicht hier hereingesetzt.

Wenige Tage nach meiner Einstellung ließ mich der Commendatore in die Direktion kommen, und bei dieser Gelegenheit sah ich, daß die übrigens sehr züchtigen Fotos mit dem Segelboot tatsächlich da hingen. Er sagte, es sei an der Zeit, zur Sache zu kommen. Zuerst sollte ich in die Bibliothek gehen und die Paglietta um den Kerrn, eine Abhandlung über Diabetes, bitten: ich konnte doch Deutsch, nicht wahr? Gut, so konnte ich ihn im Original lesen und brauchte nicht auf eine miserable französische Übersetzung zurückzugreifen, die die in Basel hatten anfertigen lassen. Er hatte, zugegeben, nur letztere gelesen, ohne viel zu begreifen, dabei aber die Überzeugung gewonnen, daß Doktor Kerrn ein heller Kopf war und es schön sein mußte, seine Gedanken als erster in die Praxis umzusetzen: gewiß, er drückte sich zwar etwas umständlich aus, aber denen aus Basel, und besonders dem mumienhaften Berater, war viel an der Sache mit dem peroralen Diabetesmittel gelegen. Ich sollte also den Kerrn aufmerksam lesen, dann würden wir noch einmal darüber sprechen. Um keine Zeit zu verlieren, könnte ich jedoch inzwischen mit der Arbeit beginnen. Durch die vielen Dinge, die auf ihm lasteten, hatte er dem Text nicht die gebührende Aufmerksamkeit schenken können, zwei Grundgedanken habe er aber doch daraus entnommen, und man könnte versuchen, sie in der Praxis zu erproben.

Der erste Gedanke bezog sich auf die Anthozyane. Die Anthozyane sind, wie Sie wohl wissen, die Farbstoffe der roten und blauen Blüten; es sind Stoffe, die leicht oxydieren und auch leicht desoxydiert werden können, ebenso verhält sich Glukose, und Diabetes ist eine abnorme Glukoseoxydation; „ergo“ konnte man versuchen, die Glukoseoxydation mit Hilfe von Anthozyanen zu normalisieren. Die Blütenblätter der Kornblume sind reich an Anthozyanen. In Anbetracht dieses Problems hatte er ein ganzes Feld Kornblumen aussäen, die Blütenblätter ernten und in der Sonne trocknen lassen; ich sollte versuchen, Extrakte daraus herzustellen, sie Kaninchen verabreichen und deren Blutzuckergehalt untersuchen.

Der zweite Gedanke, ebenso vage, war simpel und zugleich verworren. Gemäß Dr. Kerrn, auf lombardisch interpretiert vom Commendatore, kam der Phosphorsäure im

Kohlehydratstoffwechsel eine grundlegende Bedeutung zu, und bis hierher war kaum etwas einzuwenden; weniger überzeugend war die vom Commendatore selber auf den nebelhaften Grundlagen des Kerrn ausgeklügelte Hypothese, daß es genüge, dem Diabetiker etwas Phosphor pflanzlichen Ursprungs zu verabreichen, um seinen durcheinandergeratenen Stoffwechsel wieder in Ordnung zu bringen. Damals war ich noch so jung, daß ich mir einbildete, man könnte einen Vorgesetzten bewegen, seine Meinung zu ändern; darum brachte ich zwei, drei Einwände vor, merkte aber sofort, daß sich der Commendatore daraufhin wie eine Kupferplatte unter dem Schlag des Hammers verhärtete. Er schnitt mir das Wort ab und riet mir in dem ihm eigenen gebieterischen Ton, der Vorschläge in Befehle verwandelte, ich solle eine stattliche Anzahl Pflanzen analysieren, die mit dem höchsten Gehalt an organischem Phosphor auswählen, daraus die obenerwähnten Extrakte herstellen und sie den obenerwähnten Kaninchen eingeben. Gute Arbeit und guten Abend.

Als ich Giulia vom Ausgang dieser Unterredung berichtete, erwiderte sie prompt und ärgerlich: Der Alte ist verrückt. Eigentlich hatte ich ihn aber provoziert, als ich mich mit ihm in einen Kampf einließ und von Anfang an zeigte, daß ich ihn ernst nahm: recht geschah mir, nun sollte ich sehen, wie ich mit den Kornblumen, dem Phosphor und den Kaninchen fertig wurde. Ihrer Meinung nach rührte meine ganze Arbeitswut, die mich sogar dem Commendatore mit seinem vom Altersschwachsinn zeugenden Märchen zu Willen sein ließ, daher, daß ich kein Mädchen hatte: hätte ich eins, würde ich an das Mädchen und nicht an die Anthozyane denken. Es war wirklich schade, daß sie, Giulia, nicht frei war, denn sie konnte sich schon denken, was ich für einer war, einer, der nie die Initiative ergreift, sondern davonläuft, den man an die Hand nehmen muß, um ganz allmählich seine Probleme zu lösen. Na ja, in Mailand hatte sie eine Kusine, die ebenfalls etwas schüchtern war; sie würde mich mal mit ihr zusammenbringen. Aber auch ich sollte mich anstrengen, zum Teufel noch mal: es tat ihr in der Seele weh, zu sehen, wie ich die besten Jahre meiner Jugend an Kaninchen verschwendete. Diese Giulia war eine kleine Hexe, sie las aus der Hand, besuchte Wahrsagerinnen und hatte prophetische Träume, und manchmal war ich so kühn anzunehmen, ihre Hast, mich von einem alten Kummer zu befreien und mir sofort eine bescheidene Portion Freude zu verschaffen, rühre daher, daß sie dunkel ahnte, was das Schicksal für mich bereithielt, und unbewußt bemüht war, es von mir abzuwenden.

Wir sahen uns gemeinsam „Hafen im Nebel" an, fanden den Film wundervoll und gestanden uns gegenseitig, daß wir uns mit den Helden identifizierten: die schmächtige, dunkelhaarige Giulia mit der ätherischen, kühl dreinblickenden Michèle Morgan, ich, sanft und zurückhaltend, mit Jean Gabin, dem Deserteur, Herzensbrecher, Kraftprotz, der eines gewaltsamen Todes stirbt – absurd war das, und die beiden liebten sich obendrein noch, im Unterschied zu uns, nicht wahr?

Gegen Ende des Films verkündete mir Giulia, ich solle sie nach Hause bringen. Ich mußte zum Zahnarzt, aber Giulia sagte: „Wenn du mich nicht heimbringst, schreie ich los: ‚Hände weg, Schwein!'" Ich versuchte etwas zu erwidern, aber Giulia holte tief Atem und setzte in dem dunklen Saal an zu einem „Hän...": da rief ich beim Zahnarzt an und brachte sie nach Hause.

Giulia war stark wie eine Löwin, sie brachte es fertig, zehn Stunden stehend in einem Aussiedlerzug zurückzulegen, nur um zwei Stunden mit ihrem Liebsten zusammen zu sein, sie war glücklich und strahlte, wenn sie sich mit dem Commendatore oder mit der Loredana in ein heftiges Wortgefecht einlassen konnte, aber sie fürchtete sich vor Insekten und vor Gewitter. Sie rief nach mir, wenn eine kleine Spinne über ihren Arbeitstisch kroch (ich durfte die Spinne aber nicht töten, sondern mußte sie in ein Wägeglas tun und auf den Rasen hinaustragen), und ich kam mir tapfer und stark vor wie Herkules angesichts der Lernäischen Hydra, spürte zugleich aber auch die Versuchung, die von der in der Bitte stark mitschwingenden Weiblichkeit ausging. Es kam ein starkes Gewitter, Giulia widerstand zwei Blitzen, beim dritten flüchtete sie sich in meine Arme. Schwindelerregend und neu, bisher nur in Träumen erlebt, fühlte ich die Wärme ihres gegen meinen Körper gepreßten Leibes, aber ich erwiderte die Umarmung nicht; hätte ich es getan, wären ihr und mein Schicksal vielleicht krachend aus den Bahnen geraten, hin zu einer gemeinsamen, gänzlich unvorhersehbaren Zukunft.

Die Bibliothekarin, die ich noch nie zu Gesicht bekommen hatte, bewachte die Bibliothek wie ein Kettenhund, einer jener armen Hunde, die durch Kette und Hunger mit Absicht bösartig gemacht werden; oder, besser noch, wie die alte zahnlose Kobra im „Dschungelbuch", die, in jahrhundertelanger Finsternis fahl geworden, den Königsschatz bewacht. Paglietta, die Ärmste, war kaum mehr als ein *lusus naturae**; sie war klein, hatte weder Brust noch Hüften, sah wachsbleich und verkümmert aus und war schrecklich kurzsichtig; sie trug so dicke, konkave Brillengläser, daß ihre beinahe weiß wirkenden himmelblauen Augen, von vorn betrachtet, ganz tief im Schädel zu liegen schienen. Sie erweckte den Eindruck, als wäre sie, obwohl sicher nicht älter als dreißig, nie jung gewesen, als wäre sie hier, im Dunkeln, in diesem unbestimmt nach Schimmel und abgestandener Luft riechenden Raum auf die Welt gekommen. Niemand kannte sie näher, selbst der Commendatore sprach gereizt und ungehalten über sie, und Giulia gab zu, daß sie sie instinktiv, grundlos, mitleidlos haßte, so wie der Fuchs den Hund haßt. Sie sagte, sie stinke nach Naphthalin und sähe verstopft aus. Die Paglietta fragte mich, weshalb ich gerade den Kerrn ver-

* (lat.) Laune der Natur.

langte, wollte meine Kennkarte sehen, betrachtete sie unwillig, ließ mich in einem Buch unterschreiben und überließ mir widerwillig den Band.

Es war ein sonderbares Buch: es hätte wohl kaum anderswo als im Dritten Reich geschrieben und gedruckt werden können. Der Autor schien keineswegs unbedarft zu sein, doch aus jeder Zeile sprach der Hochmut eines Mannes, der weiß, daß seine Behauptungen nicht angefochten werden. Er schrieb, nein, er predigte wie ein besessener Prophet, als ob Jehova auf dem Berge Sinai oder, besser, Wotan in Walhalla ihm den Glukosestoffwechsel beim Diabetiker und beim Gesunden offenbart hätte. Vielleicht zu Unrecht hegte ich von Anfang an gegen Kerrns Theorien ein gehässiges Mißtrauen; mir ist jedoch nicht bekannt, daß sie in den dreißig Jahren, die seitdem vergangen sind, zu neuem Ansehen gelangt wären.

Das Abenteuer mit den Anthozyanen ging schnell zu Ende. Es hatte mit einer malerischen Invasion von Kornblumen begonnen, Säcke über Säcke voll himmelblauer Blütenblätter, die trocken und spröde waren wie winzige Pommes frites. Sie ergaben Extrakte von veränderlicher Farbe, ebenfalls malerisch, aber höchst instabil; nach einigen Versuchstagen, noch bevor ich mich den Kaninchen zuwenden konnte, erhielt ich vom Commendatore die Genehmigung, das Thema ad acta zu legen. Ich fand es nach wie vor merkwürdig, daß er, ein Schweizer, mit den Beinen fest auf dem Boden stehend, sich von diesem überspannten Fanatiker hatte überzeugen lassen, gelegentlich deutete ich ihm vorsichtig meine Meinung an, er aber antwortete mir scharf, es stünde mir nicht an, Professoren zu kritisieren. Er gab zu verstehen, daß ich nicht fürs Nichtstun bezahlt würde, und forderte mich auf, keine Zeit zu verlieren und mich sofort an den Phosphor zu machen: er wäre sicher, daß uns der Phosphor zu einer glänzenden Lösung führen würde. Ran an den Phosphor!

Ohne große Überzeugung machte ich mich an die Arbeit,

überzeugt war ich lediglich davon, daß der Commendatore und vielleicht auch Kerrn dem verführerischen Reiz von Namen und Gemeinplätzen erlegen waren; denn Phosphor hat einen sehr schönen Namen (er bedeutet „Lichtbringer"), Phosphor ist phosphoreszierend, er ist im Hirn vorhanden, auch im Fisch, und *deshalb* wird man klug, wenn man Fisch ißt; ohne Phosphor gedeihen die Pflanzen nicht; Falières-Phosphatin, vor hundert Jahren ein Glyzerinphosphatmittel für blutarme Kinder; er ist auch in Streichholzköpfen enthalten, die an Liebeskummer leidende Mädchen zu sich nahmen, wenn sie sich umbringen wollten; auch in Irrlichtern, den aus Verwesung entstehenden, einsamen Wanderern erscheinenden Flämmchen, findet er sich. Nein, er ist kein gefühlsneutrales Element; man konnte also verstehen, daß ihn ein Professor Kerrn, halb Biochemiker, halb Hexenmeister, in dem von schwarzer Magie durchdrungenen Milieu des nazistischen Hofes zum *medicamentum* erhoben hatte.

Unbekannte Hände legten mir nachts Pflanzen über Pflanzen auf den Arbeitstisch, jeden Tag eine andere Art; es waren alles sonderbar vertraute Pflanzen, und ich weiß nicht, wonach man sie auswählte: Zwiebeln, Knoblauch, Mohrrüben, Kletten, Heidelbeeren, Schafgarbe, Weide, Salbei, Rosmarin, Heckenrose, Wacholder. Tag für Tag bestimmte ich bei allen den Gehalt an anorganischem Phosphor und die Gesamtphosphormenge und kam mir dabei vor wie ins Tretrad gespannt. Sosehr mich in meinem früheren Leben die Untersuchung des Nickels im Gestein begeistert hatte, sosehr bedrückte mich jetzt die tägliche Mengenbestimmung des Phosphors, denn eine Arbeit zu verrichten, die man für sinnlos hält, ist eine Qual; sogar Giulia, die im Nebenzimmer mit verschleierter Stimme „Frühling ist's, wacht auf, ihr Mädchen" sang und nach dem Thermometer in den Pyrex-Bechergläsern kochte, konnte mich kaum aufheitern. Ab und zu kam sie und schaute sich spöttisch-herausfordernd meine Arbeit an.

Wir beide, Giulia und ich, hatten bemerkt, daß dieselben unbekannten Hände in unserer Abwesenheit kaum wahrnehmbare Spuren im Labor hinterließen. Ein abends verschlossener Schrank stand am Morgen offen. Ein Stativ befand sich an einem anderen Platz. Die offengelassene Abzugsvorrichtung war heruntergestellt. An einem regnerischen Morgen fanden wir, wie Robinson, auf dem Fußboden den Abdruck einer Gummisohle: der Commendatore trug Gummischuhe. „Er trifft sich hier nachts, um mit der Loredana zu schlafen", meinte Giulia; ich aber dachte, dieses bis zur Besessenheit in Ordnung gehaltene Labor müsse noch irgendeiner anderen, ungreifbaren, geheimen schweizerischen Tätigkeit dienen. Wir steckten systematisch Holzstäbchen von innen zwischen die Türen, die von der Produktionsabteilung in das Labor führten und immer verschlossen waren; morgens lagen die Stäbchen stets auf dem Boden.

Nach zwei Monaten hatte ich etwa vierzig Analysen fertig: die Pflanzen mit dem höchsten Phosphorgehalt waren Salbei, Schöllkraut und Petersilie. Ich dachte, man könne nun bestimmen, in welcher Form der Phosphor gebunden war, und den phosphorhaltigen Bestandteil abtrennen; der Commendatore rief aber in Basel an und erklärte sodann, man hätte keine Zeit für diese Feinheiten: ich sollte fortfahren, ohne viel Umstände mit warmem Wasser und mit der Presse Extrakte herzustellen, sie dann im Vakuum konzentrieren, in die Speiseröhre der Kaninchen einführen und ihren Blutzuckergehalt messen.

Kaninchen sind keine sympathischen Tiere. Sie sind unter den Säugetieren diejenigen, die dem Menschen am fernsten stehen, vielleicht, weil sie die Eigenschaften niedergeschlagener, ausgestoßener Menschen aufweisen: sie sind schüchtern, schweigsam und ängstlich und kennen nichts anderes als Fressen und Sex. Abgesehen von ein paar Dorfkatzen in frühester Kindheit, hatte ich nie ein Tier angefaßt, und vor den Kaninchen empfand ich Widerwillen; Giulia erging es ebenso. Zum Glück stand die Varisco sowohl mit den Tieren als auch mit Ambrogio, der sie versorgte, auf sehr vertrautem Fuß. Sie zeigte uns in einer Schublade ein kleines Sortiment geeigneter Instrumente; da fand sich eine schmale, hohe Schachtel ohne Deckel: sie erläuterte uns, daß Kaninchen sich gern in Höhlen verkriechen, und wenn man sie an den Ohren packt (die bei ihnen der natürliche Henkel sind) und in eine Schachtel setzt, fühlen sie sich sicherer und rühren sich nicht mehr. Da lagen weiterhin eine Gummisonde und eine kleine Holzspindel mit schräger Öffnung: die Spindel muß man dem Tier zwischen die Zähne klemmen und dann ohne viel Federlesens die Sonde durch die Öffnung in den Hals schieben, bis man spürt, daß sie den Magenboden berührt; legt man das Holz nicht zwischen die Zähne, zerbeißt das Kaninchen die Sonde, verschluckt sie und stirbt. Über die Sonde lassen sich die Extrakte mit einer gewöhnlichen Spritze leicht in den Magen befördern.

Dann ist der Blutzuckergehalt zu messen. Was bei Mäusen der Schwanz ist, sind bei Kaninchen wiederum die Ohren: sie besitzen dicke, hervortretende Venen, die sich sofort mit Blut füllen, wenn man das Ohr reibt. Diese Venen durchsticht man mit einer Nadel, entnimmt ihnen einen Tropfen Blut und geht dann, ohne nach dem Warum der einzelnen Handgriffe zu fragen, gemäß Crecelius-Seifert vor. Kaninchen sind entweder stoisch veranlagt oder wenig schmerzempfindlich: keine dieser Mißhandlungen schien ihnen Schmerzen zu bereiten, sobald sie frei und in ihrem Käfig waren, fraßen sie wieder ruhig Heu, und beim nächsten Mal zeigten sie keinerlei Furcht. Nach einem Monat hätte ich den Blutzuckerspiegel mit geschlossenen Augen feststellen können, aber unser Phosphor schien keinerlei Wirkung zu zeitigen; nur ein Kaninchen reagierte auf den Schöllkrautextrakt mit einem Absinken des Blutzuckerspiegels, nach wenigen Wochen bekam es jedoch eine große Geschwulst am Hals. Der Commendatore sagte, ich sollte es operieren, ich operierte es unter stechenden Schuldgefühlen und mit heftigem Widerwillen, und es starb.

Auf Geheiß des Commendatore lebten die Kaninchen in strengem Zölibat, Männchen und Weibchen in getrennten Käfigen. Bei einem nächtlichen Bombenangriff indes, der sonst kaum einen anderen Schaden anrichtete, wurden alle Käfige gesprengt, und am Morgen fanden wir die Kaninchen, eifrig einer gründlichen, allgemeinen Paarungskampagne hingegeben: die Bomben hatten sie nicht im mindesten erschreckt. Kaum in Freiheit, hatten sie in den Beeten unterirdische Gänge gegraben, und beim kleinsten Alarm unterbrachen sie ihre Hochzeit und flüchteten sich dorthin. Ambrogio hatte Mühe, sie einzufangen und in neue Käfige zu sperren; die Blutzuckeruntersuchungen mußten unterbrochen werden, da nur die Käfige, nicht aber die Tiere gekennzeichnet gewesen waren und die Kaninchen nach dem Ausschwärmen nicht mehr identifiziert werden konnten.

Zwischen zwei Kaninchen kam Giulia und sagte unvermittelt, sie brauche mich. Ich war doch mit dem Fahrrad in den Betrieb gekommen, nicht wahr? Gut, sie mußte am Abend gleich zur Porta Genova, mit der Straßenbahn mußte man dreimal umsteigen, sie hatte es eilig, es war eine wichtige Angelegenheit: ich möge sie bitte auf der Fahrradstange hinfahren, einverstanden? Da ich nach der verrückten abgestuften Arbeitszeit, die der Commendatore festgelegt hatte, zwölf Minuten vor ihr wegging, wartete ich an der nächsten Straßenecke auf sie, verfrachtete sie auf die Stange, und wir fuhren los.

Durch Mailand mit dem Fahrrad zu fahren hatte damals durchaus nichts Tollkühnes, und jemand auf der Stange mitzunehmen war zur Zeit der Bombenangriffe und der Evakuierung beinahe normal: manchmal, besonders nachts, geschah es, daß Fremde einen um diesen Dienst baten und für eine Fahrt von einem zum anderen Ende der Stadt mit vier oder fünf Lire belohnten. Giulia aber, normalerweise schon ziemlich zappelig, gefährdete an diesem Abend das Gleichgewicht des Gefährts: sie hielt sich krampfhaft an der Lenkstange fest und behinderte mich so beim Lenken, veränderte urplötzlich ihre Haltung, begleitete ihre Reden mit heftigen Hand- und Kopfbewegungen, durch die sich unser gemeinsamer Schwerpunkt unversehens verlagerte. Anfangs blieb sie noch im Allgemeinen, aber Giulia war nicht der Mensch, der aus seinem Herzen eine Mördergrube macht; in der Mitte der Via Imbonati sprach sie schon nicht mehr so unbestimmt, und an der Porta Volta wurde sie ganz deutlich: sie war wütend, weil seine Eltern nein gesagt hatten, und ging zum Gegenangriff über. Weshalb hatten sie nein gesagt? „Für sie bin ich nicht hübsch genug, verstehst du?“ knurrte sie und rüttelte dabei zornig an der Lenkstange.

„Die sind dumm. Ich finde dich sehr hübsch“, sagte ich ernsthaft.

„Du Schlauberger. Du weißt ja nicht, was du sagst.“

„Ich wollte dir nur ein Kompliment machen; aber außerdem meine ich es wirklich so.“

„Das ist nicht der rechte Augenblick. Wenn du versuchst, mir jetzt den Hof zu machen, stoße ich dich runter.“

„Dann fällst du auch.“

„Du Blödian. Los, tritt in die Pedale, es ist schon spät.“

Am Largo Cairoli wußte ich bereits alles: oder besser gesagt, ich war im Besitz sämtlicher Fakten, die aber derart verworren und in ihrem zeitlichen Ablauf durcheinandergeworfen waren, daß es mir nicht leichtfiel, sie sinnvoll zusammenzufügen.

Vor allem konnte ich nicht begreifen, daß jener „Er“ nicht Manns genug war, den Knoten zu durchhauen: das war unfaßbar, empörend. Da gab es diesen Mann, den Giulia mir bei anderer Gelegenheit als großherzig, zuverlässig, verliebt und ernsthaft beschrieben hatte; er besaß dieses in seiner Wut herrlich anzusehende Mädchen mit dem zerzausten

Haar, das zwischen meinen vom Lenken in Anspruch genommenen Armen heftig gestikulierte; und anstatt spornstreichs nach Mailand zu kommen und sich selbst Rat zu schaffen, hockte er in irgendeiner Grenzkaserne und verteidigte das Vaterland. Weil er als *goj* natürlich seinen Militärdienst leistete; und während ich diesen Gedanken nachhing und Giulia fortfuhr, mit mir zu zanken, als wäre ich ihr Don Rodrigo, fühlte ich einen sinnlosen Haß gegen den unbekannten Rivalen in mir aufsteigen. In der althergebrachten Terminologie war er ein *goj* und sie eine *goja*; da konnten sie natürlich heiraten. Ich empfand, vielleicht zum ersten Mal, wie ein widerliches Leeregefühl in mir aufstieg: das also bedeutete Anderssein, das war der Preis dafür, daß man das Salz der Erde war. Ein Mädchen, das man begehrte, auf dem Rad fahren und ihr so fern sein, daß man sich nicht einmal in sie verlieben konnte: sie über den Viale Gorizia auf der Fahrradstange fahren und ihr behilflich sein, einem anderen anzugehören und aus meinem Leben zu verschwinden.

Vor der Nummer 40 des Viale Gorizia stand eine Bank: Giulia sagte, ich solle auf sie warten, und verschwand wie der Blitz im Torweg. Ich setzte mich, wartete und ließ niedergeschmettert und schmerzerfüllt meinen Gedanken freien Lauf. Ich dachte, daß ich weniger Ehrenmann, besser gesagt, weniger dumm und gehemmt sein müßte und daß ich mein Leben lang bedauern würde, daß es zwischen mir und ihr nichts weiter als ein paar Erinnerungen an die Universität und den Betrieb gab; und daß es vielleicht nicht zu spät war, daß das Nein dieser Operetteneltern unumstößlich sein würde, daß Giulia tränenüberströmt herunterkommen würde und ich sie trösten könnte; und daß dies schändliche Hoffnungen wären, ein verbrecherisches Ausnutzen des Unglücks eines anderen Menschen. Und schließlich, wie ein Ertrinkender, der es müde ist zu kämpfen und sich sinken läßt, verfiel ich wieder in die Gedanken, die mich in jenen Jahren beherrschten: daß die Existenz des Verlobten und die Gesetze der Rassentrennung nur fade Alibi wären und meine Unfähigkeit, mich einer Frau zu nähern, eine unwiderrufliche Strafe, die mich bis zum Tode begleiten und zu einem von Neid und vagen Sehnsüchten vergifteten, unfruchtbaren, sinnlosen Leben verurteilen würde.

Nach zwei Stunden kam Giulia heraus, besser, sie kam aus dem Torweg geflogen wie ein Geschoß aus der Kanone. Man brauchte sie gar nicht zu fragen, wie es ausgegangen war. „Denen habe ich es aber gegeben", sagte sie, noch atemlos und hochrot im Gesicht. Ich bemühte mich, ihr möglichst glaubhaft zu gratulieren, aber Giulia konnte man nichts vortäuschen, was man nicht dachte, und nichts verbergen, was man dachte. Jetzt, da die Last von ihr genommen war, blickte sie mir siegesfroh in die Augen, entdeckte die Umwölkung und fragte: „Woran dachtest du gerade?"

„An Phosphor", erwiderte ich.

Giulia heiratete wenige Monate später und verabschiedete sich, indem sie die Tränen durch die Nase hochzog und der Varisco minutiöse Verpflegungsanordnungen gab. Sie hat viel Ungemach erlebt und viele Kinder bekommen; wir sind Freunde geblieben, sehen uns hin und wieder in Mailand und sprechen über Chemie und andere kluge Dinge. Wir sind mit unseren Entscheidungen und mit dem, was das Leben uns gegeben hat, nicht unzufrieden, aber wenn wir uns begegnen, haben wir beide das eigentümliche, nicht unangenehme Gefühl (wir haben es uns mehrfach gegenseitig beschrieben), ein Schleier, ein Hauch, das Fallen eines Würfels habe uns auf zwei auseinanderstrebende Straßen geworfen, die nicht unsere Straßen waren.

Gold

Bekanntlich werden nach Mailand verpflanzte Turiner dort gar nicht oder nur schlecht heimisch. Im Herbst 1942 waren wir in Mailand sieben Freunde aus Turin, junge Männer und Mädchen, die aus unterschiedlichen Gründen in der durch den Krieg ungastlich gewordenen großen Stadt gelandet waren; unsere Eltern, soweit noch am Leben, waren aufs Land übergesiedelt, um den Bombenangriffen zu entgehen, und wir lebten weitgehend als Gemeinschaft. Euge war Architekt, er wollte Mailand neu gestalten und behauptete, der beste Städteplaner sei Friedrich Barbarossa gewesen. Silvio war Doktor der Rechte, schrieb aber auf winzigen Velinpapierblättchen eine philosophische Abhandlung und war bei einer Transport- und Speditionsfirma angestellt. Ettore war Ingenieur bei Olivetti. Lina hatte ein Verhältnis mit Euge und beschäftigte sich auf nicht recht greifbare Weise mit Kunstgalerien. Vanda war Chemikerin wie ich, fand aber keine Arbeit und war deswegen ständig gereizt, denn sie war Feministin. Ada war meine Kusine und arbeitete beim Verlag Corbaccio: Silvio nannte sie Doppeldoktor, denn sie hatte zwei Doktortitel, und Euge nannte sie „Kusimo", was Kusine von Primo heißen sollte, worüber Ada sich ein wenig ärgerte. Ich war nach Giulias Heirat mit meinen Kaninchen allein geblieben, ich fühlte mich verwitwet und verwaist und spielte mit dem Gedanken, die Saga von einem Kohlenstoffatom zu schreiben, um der Welt die feierliche, nur den Chemikern bekannte Poesie der Photosynthese des Chlorophylls zu verkünden: und in der Tat habe ich sie später geschrieben, aber erst nach vielen Jahren, es ist die Geschichte, mit der dieses Buch abschließt.

Wenn ich mich nicht täusche, schrieben wir alle Gedichte, außer Ettore, der meinte, das gehöre sich nicht für einen Ingenieur. Traurige, nicht einmal sehr schöne Weltschmerzgedichte zu schreiben, während die Welt in Flammen steht, fanden wir weder sonderbar noch beschämend: wir nannten uns Feinde des Faschismus, in Wirklichkeit aber hatte der Faschismus auf uns wie auf fast alle Italiener eingewirkt und uns weltfremd, oberflächlich, passiv und zynisch gemacht.

Mit boshafter Heiterkeit ertrugen wir Rationierung und Kälte in den Häusern, wo es keine Kohle gab, und nahmen unbekümmert die nächtlichen Bombenangriffe der Engländer hin; sie galten nicht uns, sondern waren nur das brutale Zeichen der Kraft unserer unendlich fernen Alliierten: und darum nur immer zu! Wir dachten damals so wie alle gedemütigten Italiener: daß die Deutschen und Japaner unbesiegbar wären, die Amerikaner aber auch, und daß der Krieg noch zwanzig oder dreißig Jahre so weitergehen würde, ein blutiges, nicht endendes Patt, das sich aber weit entfernt von uns abspielte und nur über die gefälschten Heeresberichte bekannt wurde oder manchmal über amtliche Todesnachrichten, in denen es hieß „als Held, in Erfüllung seiner Pflicht". Der makabre Tanz, hin und her an der libyschen Küste, vor und zurück in den ukrainischen Steppen, würde niemals enden.

Tag für Tag ging jeder von uns seiner Arbeit nach, lustlos und ohne an ihren Sinn zu glauben, wie jemand, der weiß, daß er nicht für seine eigene Zukunft schafft. Wir gingen ins Theater und in Konzerte, die manchmal unterbrochen wurden, weil die Alarmsirene heulte; wir faßten das als eine komische Zugabe auf; die Alliierten waren Herren über den Himmel, vielleicht würden sie am Ende siegen, und der Faschismus wäre vorbei; aber das war ihre Angelegenheit, sie waren reich und mächtig, sie hatten Flugzeugträger und „Liberators". Wir waren das nicht, uns hatte man für „andersartig" erklärt, und andersartig würden wir sein; wir ergriffen Partei, aber hielten uns aus den dummen, grausamen Spielen der Arier heraus, diskutierten die Dramen von O'Neill oder Thornton Wilder, kletterten auf die Grigne-Berge, verliebten uns ein wenig ineinander, erfanden Denkspiele und sangen wunderschöne Lieder, die Silvio von Freunden, die Waldenser waren, gelernt hatte. Von dem, was in ebendiesen Monaten in dem ganzen, von den Deutschen besetzten Europa geschah, im Hause von Anne Frank in Amsterdam, in der Schlucht von Babi Jar bei Kiew, im Warschauer Ghetto, in Saloniki, in Paris, in Lidice: von dieser Pestilenz, die uns zu überschwemmen drohte, war keine klare Kunde zu uns gelangt, nur vage, unheilkündende Andeutungen hatten wir vernommen, von den aus Griechenland und vom Hinterland der russischen Front zurückkehrenden Soldaten, die wir eher kritisch zu betrachten pflegten. Unsere Unwissenheit ermöglichte uns zu leben, wie im Gebirge, wenn das Seil morsch ist und zu reißen droht, man es aber nicht weiß und sicheren Schrittes weiterklettert.

Doch im November landeten die Alliierten in Nordafrika, im Dezember begann der mit dem russischen Sieg endende Widerstand bei Stalingrad, und wir begriffen, daß der Krieg nähergerückt war und die Geschichte wieder ihren Lauf nahm. In wenigen Wochen reifte jeder von uns mehr als in den vorangegangenen zwanzig Jahren. Männer traten aus dem Dunkel, die der Faschismus nicht gebeugt hatte, Rechtsanwälte, Professoren und Arbeiter, und wir erkannten in ihnen unsere Meister, deren Lehre wir bis dahin vergeblich in der Bibel, in der Chemie, in den Bergen gesucht hatten. Der Faschismus hatte sie zwanzig Jahre lang zum Schweigen gezwungen, und sie machten uns klar, daß der Faschismus nicht nur eine ulkige, gedankenlose Mißwirtschaft war, sondern die Verneinung der Gerechtigkeit; er hatte Italien nicht nur in einen ungerechten, verhängnisvollen Krieg gestürzt, sondern er war entstanden und hatte sich gefestigt als Hüter eines verabscheuungswürdigen Rechtssystems und einer Ordnung, die sich auf den Zwang gegenüber den Arbeitenden, auf den unkontrollierten Profit für die Ausbeuter fremder Arbeit, auf das erpreßte Schweigen der Denkenden, die nicht untertan sein wollten, auf systematische, berechnete Lüge gründete. Sie sagten uns, daß unsere spöttische Unduldsamkeit nicht genügte; sie mußte sich in Zorn verwandeln, und der Zorn mußte zur rechten Zeit in einen zielgerichteten Aufstand münden. Freilich lehrten sie uns nicht, wie man eine Bombe herstellt oder wie man mit einem Gewehr schießt.

Sie erzählten von Männern, die uns unbekannt waren: von Gramsci, Salvemini, Gobetti, den Rossellis*, wer waren sie? Es gab also eine zweite Geschichte neben der, die man uns in der Schule eingetrichtert hatte! In jenen wenigen bewegten Monaten versuchten wir vergeblich, das historische Vakuum der letzten zwanzig Jahre auszufüllen, zu beleben, aber diese neuen Persönlichkeiten blieben für uns „Helden“ wie Garibaldi und Nazario Sauro, sie wurden nicht zu Menschen aus Fleisch und Blut. Wir hatten keine Zeit, unsere Kenntnisse zu festigen: im März fanden die Streiks in Turin statt, die anzeigten, daß die Krise nahe bevorstand; der 25. Juli brachte den Zusammenbruch des Faschismus von innen her, auf den Plätzen verbrüderten sich die Menschen – die unverhoffte, ungewisse Freude eines Landes, dem die Freiheit durch eine Palastintrige geschenkt worden war; und

* Führende Antifaschisten: Antonio Gramsci (1891–1937), Mitbegründer und bedeutendster Theoretiker der KPI, an den Folgen elfjähriger Kerkerhaft verstorben; Piero Gobetti (1901–1926), linksbürgerlicher Schriftsteller und Verleger, im Exil gestorben; Gaetano Salvemini (1873 bis 1957), Mitbegründer der Aktionspartei; die Brüder Carlo und Nello Rosselli (1899 bzw. 1900 bis 1937), Führer der im französischen Exil gegründeten antifaschistischen Organisation „Gerechtigkeit und Freiheit“, von Faschisten in Frankreich ermordet.

es kam der 8. September*, die graugrüne Schlange der Nazidivisionen kroch durch die Straßen Mailands und Turins, ein brutales Erwachen: die Komödie war vorbei, Italien war ein okkupiertes Land, wie Polen, wie Jugoslawien, wie Norwegen.

Nachdem wir uns lange an Worten berauscht hatten, der Richtigkeit unserer Entscheidung sicher, unserer Mittel aber äußerst unsicher gewesen waren, zogen wir nun, im Herzen mehr Verzweiflung als Hoffnung, hinaus, unsere Kräfte zu messen, als Hintergrund ein besiegtes, geteiltes Land. Wir trennten uns, um unserem Schicksal zu folgen, ein jeder in einem anderen Tal.

Wir froren und hungerten, wir waren die wehrlosesten Partisanen im ganzen Piemont, und wahrscheinlich auch die naivsten. Wir wähnten uns in Sicherheit, da wir uns noch nicht von unserer unter einem Meter Schnee begrabenen Hütte entfernt hatten: aber jemand verriet uns, und im Morgengrauen des 13. Dezember 1943 erwachten wir, umzingelt von Truppen der Republik**: sie waren dreihundert und wir elf, mit einem Maschinengewehr ohne Munition und ein paar Pistolen. Acht konnten fliehen und verstreuten sich über die Berge: uns gelang es nicht. Die Soldaten nahmen uns drei, Aldo, Guido und mich, noch ganz vom Schlaf benommen, gefangen. Während sie eindrangen, hatte ich gerade noch Zeit, den Revolver, der unter meinem Kopfkissen lag – ich war mir übrigens nicht einmal sicher, ob ich ihn zu benutzen verstünde –, in der Ofenasche zu verstecken: es war ein winziger, mit Perlmutterintarsien geschmückter Revolver, wie ihn im Film verzweifelte Damen benutzen, um sich

* Tag der Verkündung des von Marschall Badoglio mit den Alliierten am 3. 9. 1943 geschlossenen Waffenstillstands, Beginn der deutschen Besetzung Nord- und Mittelitaliens.

** Gemeint ist die nach Mussolinis Befreiung durch ein SS-Kommando im September 1943 errichtete „Italienische Soziale Republik“, ein von den Nazis abhängiger Marionettenstaat in Norditalien, auch „Republik von Salò“ genannt.

umzubringen. Aldo, der Arzt war, erhob sich, zündete sich in stoischer Ruhe eine Zigarette an und sagte: „Schade um meine Chromosomen."

Sie schlugen uns ein wenig, ermahnten uns, „keine Zicken" zu machen, verhießen uns, daß sie uns anschließend auf ihre besonders wirksame Art verhören und dann sofort erschießen würden, nahmen mit großspurigem Gebaren um uns herum Aufstellung, und wir brachen zum Paß auf. Während des Marsches, der mehrere Stunden dauerte, konnte ich zwei Dinge erledigen, die mir am Herzen lagen: ich verschlang stückchenweise die allzu sichtbar gefälschte Kennkarte, die ich in der Brieftasche bei mir trug (das Foto war ganz besonders abstoßend), und ich ließ das Notizbuch voller Adressen, das in der Tasche steckte, im Schnee verschwinden, indem ich ein Stolpern vortäuschte. Die Soldaten gaben stolze Kriegsgesänge von sich, schossen mit dem Maschinengewehr auf Hasen, warfen Handgranaten in den Gebirgsbach, um Forellen zu töten. Unten im Tal standen mehrere Autobusse für uns bereit. Sie hießen uns einsteigen und uns getrennt hinsetzen, um mich herum saßen und standen lauter Soldaten, die aber nicht auf uns achteten und weitersangen. Einer, direkt vor mir, drehte mir den Rücken zu, und an seinem Gürtel hing eine von den deutschen Handgranaten, mit Holzgriff und Zeitzünder: ich hätte leicht die Sicherung lösen, die Zündschnur ziehen und mich zusammen mit einigen von ihnen töten können, aber ich hatte nicht den Mut dazu. Sie brachten uns in die am Stadtrand von Aosta gelegene Kaserne. Der Führer der Hundertschaft hieß Fossa, und es ist sonderbar, absurd und angesichts der damaligen Situation merkwürdig komisch, daß er seit Jahrzehnten auf irgendeinem verlassenen Soldatenfriedhof liegt und ich hier sitze, lebendig, ohne wesentlichen Schaden genommen zu haben, und diese Geschichte schreibe. Fossa wollte die Gesetzlichkeit gewahrt wissen und bemühte sich, zu unseren Gunsten schnell ein den Vorschriften entsprechendes Gefängnissystem einzurichten; so sperrte er uns in die Kellerräume der Kaserne, je einen in eine Zelle, mit Klappbett und Kübel, Esseneinnahme um elf, Bewegungsstunde und Sprechverbot. Dieses Verbot war schmerzlich, denn auf uns, auf jedem unserer Hirne lastete ein häßliches Geheimnis; das Geheimnis, das uns der Gefangennahme ausgeliefert hatte, indem es in uns wenige Tage zuvor jeden Willen zum Widerstand, ja zum Leben hatte erlahmen lassen. Wir waren vor unserem Gewissen zur Vollstreckung einer Strafe gezwungen gewesen, und wir hatten sie vollstreckt, aber wir waren vernichtet, erniedrigt und mit dem Wunsche daraus hervorgegangen, alles möge zu Ende sein, wir selber eingeschlossen; aber wir wollten einander auch sehen, miteinander sprechen, uns gegenseitig helfen, die noch frische Erinnerung zu bannen. Jetzt war es aus mit uns, und wir wußten es: wir saßen in der Falle, ein jeder in seiner, es gab keinen Ausweg, es sei denn nach unten. Ich überzeugte mich recht bald davon, indem ich meine Zelle Schritt für Schritt untersuchte, denn in den Romanen, an denen ich mich vor Jahren gelabt hatte, war immer von mirakulösen Ausbrüchen die Rede gewesen; hier aber waren die Mauern einen halben Meter dick, die Tür war massiv und wurde von draußen bewacht, das Fensterchen vergittert. Ich besaß eine Nagelfeile, ich hätte einen Gitterstab, möglicherweise auch alle durchfeilen können, und ich war so mager, um mich vielleicht hindurchzuzwängen: aber am Fenster lehnte, wie ich entdeckte, zum Schutz gegen Bombensplitter ein dicker Zementblock.

Ab und zu wurden wir zu Verhören geholt. Wenn Fossa uns vernahm, war es ganz erträglich; Fossa war ein Mensch, wie er mir noch nie begegnet war, ein Faschist, wie er im Buche steht, dumm und tapfer, durch den Waffenberuf (er hatte in Afrika und in Spanien gekämpft und rühmte sich dessen uns gegenüber) mit solider Unwissenheit und Einfalt gerüstet, aber nicht verdorben und unmenschlich geworden. Er hatte sein Leben lang geglaubt und gehorcht und war von der naiven Überzeugung durchdrungen, an der Katastrophe wären nur zwei schuld: der König und Galeazzo Ciano*, der gerade in jenen Tagen in Verona erschossen worden war; Badoglio trug keine Schuld, nein, er war auch Soldat, er hatte dem König einen Eid geleistet und mußte diesem Eid die Treue halten. Wenn der König und Ciano nicht gewesen wären, die den faschistischen Krieg von Anfang an sabotiert hatten, wäre alles gut gegangen, und Italien hätte gesiegt. Mich betrachtete er als einen Leichtfuß, der durch schlechte Gesellschaft verdorben worden war; im Innersten seiner klassenmäßig empfindenden Seele war er davon überzeugt, daß ein Studierter nicht wirklich ein „Subversiver" sein konnte. Er verhörte mich aus Langerweile, um mich zu belehren und sich wichtig zu tun, nicht aus ernsthafter inquisitorischer Absicht: er war Soldat, kein Polizeibüttel. Niemals stellte er mir peinliche Fragen, und er fragte mich auch nie, ob ich Jude wäre.

Zu fürchten waren dagegen die Verhöre bei Cagni. Cagni war der Spitzel, der uns hatte festnehmen lassen; ein Spitzel durch und durch, mit jeder Faser seines Herzens, mehr Spitzel von Natur aus und aus Neigung als aus faschistischer Überzeugung oder Berechnung, er spitzelte, um Leuten Schaden zuzufügen, aus sportlichem Sadismus heraus, wie jemand, der auf die Jagd geht und das freie Wild erlegt. Er war geschickt: mit glaubwürdigen Empfehlungen war er zu einer uns benachbarten Partisanenabteilung gestoßen, hatte vorgegeben, im Besitz wichtiger deutscher Militärgeheimnisse zu sein und diese preisgegeben, sie erwiesen sich später als gefälscht und von der Gestapo konstruiert. Er organisierte die Abwehr der Abteilung, ließ minutiöse Schießübungen durchführen (bei denen er es darauf anlegte, einen gut Teil der Munition zu verbrauchen), floh dann ins Tal und tauchte an der Spitze der zur Säuberungsaktion befohlenen

* Schwiegersohn Mussolinis, zeitweilig Außenminister, am 11. 1. 1944 erschossen, weil er für Mussolinis Absetzung gestimmt hatte.

faschistischen Hundertschaften wieder auf. Er war um die Dreißig, hatte eine blasse, schlaffe Haut: das Verhör begann er, indem er den Luger gut sichtbar auf den Schreibtisch legte, und führte es stundenlang ohne Ruhepause; er wollte alles wissen. Ständig drohte er mit Folter und Erschießung, aber zu meinem Glück wußte ich so gut wie nichts, und die wenigen Namen, die ich kannte, behielt ich für mich. Momente vorgetäuschter Herzlichkeit wechselten mit ebenfalls vorgetäuschten Zornesausbrüchen; zu mir sagte er (wahrscheinlich war es ein Bluff), er wisse, daß ich Jude sei, aber das sei gut für mich: entweder wäre ich Jude oder Partisan; wäre ich Partisan, würde er mich an die Wand stellen; wäre ich aber Jude, gäbe es ein Sammellager in Carpi, sie wären nicht blutgierig, ich würde bis zum Endsieg dort bleiben. Ich gestand, daß ich Jude war: teils aus Müdigkeit, teils auch aus unvernünftig stolzem Aufbegehren, aber ich schenkte seinen Worten keinerlei Glauben. Hatte er nicht selbst gesagt, die Kaserne würde in wenigen Tagen von der SS übernommen?

In meiner Zelle war eine einzige matte Birne, die auch nachts brannte; das Licht reichte eigentlich nicht einmal zum Lesen, aber ich las trotzdem viel, weil ich glaubte, es bliebe mir nur noch wenig Zeit. Am vierten Tag, während der Bewegungsstunde, steckte ich heimlich einen großen Stein in die Tasche, weil ich versuchen wollte, mit Guido und Aldo, die in den beiden Nachbarzellen untergebracht waren, Verbindung aufzunehmen. Ich schaffte es, aber es war eine aufreibende Arbeit: man brauchte eine Stunde, um einen Satz durch Klopfzeichen gegen die Trennwand zu übermitteln, wie die in der Grube verschütteten Bergarbeiter in „Germinal". Wenn man an der Wand horchte, um die Antwort aufzufangen, hörte man statt dessen die fröhlichen wilden Gesänge der über unseren Köpfen beim Essen versammelten Soldaten: „Die Vision des Alighieri" oder „Doch mein MG geb ich nie her" oder, schmalziger als alle anderen, „Komm mit, es führt ein Weg in den Wald".

In meiner Zelle hauste auch eine Maus. Sie leistete mir Gesellschaft, aber nachts nagte sie an meinem Brot. Es waren zwei Klappbetten da; das eine nahm ich auseinander und erhielt somit einen langen, glatten Holm; ich stellte ihn senkrecht auf und legte nachts den Brotlaib darauf, einige Krümel ließ ich aber am Boden für die Maus. Ich fühlte mich mehr als Maus als sie selbst; ich dachte an die Wege im Wald, an den Schnee draußen, an die teilnahmslosen Berge, an hundert herrliche Dinge, die ich hätte tun können, wenn ich wieder frei wäre, und es schnürte mir die Kehle zu.

Es war sehr kalt. Ich klopfte so lange an die Tür, bis der Soldat, der als Wachposten aufgestellt war, kam, und bat ihn, mich zu Fossa zum Rapport zu bringen. Der Wachposten war ausgerechnet der Soldat, der mich bei der Gefangennahme geschlagen, sich jedoch, als er erfuhr, daß ich „Doktor" war, bei mir entschuldigt hatte: Italien ist ein eigenartiges Land. Er brachte mich nicht zum Rapport, erlangte aber für mich und für die anderen eine Decke und die Erlaubnis, daß wir uns jeden Abend vor der Nachtruhe eine halbe Stunde am Dampfheizungskessel aufwärmen konnten.

Die neue Ordnung trat noch am selben Abend in Kraft. Der Soldat holte mich, und er war nicht allein; bei ihm war ein anderer Gefangener, von dessen Existenz ich nichts wußte. Schade, Guido oder Aldo wären mir lieber gewesen, immerhin aber handelte es sich um ein menschliches Wesen, mit dem man reden konnte. Der Soldat führte uns in den Heizungsraum, der, dunkel von Ruß, durch die niedrige Decke bedrückend wirkte und fast ganz vom Heizungskessel eingenommen wurde, aber warm war: eine Erleichterung. Der Soldat wies uns eine Bank als Platz an und setzte sich selbst auf einen Stuhl in der Türöffnung, wodurch er sie versperrte: die Maschinenpistole hielt er aufrecht zwischen den Knien, aber schon nach wenigen Minuten war er eingenickt und kümmerte sich nicht um uns.

Der Gefangene betrachtete mich neugierig: „Seid ihr das, die Rebellen?“ fragte er mich. Er war vielleicht fünfunddreißig Jahre alt, hager und ein wenig gebeugt, hatte wirres krauses Haar, sein Gesicht war schlecht rasiert, er hatte eine schnabelartig gebogene Nase, einen schmallippigen Mund und einen unsteten Blick. Seine Hände waren unverhältnismäßig groß und knochig, wie ausgemergelt von Sonne und Wind, und er hielt sie nie still: bald kratzte er sich, bald rieb er sie wie beim Waschen aneinander, bald trommelte er auf die Bank oder auf die Schenkel; ich bemerkte, daß sie leicht zitterten. Sein Atem roch nach Wein, und daraus schloß ich, daß er erst vor kurzem festgenommen worden sein mußte; er hatte den Akzent, den man im Tal sprach, schien aber kein Bauer zu sein. Ich antwortete ihm in ganz allgemein gehaltenen Worten, aber er gab nicht nach: „Der schläft doch: du kannst sprechen, wenn du willst. Ich kann Nachrichten nach draußen schleusen; übrigens komme ich vielleicht bald selber raus.“

Er erschien mir nicht sonderlich vertrauenswürdig. „Weshalb bist du hier?“ fragte ich ihn.

„Schmuggel: ich wollte mit ihnen nicht teilen, das ist alles. Wir werden uns schon einig werden, aber inzwischen behalten sie mich erst mal hier drin: das ist schlimm, bei meinem Beruf.“

„Es ist schlimm für jeden Beruf!“

„Aber ich habe einen besonderen Beruf. Ich schmuggele auch, aber nur im Winter, wenn die Dora zugefroren ist; kurz, ich mache Verschiedenes, aber alles ohne Chef. Wir sind freie Leute: auch mein Vater und mein Großvater und alle meine Urahnen waren frei, soweit man zurückdenken kann, seit der Zeit, als die Römer kamen.“

Ich hatte die Bemerkung über die zugefrorene Dora nicht verstanden und fragte ihn, ob er vielleicht Fischer wäre.

„Weißt du, weshalb sie Dora heißt?" erwiderte er. „Weil sie *d'oro*, aus Gold, ist. Nicht ganz, versteht sich, aber sie führt Gold, und wenn es friert, kann man es nicht mehr schlämmen."

„Auf dem Grund liegt Gold?"

„Ja, im Sand: nicht überall, aber an vielen Stellen. Das Wasser bringt es aus dem Gebirge mit und lagert es willkürlich ab, in der einen Biegung findest du welches, in der anderen nicht. Unsere Biegung, die der Vater an den Sohn weitervererbt, ist am fündigsten; sie liegt ganz verborgen, ziemlich abseits, aber trotzdem ist es besser, man geht nachts hin, damit keiner schnüffeln kommt. Wenn es stark friert, wie beispielsweise im vergangenen Jahr, dann kann man nicht arbeiten, denn kaum hast du ein Loch ins Eis gebohrt, friert es auch schon wieder zu, und dann hält man es auch an den Händen nicht aus. Wenn ich an deiner Stelle wäre und du an meiner, Ehrenwort, ich würde dir sogar erklären, wo unsere Stelle ist."

Ich fühlte mich verletzt durch diesen Satz. Ich wußte recht gut, wie es um mich stand, aber mochte es nicht gern von einem Fremden hören. Der andere, der sich seiner Ungeschicklichkeit bewußt geworden war, versuchte unbeholfen, sie wiedergutzumachen: „Ich wollte also sagen, daß das vertraulich ist, man sagt es nicht mal den Freunden. Ich lebe davon und habe nichts anderes auf der Welt, aber ich möchte nicht mit einem Bankier tauschen. Nicht, daß es viel Gold wäre, weißt du: im Gegenteil, es ist sehr wenig, man wäscht eine ganze Nacht und gewinnt nur ein, zwei Gramm; aber es erschöpft sich nie. Du kannst wieder hingehen, wann du magst, die Nacht darauf und nach einem Monat, ganz, wie du willst, und das Gold ist nachgewachsen; und so ist es von jeher und für alle Zeiten, so wie das Gras auf den Wiesen immer wieder wächst. Und darum gibt es keine freieren Menschen als uns; deshalb werde ich verrückt hier drin.

Dann mußt du wissen, daß sich nicht jeder drauf versteht,

den Sand zu waschen, und das freut einen. Mir hat es, wie gesagt, mein Vater beigebracht: nur mir, weil ich am aufgewecktesten war; die anderen Brüder arbeiten in der Fabrik. Und nur mir hat er die Schöpfpfanne hinterlassen." Und mit der riesigen, leicht becherförmig gebogenen Rechten deutete er die kreisende Bewegung seines Berufes an.

„Nicht alle Tage sind gut; es klappt besser, wenn es heiter ist und abnehmender Mond. Ich kann dir nicht sagen, warum, aber es ist so, falls du mal Lust hast, es zu probieren."

Ich freute mich über den Rat, ohne etwas zu erwidern. Gewiß würde ich es probieren: was würde ich nicht alles probieren! In jenen Tagen, in denen ich recht gefaßt auf den Tod wartete, verspürte ich ein brennendes Verlangen nach allem, nach allen nur denkbaren menschlichen Erfahrungen, und ich verwünschte mein bisheriges Leben, das ich, wie mir schien, wenig und schlecht genutzt hatte, ich hatte das Gefühl, als rinne mir die Zeit zwischen den Fingern weg, als entfliehe sie von Minute zu Minute aus meinem Körper, wie bei einem nicht mehr zu stillenden Blutsturz. Gewiß würde ich Gold suchen: nicht, um reich zu werden, sondern um eine neue Kunst zu erproben, um wieder Erde, Luft und Wasser zu untersuchen, von denen mich ein täglich breiter werdender Abgrund trennte; und um zur wesentlichen, ursprünglichen Form meines chemischen Berufes zurückzufinden, zur „Scheidekunst", das heißt zur Kunst der Trennung des Metalls vom Ganggestein.

„Ich verkaufe beileibe nicht alles", fuhr der andere fort, „ich hänge zu sehr daran. Etwas behalte ich und schmelze es, zweimal im Jahr, und bearbeite es: ich bin zwar kein Künstler, aber ich habe meine Freude daran, wenn ich es in der Hand halten, mit dem Hammer schmieden, gravieren, ritzen kann. Ich will keineswegs reich werden: ich möchte nur frei leben, nicht ein Halsband tragen wie die Hunde, einfach arbeiten, wann ich möchte, ohne daß mir jemand sagt,

‚Auf, los'. Deshalb leide ich hier drin; und außerdem geht ein Tag verloren."

Der Soldat sackte im Schlaf zusammen, und die MPi, die er zwischen den Knien hielt, fiel krachend zu Boden. Der Unbekannte und ich tauschten einen flinken Blick, wir verstanden uns im Nu, erhoben uns ruckartig von der Bank: aber es blieb uns nicht einmal die Zeit, einen Schritt zu tun, da hatte der Soldat die Waffe schon wieder aufgerafft. Er setzte sich wieder richtig hin, blickte auf die Uhr, fluchte im venetischen Dialekt und sagte grob, es sei Zeit, in die Zelle zurückzukehren. Im Korridor begegneten wir Guido und Aldo, die sich, eskortiert von einem anderen Aufseher, anschickten, unseren Platz in der staubigen Schwüle des Kesselraums einzunehmen; sie grüßten mich mit einem Kopfnicken.

In der Zelle umfing mich wieder die Einsamkeit, der eisige, reine Odem der Berge, der durch das Fensterchen hereindrang, und die Angst vor dem Morgen. Wenn man die Ohren spitzte, hörte man in der Stille der Sperrstunde das Murmeln der Dora, der verlorenen Freundin, und alle Freunde waren verloren, und die Jugend, und die Freude und vielleicht das Leben; sie floß ganz nahe, aber teilnahmslos vorbei und führte das Gold in ihrem geschmolzenen Eisschoß mit sich fort. Ich fühlte schmerzlich, wie mich Neid auf meinen zwielichtigen Gefährten packte, der bald zu seinem ungewissen, aber ungeheuer freien Leben zurückkehren würde, zu seinem unerschöpflichen Goldbächlein, zu einer endlosen Reihe von Tagen.

Cer

Daß ich, Chemiker, der hier damit beschäftigt ist, seine Geschichte als Chemiker niederzuschreiben, eine andere Zeit erlebt habe, ist an anderer Stelle erzählt.*

Nach dreißig Jahren fällt es mir schwer, das menschliche Wesen zu beschreiben, das im November 1944 zu meinem Namen oder besser zur Nummer 174517 gehörte. Ich mußte die schlimmste Krise, das Einfügen in die Lagerordnung, überstanden haben oder seltsam abgebrüht geworden sein, wenn ich damals nicht nur zu überleben, sondern auch zu denken, die Welt um mich herum wahrzunehmen und sogar eine recht schwierige Arbeit zu leisten vermochte, in einer Umgebung, die von täglicher Todesnähe infiziert und durch das Nahen der rettenden Russen – sie standen achtzig Kilometer von uns entfernt – von Hektik erfüllt war. Verzweiflung und Hoffnung wechselten in einem Tempo, das jeden normalen Menschen binnen einer Stunde umgeworfen hätte.

Wir waren nicht normal, denn wir litten Hunger. Unser Hunger hatte nichts gemein mit dem wohlbekannten (und durchaus nicht unangenehmen) Gefühl, das man hat, wenn man eine Mahlzeit überspringt und sich der nächsten sicher ist; es war ein Bedürfnis, ein Mangel, ein *yearning***, das uns seit nun schon einem Jahr begleitete und tiefe, dauerhafte Wurzeln in uns geschlagen hatte, in allen unseren Zellen wohnte und unser Verhalten bestimmte. Essen, Essen be-

* Über seine Deportation und die Haft im KZ Monowitz bei Auschwitz hat der Autor in dem Buch „Ist das ein Mensch?“ (1947) berichtet.

** (engl.) Verlangen, Sehnen.

schaffen – das war der Antrieb Nummer eins, mit großem Abstand folgten ihm alle anderen Probleme des Überlebens, und mit noch größerem Abstand die Erinnerung an zu Hause und selbst die Angst vor dem Tode.

Ich war Chemiker in einem Chemiebetrieb, in einem Labor (auch das ist bereits erzählt worden), und ich stahl, um zu essen. Wenn man nicht als Kind damit anfängt, ist es nicht leicht, stehlen zu lernen; ich brauchte mehrere Monate, um die moralischen Bedenken zu überwinden und mir die erforderlichen Fertigkeiten anzueignen, und an einem bestimmten Punkt merkte ich (mit kurz aufblitzendem Lachen und ein klein wenig befriedigtem Ehrgeiz), daß ich wieder auflebte, ich, das anständige Doktorchen, die Rückbildung und Weiterentwicklung eines berühmten anständigen Hundes, eines viktorianischen, Darwinschen Hundes, deportiert und zum Dieb geworden, um in seinem „Lager" von Klondike leben zu können, der große Buck aus „Der Ruf der Wildnis". Ich stahl wie er und wie die Füchse: bei jeder sich bietenden Gelegenheit, aber schlau und heimlich, ohne das Leben aufs Spiel zu setzen. Ich stahl alles, außer dem Brot meiner Gefährten.

Was nun die Stoffe anbelangte, die man hätte gewinnbringend stehlen können, so war dieses Labor ein jungfräuliches Terrain, völlig unerforscht. Es gab Benzin und Alkohol, eine zu alltägliche und unbequeme Beute: viele stahlen es, an verschiedenen Stellen des Bauplatzes, das Angebot war groß, und groß war auch das Risiko, weil man für Flüssigkeiten Behälter braucht. Das große Problem der Verpackung, das jeder erfahrene Chemiker kennt: und der Herrgott kannte es ebenfalls gut und hat es auf seine Art blendend gelöst, in Form der Zellmembranen, der Eierschale, der mehrschichtigen Schale der Apfelsinen und unserer Haut, denn Flüssigkeit sind letztlich auch wir. Nun, zu jener Zeit gab es noch kein Polyäthylen, das mir zustatten gekommen wäre, da es flexibel, leicht und wasserundurchlässig ist: es zersetzt sich aber auch recht schwer, und der Herrgott selbst, der doch ein Meister der Polymerisation ist, hat sich nicht umsonst davor gehütet, es zu patentieren: ER mag Dinge nicht, die sich nicht zersetzen.

Mangels geeigneter Verpackungsmittel und Behältnisse mußte das ideale Diebsgut also fest, unverderblich, nicht sperrig und vor allem neuartig sein. Es mußte einen hohen Wert pro Einheit, das heißt nicht zuviel Volumen haben, da wir häufig nach der Arbeit beim Betreten des Lagers durchsucht wurden; und es mußte schließlich nützlich oder zumindest für eine der sozialen Gruppen, die das komplizierte Universum des Lagers bildeten, begehrenswert sein.

Ich hatte es im Labor verschiedentlich versucht. Gestohlen hatte ich ein paar hundert Gramm Fettsäure, mühsam durch Oxydation von Paraffin von irgendeinem meiner Kollegen auf der anderen Seite der Barrikade gewonnen: die Hälfte davon hatte ich gegessen, und die stillte tatsächlich den Hunger, schmeckte aber so widerlich, daß ich darauf verzichtete, den Rest zu verkaufen. Ich hatte versucht, aus hydrophiler Watte, die ich gegen die Heizplatte eines elektrischen Öfchens drückte, Plinsen zu backen; sie schmeckten entfernt nach gebranntem Zucker, sahen aber so unappetitlich aus, daß ich sie nicht für absetzbar hielt: die Watte direkt an die Krankenstube des Lagers zu verkaufen, versuchte ich einmal, aber sie nahm zuviel Raum ein und stand niedrig im Kurs. Ich zwang mich auch, Glyzerin zu schlucken und zu verdauen, da ich von der einfachen Überlegung ausging, daß es, ein Produkt der Fettspaltung, vom Körper verarbeitet werden und Kalorien erzeugen müßte: das tat es vielleicht auch, aber auf Kosten unangenehmer Nebenerscheinungen.

Auf einem Regal stand eine geheimnisvolle Dose. Sie enthielt etwa zwanzig kleine graue Zylinder, die hart, blaßgrau und geschmacklos waren, und trug kein Etikett. Das war sehr merkwürdig, denn dies war ein deutsches Labor. Ja, gewiß, die Russen waren nur wenige Kilometer entfernt, die Katastrophe lag in der Luft, war fast schon abzusehen, alle Tage gab es Bombenangriffe, alle wußten, daß der Krieg seinem Ende zuging: aber etwas mußte doch weiter Bestand haben, und dazu gehörte unser Hunger und daß dies ein deutsches Labor war und daß die Deutschen niemals Etiketts aufzukleben vergessen. Alle anderen Dosen und Flaschen im Labor wiesen auch tatsächlich säuberlich mit Maschine oder in schönen gotischen Buchstaben mit der Hand geschriebene Etiketts auf: nur diese hatte keins.

In der Lage, in der ich mich befand, verfügte ich natürlich nicht über die erforderlichen Apparaturen und die nötige Ruhe, um die Natur der kleinen Zylinder zu bestimmen. Vorsichtshalber versteckte ich drei in der Tasche und nahm sie abends mit ins Lager. Sie waren vielleicht fünfundzwanzig Millimeter lang und hatten einen Durchmesser von vier bis fünf Millimeter.

Ich zeigte sie meinem Freund Alberto. Alberto zog ein kleines Messer aus der Tasche und versuchte, einen Zylinder einzuritzen, er war hart und widerstand der Klinge. Er versuchte, etwas abzuschaben: man hörte ein leichtes Knistern, und eine gelbe Funkengarbe sprühte auf. Nun war die Diagnose leicht: es handelte sich um Cereisen, eine Legierung, aus der gewöhnlich Feuersteine bestehen. Weshalb waren sie so groß? Alberto, der einige Wochen Hilfsarbeiter bei einem Schweißertrupp gewesen war, erklärte, daß man sie zum Anzünden der Flamme an der Spitze des Sauerstoff-Acetylen-Schweißbrenners befestigte. Als ich das hörte, kamen mir Zweifel, ob ich Abnehmer für mein Diebsgut finden würde: es konnte allenfalls zum Feueranzünden benutzt werden, aber im Lager mangelte es gewiß nicht an (nicht erlaubten) Streichhölzern.

Alberto wies mich zurecht. Aufgeben, Pessimismus, Mutlosigkeit erschienen ihm verwerflich und sträflich: er akzeptierte die Welt des Konzentrationslagers nicht, lehnte sie instinktiv und verstandesmäßig ab, ließ sich nicht von ihr anstecken. Er war ein Mann mit einem guten, starken Willen und hatte sich wie durch ein Wunder seine Freiheit bewahrt, frei waren seine Worte und sein Handeln: er hatte den Kopf nicht gesenkt, den Rücken nicht gekrümmt. Eine Geste, ein Wort, ein Lächeln von ihm wirkten befreiend, rissen ein Loch in das strenge Lagergefüge, und alle, die mit ihm zusammenkamen, spürten es, auch wenn sie seine Sprache nicht verstanden. Ich glaube, an jenem Ort wurde niemand so geliebt wie er.

Er stauchte mich zusammen: Man dürfe niemals den Mut sinken lassen, weil das schädlich und damit unmoralisch, gleichsam unanständig sei. Ich hatte das Cer gestohlen: gut, jetzt mußte es an den Mann gebracht, abgesetzt werden. Er würde schon dafür sorgen, er würde es als eine Neuheit, als einen hochwertigen Handelsartikel anpreisen. Prometheus war dumm gewesen, als er den Menschen das Feuer schenkte, anstatt es zu verkaufen; er hätte Geld damit machen, Jupiter besänftigen können und wäre dem Unheil mit dem Geier entgangen.

Wir mußten schlauer sein. Nicht zum ersten Mal sprachen wir davon, daß wir schlau sein mußten: Alberto hatte es mir häufig gesagt, und vor ihm, in der freien Welt draußen, schon andere, und noch mehr wiederholten es später, unzählige Male bis zum heutigen Tag, aber ohne großen Erfolg; ja, es zeitigte sogar die verblüffende Wirkung, daß ich einen gefährlichen Hang zur Symbiose mit einem wirklich schlauen Menschen entwickelte, der aus dem Zusammenleben mit mir Vorteile für sein weltliches oder geistiges Dasein zog (oder zu ziehen glaubte). Alberto war ein idealer Symbiont, weil er seine Schläue nicht zu meinem Schaden anwandte. Mir war nicht bekannt, wohl aber ihm (er wußte stets über alles und alle Bescheid und konnte doch weder Deutsch noch Polnisch und nur wenig Französisch), daß es auf dem Bau eine illegale Feuerzeugproduktion gab: unbekannte Künstler stellten sie in den freien Minuten für wichtige Leute und für Zivilarbeiter her. Nun, für Feuerzeuge benötigt man Steine, und die müssen eine bestimmte Größe haben; man mußte also die Steine, die ich bei der Hand hatte, verkleinern. In welchem Maßstab und wie verkleinern? „Mach keine Schwierigkeiten", sagte er zu mir, „ich kümmere mich schon darum. Du brauchst bloß den Rest zu klauen."

Am nächsten Tag konnte ich ohne Schwierigkeiten Albertos Rat folgen. Gegen zehn Uhr vormittags heulten die Alarmsirenen. Das war nichts Neues mehr, aber jedesmal fühlten wir alle, wie uns die Angst bis in die Knochen kroch. Es schien kein irdischer Ton zu sein, die Sirenen klangen nicht wie Fabriksirenen, es war ein Ton von enormer Lautstärke, der im ganzen Gebiet gleichzeitig und in gleichmäßigem Rhythmus zu einem krampfhaft hohen Ton anschwoll und wieder zu einem Donnergrollen absank. Er konnte nicht zufällig erfunden worden sein, denn in Deutschland war nichts zufällig, und außerdem entsprach er nur allzusehr seinem Sinn und Zweck: mir ist oft der Gedanke gekommen, ein böswilliger Musiker habe ihn geschaffen und dabei Wut und Wehklagen, das Heulen des Wolfes zum Mond und das Brausen des Orkans hineingelegt: so mußte Astolfs Horn* geklungen haben. Der Sirenenton erzeugte Furcht, nicht nur, weil er die Bomben ankündigte, sondern auch wegen des ihm innewohnenden Grauens, gleichsam das horizontweite Klagegeschrei eines weidwunden Tieres.

Die Deutschen hatten mehr Angst vor den Fliegerangriffen als wir: entgegen jeder Vernunft fürchteten wir sie nicht, weil wir wußten, daß sie sich nicht gegen uns richteten, sondern gegen unsere Feinde. In Sekundenschnelle war ich allein im Labor, ich steckte das ganze Cer ein und lief hinaus, um mich wieder meinem Kommando anzuschließen: der Him-

* Siehe auch Fußnote S. 69. Astolf hat von einer Fee eine Zaubergabe erhalten, ein Horn, dessen schrecklicher Klang jedermann, sogar die Harpyien, in die Flucht schlägt.

mel hallte schon vom Brummen der Bomber wider, und gelbe Flugblätter mit grausamen Spottversen flatterten herab:

Im Bauch kein Fett,
Acht Uhr ins Bett;
Der Arsch kaum warm,
Fliegeralarm!

Uns war der Zutritt zu den Luftschutzbunkern nicht gestattet: wir versammelten uns auf dem weiten, noch unbebauten Gelände in der Nähe des Bauplatzes. Während die ersten Bomben fielen, betastete ich, auf dem gefrorenen Schlamm und kümmerlichen Gras hingestreckt, die kleinen Zylinder in meiner Tasche und sann über mein sonderbares Schicksal, über unser Schicksal nach, das einem Blatt im Winde glich, und über das Schicksal der Menschen im allgemeinen. Alberto behauptete, man zahle für einen Zündstein eine Brotration, das bedeutete einen Tag Leben; ich hatte mindestens vierzig Zylinder gestohlen, aus jedem ließen sich drei Zündsteine gewinnen. Insgesamt hundertzwanzig, also zwei Monate Leben für mich und für Alberto, und in zwei Monaten wären die Russen da und würden uns befreien; und letztlich hätten wir unsere Befreiung dem Cer zu danken, einem Element, von dem mir nichts weiter bekannt war als der eine praktische Verwendungszweck und daß es zur zweideutigen, häretischen Familie der Seltenen Erden gehört, daß sein Name nichts mit *cera*, Wachs, zu tun hat und auch nicht den Entdecker bezeichnet, sondern vielmehr (wie bescheiden die Chemiker einst waren!) auf den Planetoiden Ceres verweist, da das Metall und das Gestirn im selben Jahre 1801 entdeckt worden waren; vielleicht war dies eine liebevoll-ironische Huldigung an die alchimistischen Paarungen: so wie Sonne mit Gold und Mars mit Eisen gleichgesetzt wurden, sollte Ceres dem Cer entsprechen.

Abends nahm ich die Zylinder ins Lager mit, und Alberto brachte ein Stück Blech mit einem runden Loch: das war das vorgeschriebene Kaliber, auf das wir die Zylinder abschleifen mußten, wenn sie sich in Zündsteine und damit in Brot verwandeln sollten.

Was folgte, ist mit Vorsicht zu beurteilen. Alberto sagte, die Zylinder müßten durch Abschaben mit einem Messer verkleinert werden, und zwar heimlich, damit kein Konkurrent hinter unser Geheimnis käme. Wann? Nachts. Wo? In der Holzbaracke, unter den Decken und auf dem Strohsack, also mit dem Risiko, einen Brand zu verursachen und, noch realistischer betrachtet, gehängt zu werden: denn zu dieser Strafe wurde, unter anderem, jeder verurteilt, der ein Streichholz in der Baracke anzündete.

Man ist sich nicht immer ganz schlüssig, wie man tollkühne Unternehmungen, seien es eigene oder auch die anderer, beurteilen soll, nachdem sie glücklich ausgegangen sind: vielleicht waren sie doch nicht so tollkühn? Oder vielleicht stimmt es, daß es einen Gott gibt, der Kinder, Narren und Betrunkene beschützt? Oder vielleicht sind sie gewichtiger und herzerfreuender als die zahllosen Tollkühnheiten mit schlechtem Ausgang, und man erzählt sie daher lieber? Damals stellten wir uns diese Frage freilich nicht: das Lager hatte uns an einen leichtsinnig-vertraulichen Umgang mit Gefahr und Tod gewöhnt, und es dünkte uns logisch, ja selbstverständlich, für mehr Essen den Tod durch den Strang zu riskieren.

Während die Gefährten schliefen, arbeiteten wir Nacht für Nacht mit dem Messer. Das Bild war zum Weinen trostlos: eine einzige Glühbirne erhellte schwach den großen Holzschuppen, und im Halbdunkel waren wie in einer weiten Höhle die schlaf- und traumverzerrten Gesichter der Gefährten zu erkennen: totenbleich bewegten sie die Kinnladen, da sie vom Essen träumten. Bei vielen hing ein Arm oder Bein, nackt und skelettartig, vom Bettrand herab, andere stöhnten oder sprachen im Schlaf.

Wir beide aber lebten und ließen uns vom Schlaf nicht

übermannen. Mit den Knien hielten wir die Decke hoch, und unter diesem improvisierten Zelt schabten wir die Zylinder, blindlings und nach Gefühl: bei jedem Schaben knisterte es leise, und gelbe Sternchen sprühten. In Abständen probierten wir, ob der Zylinder in das Loch der Vorlage paßte: wenn nicht, schabten wir weiter, wenn ja, brachen wir das dünngeschliffene Ende ab und legten es sorgfältig beiseite.

Drei Nächte arbeiteten wir; es passierte nichts, keiner hatte unsere Geschäftigkeit bemerkt, weder die Decke noch der Schlafsack fingen Feuer, und so erwarben wir uns das Brot, das uns bis zur Ankunft der Russen am Leben erhielt, und fanden Trost im Vertrauen und in der Freundschaft, die uns verband. Was mit mir geschah, ist andernorts beschrieben.* Alberto brach mit den meisten zu Fuß auf, als die Front nahe herangerückt war; die Deutschen ließen sie Tag und Nacht in Schnee und Eis marschieren und töteten alle, die nicht weiterkonnten; dann luden sie sie auf offene Waggons, die die wenigen Überlebenden einem neuen Kapitel der Sklaverei entgegenfuhren, nach Buchenwald und Mauthausen. Kaum ein Viertel derer, die aufgebrochen waren, überlebte den Marsch.

Alberto ist nicht zurückgekehrt und hat keine Spur hinterlassen: ein Landsmann von ihm, halb Hellseher, halb Schwindler, lebte noch einige Jahre nach Kriegsende und lieferte seiner Mutter gegen Bezahlung falsche, tröstliche Nachrichten.

* Die langwierige, einer Irrfahrt durch halb Europa gleichkommende Heimkehr aus dem Lager hat der Autor in „Atempause“ (1963) geschildert.

Chrom

Als zweiten Gang gab es Fisch, dazu aber Rotwein. Versino, Chef der Abteilung Instandhaltung, meinte, das sei alles dummes Gerede, wenn nur der Wein und der Fisch gut wären; er sei überzeugt, die meisten, die starr am alten Brauch festhielten, könnten mit geschlossenen Augen ein Glas Weißen nicht von einem Glas Roten unterscheiden. Bruni aus der Nitro-Abteilung fragte, ob jemand wüßte, weshalb zu Fisch Weißwein getrunken würde; man vernahm verschiedene scherzhafte Bemerkungen, aber keiner wußte eine erschöpfende Antwort. Der alte Cometto fügte hinzu, das Leben bestünde aus lauter Gewohnheiten, deren Ursprung nicht mehr zu ermitteln wäre – die Farbe des Zuckerpapiers, die unterschiedliche Knöpfweise bei Herren- und Damenbekleidung, die Bugform der Gondeln und die unzähligen Speisen, die zueinander paßten oder nicht paßten, dies hier sei so ein Fall: im übrigen aber, warum mußte unbedingt gefüllter Schweinsfuß zu Linsen oder Käse zu Makkaroni gegessen werden?

Ich überflog rasch in Gedanken die Runde der Anwesenden, um mich zu vergewissern, daß keiner sie schon gehört hatte, und schickte mich dann an, die Geschichte von der Zwiebel in siedendem Leinöl zu erzählen. Denn ich befand mich in einer Kantine von Lackfarbenherstellern, und gekochtes Leinöl war bekanntlich viele Jahrhunderte hindurch der wichtigste Grundstoff unserer Kunst. Es ist eine alte und deshalb edle Kunst: das früheste Zeugnis findet sich im 1. Buch Mose, 6,14, wo Noah nach genauen Angaben des

Herrn die Arche innen und außen (wahrscheinlich vermittels eines Pinsels) mit flüssigem Pech streicht. Es ist aber auch eine Kunst des feinen Betrugs, die dann geübt wird, wenn es gilt, den Untergrund zu verdecken und ihm eine Farbe und ein Aussehen zu verleihen, die ihm nicht eigen sind: in dieser Hinsicht ist sie der Kosmetik und der Putzkunst verwandt, beides ebenso fragwürdige und fast ebenso alte Künste (Jesaja 3,16 ff.). In Anbetracht ihrer jahrtausendealten Geschichte ist es also nicht verwunderlich, daß die Kunst der Lackherstellung (ungeachtet der zahlreichen Anregungen, die sie neuerlich aus verwandten Techniken empfängt) Reste längst aufgegebener Gewohnheiten und Verfahren mit sich schleppt.

Zurück zum Leinöl, ich erzählte den Tischgenossen, daß ich in einem Rezeptbuch von 1942 den Rat gefunden hätte, man solle gegen Ende des Kochvorganges zwei Zwiebelscheiben in das Öl geben, ohne daß der Zweck dieses merkwürdigen Zusatzes erklärt wurde. 1949 hatte ich mit Herrn Giacomasso Olindo, meinem Vorgänger und Lehrmeister, darüber gesprochen, er war damals bereits über siebzig und stellte seit fünfzig Jahren Lacke her, und er hatte mir, ein gutmütiges Lächeln unter dem dichten weißen Schnauzbart, erklärt, daß, als er jung war und selber das Öl kochte, noch keine Thermometer in Gebrauch waren: damals stellte man also die Siedetemperatur fest, indem man den Dampf beobachtete oder hineinspuckte oder, was noch rationeller war, eine aufgespießte Zwiebelscheibe ins Öl tauchte; wenn die Zwiebel zu bräunen begann, war die Siedetemperatur richtig. Im Laufe der Jahre hatte dieser primitive Meßvorgang natürlich seine Bedeutung eingebüßt und war zu einer mysteriösen, magischen Prozedur geworden.

Der alte Cometto gab eine ähnliche Episode zum besten. Nicht ohne Sehnsucht gedachte er seiner schönsten Zeit, der Zeit des Kopals; er erzählte, wie einst siedendes Leinöl mit diesen sagenhaften Harzen kombiniert wurde, um unglaublich haltbare und glänzende Lacke herzustellen; ihr Ruhm und ihr Name lebt heute nur noch in der Verbindung *scarpe di coppale*, Kopallackschuhe, weiter, die auf einen früher weitverbreiteten Lederlack zurückgeht, der aber seit wenigstens einem halben Jahrhundert nicht mehr verwendet wird: der Ausdruck selber ist heute fast völlig außer Gebrauch gekommen. Kopale wurden von den Engländern aus fernen, wilden Ländern eingeführt und zur Unterscheidung der einzelnen Arten mit deren Namen bezeichnet: Madagaskar-Kopal, Sierra-Leone-Kopal, Kauri-Kopal (dessen Lagerstätten übrigens seit 1967 erschöpft sind) und das berühmte, edle Kongo-Kopal. Es sind fossile Harze pflanzlichen Ursprungs mit einem ziemlich hohen Schmelzpunkt, und in dem Zustand, in dem man sie findet und handelt, sind sie in Öl nicht löslich: um sie löslich und kompatibel zu machen, kochte man sie gewaltsam fast bis zur völligen Auflösung, dabei verringerte sich ihr Säuregehalt (sie wurden dekarboxyliert), und der Schmelzpunkt sank. Das Verfahren wurde handwerklich betrieben, in bescheidenen, zwei bis drei Doppelzentner fassenden Kesseln, die auf offenem Feuer erhitzt wurden und auf Rädern bewegt werden konnten; während des Siedevorgangs wog man sie in Abständen, und wenn das Harz 16 Prozent seines Gewichts in Form von Rauch, Wasserdampf und Kohlendioxid verloren hatte, galt es als öllöslich. Gegen 1940 wurden die teuren und während des Krieges schwer zu beschaffenden archaischen Kopale durch entsprechend modifizierte Phenol- und Maleinatharze ersetzt, die wenig kosteten und sich außerdem direkt mit Ölen verbanden. Cometto erzählte uns also, wie in einem Betrieb, dessen Namen ich verschweige, bis 1953 ein Phenolharz, das in einer Rezeptur anstelle des Kongo-Kopals stand, genauso wie Kopal behandelt wurde, das heißt, man ließ es unter pestilenzialisch stinkenden Phenolausdünstungen um 16 Prozent einkochen, damit es öllöslich wurde, was das Harz ja ohnehin war.

An dieser Stelle warf ich ein, daß alle Sprachen reich an Bildern und Metaphern sind, deren Herkunft gemeinsam mit der Kunst, der sie entstammen, langsam verlorengeht: nachdem das Reiten zu einem kostspieligen Sport herabgesunken ist, sind die Ausdrücke *ventre a terra* (wörtlich: mit dem Bauch zur Erde, sinngemäß: in gestrecktem Galopp) und *mordere il freno* (wörtlich: in den Zaum beißen, sinngemäß: sich gegen einen Zwang auflehnen) unverständlich geworden und klingen merkwürdig; nachdem die Mühlen mit einem aus übereinandergesetzten Steinen bestehenden Mahlwerk, auch *palmenti* genannt, in denen man jahrhundertelang Getreide (und auch Farbstoffe) mahlte, verschwunden sind, haben die Wendungen *macinare* (mahlen, zerreiben) oder *mangiare a quattro palmenti* (wörtlich: mit vier Mühlsteinen essen, sinngemäß: mit vollen Backen kauen) jeden Bezug verloren, sie werden trotzdem noch mechanisch hingesagt. Ebenso tragen wir, da auch die Natur konservativ ist, am Steißbein die Reste eines rückgebildeten Schwanzes.

Bruni erzählte uns eine Geschichte, an der er selber beteiligt gewesen war, und während er sprach, fühlte ich, wie mich süße, zärtliche Schauer durchrieselten, die ich später erläutern werde; ich muß vorausschicken, daß Bruni von 1955 bis 1965 in einer großen Fabrik am Ufer eines Sees arbeitete, derselben, in der ich in den Jahren 1946/47 in die Anfangsgründe des Handwerks der Farbenherstellung eindrang. Er berichtete also, daß ihm, als er dort Leiter der Abteilung Synthetische Lacke war, eine Fabrikationsanleitung für ein auf Chromaten basierendes Rostschutzmittel in die Hände gefallen sei, die einen sinnlosen Bestandteil enthalten habe: und zwar, man höre, Ammoniumchlorid, das alte alchimistische Ammoniaksalz vom Ammontempel, das eher dazu angetan sei, Eisen rosten zu lassen, als es vor Rost zu schützen. Er hatte seine Vorgesetzten und die alten Hasen der Abteilung befragt: überrascht und ein wenig empört hatten sie ihm geantwortet, in dieser Rezeptur, nach der jeden Monat mindestens zwanzig bis dreißig Tonnen produziert wurden und die seit wenigstens zehn Jahren gelte, sei das Salz „immer drin gewesen“ und er, so jung an Lebens- und Dienstjahren, sei ganz schön anmaßend, wenn er Betriebserfahrungen kritisiere und durch sein Fragen nach dem Weshalb und Wieso Händel suche. Wenn die Formel Ammoniumchlorid enthalte, so müsse es zu etwas gut sein; wozu genau, das wisse keiner mehr, aber er solle sich hüten, es wegzulassen, denn „man könne nie wissen“. Bruni ist ein Verstandesmensch und hatte sich darüber geärgert; er ist aber auch ein vorsichtiger Mensch, und deshalb hatte er den Rat befolgt, so daß in jener Fabrik am Seeufer noch immer Ammoniumchlorid in der Fabrikationsanleitung erscheint, wenn sich inzwischen nichts geändert hat; dabei ist es heute absolut unnütz, wie ich in voller Sachkenntnis behaupten kann, denn ich selber habe es in jene Rezeptur eingebracht.

Die von Bruni geschilderte Episode, das Chromatrostschutzmittel und das Ammoniumchlorid führten mich zurück in eine andere Zeit, in den strengen Januar 1946, als Fleisch und Kohle noch rationiert waren, keiner ein Auto besaß und man in Italien soviel Hoffnung und Freiheit atmete wie nie zuvor.

Ich war seit drei Monaten aus der Gefangenschaft zurück, und es ging mir schlecht. Was ich gesehen und erlitten hatte, brannte in mir; ich fühlte mich den Toten näher als den Lebenden und schuldig, daß ich ein Mensch war, denn Menschen hatten Auschwitz errichtet, und Auschwitz hatte Millionen menschlicher Wesen verschlungen, darunter viele meiner Freunde und eine Frau, die meinem Herzen sehr nahestand. Ich glaubte, ich könnte mich durch Erzählen reinigen, und kam mir vor wie der Alte Seemann von Coleridge, der auf der Straße den zum Fest geladenen Gästen über den Fluch berichtet, der auf ihm lastet. Ich schrieb knappe, in Blut getauchte Gedichte, erzählte mündlich und schriftlich so viel, daß es mir schwindelte und daß allmählich ein Buch daraus entstand: beim Schreiben fand ich für kurze Zeit Frieden und fühlte mich wieder Mensch werden, ein Mensch wie alle, weder Märtyrer noch Verdammter, noch Heiliger, sondern ein Mensch, der eine Familie gründet und in die Zukunft und nicht in die Vergangenheit blickt.

Da man vom Dichten und Erzählen nicht leben kann, suchte ich mühevoll nach einer Arbeit und fand sie in jener großen Fabrik am Seeufer, die noch vom Krieg zerstört und von Schlamm und Eis verkrustet war. Keiner kümmerte sich groß um mich: Kollegen, vom Direktor bis zu den Arbeitern, hatten an anderes zu denken, an den Sohn, der nicht aus Rußland zurückkehrte, an den Ofen, für den man kein Holz hatte, an unbesohlte Schuhe, an Geschäfte ohne Waren, an Fenster ohne Scheiben, an den Frost, der die Rohre sprengte, an Inflation, an Not und erbitterte lokale Machtkämpfe. Wohlwollend hatte man mir in einem Winkel des Labors, wo es zog, laut war und Leute mit Lappen und Kübeln hin und her liefen, einen Schreibtisch zugewiesen, an dem ein Fuß fehlte, aber keinerlei konkrete Aufgabe erteilt; als Chemiker ohne Beschäftigung und im Zustande völliger Entfremdung (damals nannte man es freilich noch nicht so) schrieb ich in ungeordnetem Strom Seiten über Seiten jener Erinnerungen nieder, die mir das Leben vergifteten, und die Kollegen betrachteten mich verstohlen wie einen harmlosen Irren. Das Buch wuchs fast spontan unter meinen Händen, plan- und systemlos, verworren und überquellend wie ein Termitenhügel. Von meinem Berufsgewissen getrieben, meldete ich mich ab und zu beim Direktor zum Rapport und bat ihn um eine Arbeit, er aber war zu geschäftig, um sich mit meinen Skrupeln zu befassen; ich sollte lesen, studieren: auf dem Gebiet der Farben war ich, mit Verlaub gesagt, noch ein Analphabet. Ich hatte keine Arbeit? Gut, dann sollte ich Gott preisen und in die Bibliothek gehen: wenn ich wirklich so darauf erpicht wäre, mich nützlich zu machen, gäbe es Artikel aus dem Deutschen zu übersetzen.

Eines Tages ließ er mich rufen und verkündete mir mit einem hinterlistigen Funkeln in den Augen, er habe eine kleine Arbeit für mich. Er führte mich in eine Ecke des Fabrikhofes in der Nähe der Mauer; kunterbunt aufeinandergehäuft, die unteren von den oberen zusammengedrückt, lagen da Tausende viereckiger, lebhaft orangefarbener Blöcke. Ich mußte sie anfassen: sie waren gallertartig, weich und hatten die unangenehme Konsistenz von Eingeweiden geschlachteter Tiere. Ich sagte zum Direktor, daß es, abgesehen von der Farbe, Leber sein könnte, er lobte mich: genauso stand es in den Handbüchern für Farbherstellung! Er erläuterte, daß die Erscheinung, die dazu geführt hatte, im Englischen genauso hieße, *livering*, also „Leberartigwerden"; unter bestimmten Bedingungen gelierten nämlich manche flüssigen Lacke und würden fest wie Leber oder Lunge, und dann könnte man sie nur noch wegwerfen. Jene viereckigen Körper waren Lackdosen gewesen; der Lack war geliert, man hatte die Dosen abgeschnitten und den Inhalt auf den Abfallhaufen geworfen.

Dieser Lack war, wie er mir sagte, während des Krieges und kurz danach hergestellt worden; er enthielt ein basisches Chromat und ein Alkydharz. Vielleicht war das Chromat zu basisch oder das Harz zu sauer: dies sind jedenfalls die Bedingungen, unter denen eine Gelierung eintreten kann. Nun also, er schenkte mir diesen Haufen früherer Fehler; ich mochte mir Gedanken darüber machen, Proben abnehmen und Untersuchungen durchführen und ihm ganz genau sagen, weshalb das Unglück passiert war, was man tun mußte, damit es sich nicht wiederholte, und ob es möglich war, das verdorbene Erzeugnis wieder nutzbar zu machen.

Das Problem so anzupacken, halb chemisch, halb kriminalistisch, reizte mich: ich durchdachte es noch einmal an jenem Abend (es war ein Samstagabend), während mich einer der verrußten, eisigkalten Güterzüge jener Zeit nach Turin trug. Nun geschah es aber, daß am nächsten Tag das Schicksal für mich ein ganz anderes, einzigartiges Geschenk bereithielt: die Begegnung mit einer Frau, jung, aus Fleisch und Blut, warm, daß ich es durch unsere beiden Mäntel spürte, fröhlich mitten im feuchten Nebel der Alleen, geduldig, gescheit und selbstsicher, so ging sie mit mir durch die Straßen, an denen sich noch Trümmer türmten. Nach wenigen Stunden wußten wir, daß wir zueinander gehörten, nicht für eine zufällige Begegnung, sondern fürs Leben, wie es denn auch geschah. Innerhalb weniger Stunden fühlte ich mich wie neugeboren und erfüllt von neuer Kraft, gereinigt und genesen von langem Leiden, endlich bereit, freudig und kraftvoll ins Leben zu schreiten; und ebenfalls genesen war plötzlich die Welt um mich herum, und gebannt waren der Name und das Gesicht jener Frau, die mit mir in das Reich der Toten hinabgestiegen und nicht daraus zurückgekehrt war. Selbst das Schreiben wurde zu einem ganz anderen Abenteuer, es war nicht mehr der schmerzensreiche Weg eines Genesenden, nicht mehr ein Betteln um Mitgefühl und freundliche Gesichter, sondern ein Bauen bei klarem Bewußtsein, ohne das Gefühl der Einsamkeit: gleich dem Wirken eines Chemikers, der wiegt und teilt, mißt, anhand sicherer Proben urteilt und sich befleißigt, eine Antwort auf das Warum zu geben. Außer der befreienden, erleichternden Wirkung, die das Erzählen für den Heimkehrer hat, bereitete mir das Schreiben jetzt ein vielschichtiges, intensives, neues Vergnügen, ähnlich dem, das ich als Schüler empfand, als ich in die feierliche Ordnung der Differentialrechnung einzudringen versuchte. Es war aufregend, nach dem richtigen, das heißt dem treffenden, kurzen und kräftigen Wort zu suchen, es zu finden oder auch zu erschaffen; die Dinge aus der Erinnerung hervorzuholen und mit größter Strenge und geringstem Ballast zu beschreiben. So paradox es klingen mag, meine Bürde grausiger Erinnerungen wurde zu einem Reichtum, zu einem Samen; mir schien, als wüchse ich beim Schreiben wie eine Pflanze.

Am folgenden Montagmorgen im Güterzug, eingequetscht in der verschlafenen, in Schals gehüllten Menschenmenge, fühlte ich eine Trunkenheit und Spannung in mir wie nie zuvor und niemals nachher. Ich war bereit, die ganze Welt herauszufordern, wie ich Auschwitz und die Einsamkeit herausgefordert und besiegt hatte; bereit vor allem, der plumpen Pyramide orangefarbener Leberklumpen, die am Seeufer auf mich wartete, eine fröhliche Schlacht zu liefern.

Der Geist zähmt die Materie, nicht wahr? Hatte man mir dies nicht auf dem Gymnasium eingehämmert, dessen Geist vom Faschismus und den Lehren Gentiles* geprägt war? Ich stürzte mich mit dem gleichen Mut in die Arbeit, mit dem wir vor nicht allzu langer Zeit eine Felswand erstürmt hatten; der Gegner war immer noch derselbe, das Nicht-Ich, der „Krumme"**, die Hyle: die dumme Materie, feindselig-träge wie die menschliche Dummheit und wie diese stark in ihrem passiven Stumpfsinn. Unser Beruf besteht darin, diese endlose Schlacht zu führen und zu gewinnen: verdickter Lack widersetzt sich deinem Willen viel hartnäckiger und störrischer als ein Löwe in seinem wahnwitzigen Ungestüm; nun ja, er ist auch weniger gefährlich.

Das erste Scharmützel fand im Archiv statt. Die beiden Partner, aus deren verhurter Umarmung die orangefarbenen Ungeheuer hervorgegangen waren, hießen Chromat und Harz. Das Harz wurde an Ort und Stelle hergestellt: ich fand die Entstehungsurkunden aller Posten, sie wiesen nichts Verdächtiges auf; der Säuregehalt war unterschiedlich, aber, wie vorgeschrieben, stets niedriger als 6. Ein Posten mit dem Säuregehalt 6,2 war von einem Prüfer, der mit verschnör-

* Giovanni Gentile (1875–1944), idealistischer Philosoph, Anhänger des Faschismus, unter Mussolini zeitweilig Bildungsminister.

** Allegorische Gestalt aus Henrik Ibsens Drama „Peer Gynt", verkörpert die passive, den schöpferischen Drang lähmende Materie.

keltem Namenszug unterschrieben hatte, pflichtgemäß ausgesondert worden. Das Harz stand in erster Instanz außerhalb jeden Verdachts.

Das Chromat war von verschiedenen Lieferanten angekauft und ebenfalls Posten für Posten gebührend geprüft worden. Gemäß den Ankaufbestimmungen AB 480/0 sollte es insgesamt nicht weniger als 28 Prozent Chromoxid enthalten; und alle Werte – ich hatte die endlose Prüfliste von Januar 1942 bis heute vor mir (eine der langweiligsten Lektüren, die man sich vorstellen kann) – entsprachen der Vorschrift, ja sie waren sogar alle gleich: 29,5 Prozent, nicht eins mehr, nicht eins weniger. Ich fühlte, wie meine ganze Chemikernatur sich angesichts dieser Ungeheuerlichkeit sträubte; denn man muß wissen, daß es die natürlichen Schwankungen bei der Herstellung eines Chromats, hinzugerechnet noch die unvermeidlichen Analysefehler, höchst unwahrscheinlich machen, daß so viele Werte von verschiedenen Posten, an verschiedenen Tagen derart genau übereinstimmen. Hatte denn keiner Verdacht geschöpft? Nun ja, damals kannte ich noch nicht die schrecklich einschläfernde Macht betrieblicher Unterlagen, ihre Fähigkeit, jede Regung von Spürsinn und jeden Funken von Verstand zu hemmen, zu ersticken, abzutöten. Die Gelehrten wissen übrigens, daß alle Sekretionen schädlich oder giftig sind: und so kommt es in pathologischer Situation nicht selten vor, daß Papier, ein Betriebssekret, so stark vom Organismus aufgesogen wird, daß es denjenigen, der es schwitzend hervorgebracht hat, einschläfert, lähmt und sogar tötet.

Allmählich begann sich abzuzeichnen, was passiert war: aus irgendeinem Grund war ein Analytiker einer fehlerhaften Methode, einem unreinen Reagens oder einer Nachlässigkeit zum Opfer gefallen; er hatte geflissentlich diese so eindeutig verdächtigen, aber formal einwandfreien Resultate aneinandergereiht; hatte jede Analyse peinlich genau abgezeichnet, und seine Unterschrift, die sich lawinenartig über die Seiten fortpflanzte, war durch die des Laborchefs, des technischen Direktors und des Generaldirektors bekräftigt worden. Ich stellte mir den armen Wicht vor dem Hintergrund jener schweren Jahre vor: nicht mehr jung, denn die Jungen waren zum Militär eingezogen; vielleicht von den Faschisten gehetzt oder aber selber Faschist und von den Partisanen gesucht; bestimmt frustriert, denn Analysieren ist eine Arbeit für junge Leute; im Labor hockend und sich hinter der Festung seines geringen Wissens verschanzend, denn der Analytiker ist seiner Bestimmung nach unfehlbar; außerhalb des Labors gerade wegen seiner Tugenden als unbestechlicher Aufpasser, als pedantischer, phantasieloser kleiner Beckmesser verspottet und verschrien, als Knüppel im Räderwerk der Produktion. Nach der ausdruckslosen, sauberen Schrift zu urteilen, mußte ihn sein Beruf verbraucht und zugleich zu oberflächlicher Perfektion veranlaßt haben, wie ein Kieselstein im Wildbach bis zur Mündung gerollt wird. Man brauchte sich nicht zu wundern, wenn er im Laufe der Zeit in gewisser Weise das Gefühl für die wahre Bedeutung der Arbeitsgänge und Eintragungen verloren hatte. Ich nahm mir vor, über ihn Nachforschungen anzustellen, aber keiner wußte mehr etwas über ihn: auf meine Fragen bekam ich nur unfreundliche oder zerstreute Antworten. Übrigens begann ich wahrzunehmen, daß meine Person und meine Arbeit mit spöttisch-boshafter Neugier verfolgt wurden: Wer war dieser Neuling, diese Rotznase mit 7000 Lire im Monat, dieser verrückte Schreiberling, der die Nachtruhe des Gästequartiers störte, indem er weiß der Teufel was auf der Schreibmaschine herunterklapperte, wer war er denn, daß er in alten Fehlern herumstocherte und die schmutzige Wäsche einer früheren Generation wusch? Mir kam sogar der Verdacht, daß die mir übertragene Aufgabe insgeheim dazu dienen sollte, mich über etwas oder über jemanden stolpern zu lassen; unterdes aber war ich mit Leib und Seele, *tripes et boyaux*, bei der Sache, ich hatte mich in sie fast ebenso verliebt wie in das Mädchen, von dem ich berichtet habe und das tatsächlich ein wenig eifersüchtig auf sie war.

Es war nicht schwer, außer den AB auch die gleichermaßen unantastbaren PB, Prüfbestimmungen, zu beschaffen; in einer Schublade im Labor lag ein Päckchen schmieriger, maschinegeschriebener und mehrfach von Hand verbesserter Karteikarten, auf denen jeweils angeführt war, wie die Untersuchung eines bestimmten Rohstoffes vorzunehmen war. Die Karte für Preußischblau war mit blauen Flecken bedeckt, die für Glyzerin klebrig und die für Fischöl stank nach Anchovis. Ich zog die Karteikarte für Chromat heraus, die durch häufigen Gebrauch morgenrotfarben geworden war, und las sie aufmerksam. Alles wirkte ganz vernünftig und entsprach dem, was ich vor nicht allzu langer Zeit in der Schule gelernt hatte; nur eines kam mir komisch vor. Nach der Abtrennung des Farbstoffes wurde angewiesen, 23 Tropfen eines bestimmten Reagens hinzuzufügen; ein Tropfen ist nun aber keine so genau bemessene Einheit, als daß eine präzise Zahlenangabe gerechtfertigt gewesen wäre; und wenn man es recht betrachtete, war die Dosis unsinnig hoch: sie hätte die Probe überschwemmt und in jedem Fall zu einem der Spezifik entsprechenden Resultat geführt. Ich sah mir die Rückseite der Karte an: sie trug das Datum der letzten Durchsicht, des 4. Januar 1944; das Protokoll über den ersten gelierten Posten stammte vom 22. Februar.

Da begann es bei mir zu dämmern. In einem verstaubten Archiv fand ich die Sammlung der nicht mehr benutzten PB, und da stand auf der alten Chromatkarte die Anweisung, „2–3" Tropfen hinzuzufügen und nicht „23"; der entscheidende Strich war halb verwischt und bei der Übertragung fortgefallen. Die Dinge paßten gut zusammen: bei der Abschrift der Karte hatte es einen Übertragungsfehler gegeben, und der Fehler hatte bewirkt, daß alle nachfolgenden Analysen falsch waren, da sich sämtliche Resultate, bedingt durch die zu große Reagensmenge, auf einen fiktiven Wert bezogen und damit vergröberten; so waren Farbposten angenommen worden, die eigentlich hätten ausgeschieden werden müssen; da sie zu basisch waren, hatten sie die Verdickung hervorgerufen.

Aber wehe dem, der der Versuchung nachgibt, eine elegante Hypothese für eine Gewißheit zu halten; das wissen auch die Leser von Kriminalromanen. Ich faßte mir den verschlafenen Magazinverwalter, verlangte die Muster sämtlicher Chromatpartien vom Januar 1944 an, verschanzte mich drei Tage lang hinter dem Prüfstand und überprüfte sie nach der falschen und nach der richtigen Methode. In dem Maße, wie sich die Ergebnisse auf der Liste aneinanderreihten, wich die Unlust, hervorgerufen durch die stumpfsinnige Arbeit, nervöser Freude, wie es einem als Kind beim Versteckspielen ergeht, wenn man den Mitspieler, tölpisch hinter der Hecke hockend, entdeckt. Mit der falschen Methode kam man immer auf die leidigen 29,5 Prozent; mit der richtigen fielen die Resultate sehr unterschiedlich aus, ein gutes Viertel der Posten lag unter dem vorgeschriebenen Minimum und hätte zurückgewiesen werden müssen. Die Diagnose hatte sich bestätigt, und die Pathogenese war entdeckt: jetzt galt es, die Therapie festzulegen.

Diese fand sich recht schnell durch Rückgriff auf die gute alte anorganische Chemie, die ferne kartesianische Insel, das für uns Pfuscher von Organikern und Makromolekülchemikern verlorene Paradies: die durch das freigesetzte Bleioxid verursachte zu hohe Basizität mußte in diesem kranken Farbenkörper auf irgendeine Art und Weise neutralisiert werden. Säuren erwiesen sich in anderer Hinsicht als schädlich; ich dachte an Ammoniumchlorid, das mit Bleioxid eine stabile Verbindung eingehen kann, wobei ein unlösliches, reaktionsträges Chlorid entsteht und Ammoniak freigesetzt wird. Die Ergebnisse der im kleinen durchgeführten Versuche waren vielversprechend: also rasch Chlorid (im Bestandsverzeichnis war es als „dämonisches Chlorid“ aufgeführt) beschafft, mit dem Chef der Farbenreibabteilung gesprochen, zwei widerlich aussehende und sich anfühlende Lebern in eine kleine Kugelmühle gegeben, eine abgewogene Menge der mutmaßlichen Medizin hinzugefügt und die Mühle unter den skeptischen Blicken der Umstehenden angelassen. Die sonst mit viel Getöse arbeitende Mühle setzte sich fast widerwillig in Gang, mit einer Langsamkeit, die Böses ahnen ließ, weil die gelatineartige Masse die Kugeln verklebte und den Lauf der Maschine behinderte. Es blieb nichts anderes übrig, als nach Turin zurückzufahren und den Montag abzuwarten, und dem geduldigen Mädchen wurden sprudelnd die aufgestellten Hypothesen erzählt, wurde berichtet, was man am Seeufer begriffen hatte und daß man krampfhaft auf den Urteilsspruch wartete, den die Tatsachen fällen würden.

Am nächsten Montag hatte die Kugelmühle ihre Stimme wiedergefunden: sie rasselte sogar ganz lustig, mit einem vollen, anhaltenden Ton, ohne jenes rhythmische Abfallen, das bei einer Kugelmühle ein Zeichen für schlechte Instandhaltung oder schlechtes Befinden ist. Ich ließ sie ausschalten und vorsichtig die Bolzen des Verschlußdeckels lockern: zischend entstob eine Ammoniakwolke, wie es sein mußte. Ich ließ den Verschluß entfernen. Gott sei Dank und allen Engeln im Himmel! Die Lackfarbe war flüssig und glatt, völlig normal, wie Phönix aus der Asche auferstanden. Ich verfaßte einen Bericht in getreulichem Beamtenstil, und die Direktion erhöhte mein Gehalt. Als Anerkennung erhielt ich außerdem zwei Fahrradmäntel.

Da im Lager noch mehrere Posten gefährlich basischen Chromats lagerten, die auch genutzt werden mußten, da sie bei der Kontrolle angenommen worden waren und nicht wieder an den Lieferanten zurückgeschickt werden konnten, wurde Chlorid offiziell in die Rezeptur dieser Lackfarbe eingeführt, um das Gelieren zu verhüten. Später kündigte ich, Jahrzehnte vergingen, die Nachkriegszeit war vorbei, die unheilvollen, zu stark basischen Chromate verschwanden vom Markt, und mein Bericht ging den Weg alles Vergänglichen. Rezepturen aber sind heilig wie Gebete, wie gesetzliche Verordnungen und tote Sprachen, und kein Jota darf an ihnen verändert werden. Deshalb wird mein dämonisches Chlorid, Zwillingsgeschwister einer glücklichen Liebe und eines befreienden Buches, obwohl inzwischen völlig unnütz und wahrscheinlich leicht schädlich, am Ufer jenes Sees noch immer andächtig in das Chromatrostschutzmittel verrieben, und niemand weiß mehr, warum.

Schwefel

Lanza schloß das Rad am Fahrradständer an, stempelte die Karte, ging zum Kessel, setzte das Rührwerk in Gang und machte Feuer. Mit lautem Knall zündete das zerstäubte Öl, wobei die Flamme heimtückisch zurückschoß (aber Lanza, der die Feuerung kannte, war rechtzeitig zurückgewichen); dann brannte sie mit einem guten langgezogenen, vollen, wie anhaltender Donner klingenden Prasseln, das das leise Summen der Motoren und Getriebe übertönte. Lanza war noch ganz schlaftrunken und fröstelte, wie es einem geht, wenn man unausgeschlafen ist; er verharrte hingekauert vor dem Feuerloch, und die rote Feuerglut ließ in schnell aufzuckenden Blitzen seinen riesengroßen, verzerrten Schatten auf der rückwärtigen Wand wie in einem Streifen aus der Anfangszeit des Kinos hin und her tanzen.

Nach einer halben Stunde begann das Thermometer ordnungsgemäß zu steigen; der blanke Stahlzeiger, langsam wie eine Schnecke auf der gelblichen Skala entlangkriechend, blieb bei 95° stehen. Auch das war in Ordnung, weil das Thermometer fünf Grad zuwenig anzeigte; Lanza war zufrieden und hatte ein unbestimmtes Gefühl der Eintracht mit dem Kessel, mit dem Thermometer, kurz, mit der ganzen Welt und mit sich selbst, weil alles so ging, wie es sollte, und weil er allein im Betrieb wußte, daß das Thermometer falsch anzeigte: ein anderer hätte vielleicht das Feuer stärker angefacht oder alles mögliche unternommen, um es auf 100° zu bringen, wie es auf der Arbeitsanweisung stand.

Das Thermometer blieb also lange auf 95° stehen und begann dann wieder zu steigen. Lanza stand nahe am Feuer, und da ihn in der Wärme der Schlaf übermannte, ließ er ihn sanft in einige Kammern seines Bewußtseins ein. Nicht aber in die hinter den Augen, die das Thermometer überwachte: die mußte wach bleiben.

Bei Schwefeldienen kann man nie wissen, im Augenblick freilich verlief alles vorschriftsmäßig. Lanza genoß das süße Ausruhen und gab sich dem Tanz der Gedanken und Bilder hin, der dem Schlaf vorausgeht, hütete sich aber, sich von ihm übermannen zu lassen. Es war warm, und Lanza sah sein Heimatdorf: die Frau, den Sohn, sein Feld, die Osteria. Den warmen Atem der Osteria, den drückenden Stallgeruch. Im Stall regnete es bei jedem Gewitter durch, das Wasser kam von oben, vom Heuboden: vielleicht durch einen Sprung in der Mauer, denn die Dachziegel (er selbst hatte zu Ostern nachgesehen) waren alle intakt. Der Platz für eine weitere Kuh wäre schon da, aber . . . (Und hier verschwamm alles in einem Nebel von Zahlen, von begonnenen und nicht zu Ende geführten Berechnungen.) Jede Minute Arbeit waren zehn Lire in der Tasche; jetzt kam es ihm vor, als prassele das Feuer für ihn und als drehe sich das Rührwerk für ihn, wie eine Maschine, die Geld macht.

Aufgestanden, Lanza: wir sind bei 180°, der Bolzen muß aus der Klappe gezogen und das B 41 hineingeworfen werden; es ist wirklich zum Schieflachen, daß es weiterhin B 41 genannt werden muß, wo doch der ganze Betrieb weiß, daß es Schwefel ist; während des Krieges, als es an allem mangelte, nahmen es manche nach Hause mit und verkauften es schwarz an die Bauern, die die Weinstöcke damit bestäubten. Aber der Herr Doktor ist schließlich der Herr Doktor, und man muß es ihm recht machen.

Er löschte das Feuer, ließ das Rührwerk langsamer laufen, zog den Bolzen aus der Klappe und setzte die Schutzmaske auf, so kam er sich halb wie ein Maulwurf und halb wie ein Wildschwein vor. Das B 41 stand schon in drei Kartons abgewogen bereit: er gab es vorsichtig hinein, und trotz der Maske, die vielleicht etwas undicht war, spürte er sofort den aus dem Gebräu aufsteigenden schmutzigen, erbärmlichen Geruch und dachte, daß der Pfarrer vielleicht recht hätte, wenn er sagte, in der Hölle herrsche Schwefelgestank; übrigens mögen ihn nicht einmal die Hunde, wie jedermann weiß. Als er fertig war, ließ er die Klappe los und stellte alles wieder an.

Um drei Uhr nachts stand das Thermometer auf 200°: es mußte evakuiert werden. Er schob den schwarzen Hebel nach oben, und das hohe, kreischende Geräusch der Wasserringpumpe übertönte das tiefe Gebrumm des Brenners. Die Nadel des Vakuummeters, die senkrecht auf Null stand, neigte sich langsam nach links. 20°, 40° – gut. Nun kann man sich eine Zigarette anstecken und hat über eine Stunde Ruhe.

Manchen Menschen ist es vom Schicksal bestimmt, Millionär zu werden, anderen, bei einem Unfall umzukommen. Ihm, Lanza, war es bestimmt (und um sich selbst ein wenig Gesellschaft zu leisten, gähnte er laut), die Nacht zum Tage zu machen. Als ob sie es gewußt hätten, hatten sie ihn während des Krieges sofort zu der schönen Beschäftigung verurteilt, die Nächte hoch oben auf den Dächern zuzubringen, um die Flugzeuge vom Himmel zu holen.

Plötzlich sprang er auf, die Ohren gespitzt und die Nerven aufs höchste gespannt. Der Pumpenlärm hatte mit einem Mal nachgelassen, er klang schwerfällig und gequält: tatsächlich, die Nadel des Vakuummeters bewegte sich sprunghaft, wie ein drohend erhobener Zeigefinger, auf Null zu und begann, Grad für Grad nach rechts auszuschlagen. Da war wenig zu machen, der Kessel kam langsam unter Druck.

„Mach aus und lauf weg." – „Mach alles aus und lauf weg." Doch er lief nicht weg; er ergriff einen Engländer und klopfte die Vakuumröhre in ihrer ganzen Länge ab; sie mußte sich verstopft haben, eine andere Erklärung gab es nicht. Er klopfte und klopfte, aber es half nichts, die Pumpe lief weiterhin im Leerlauf, und der Zeiger tänzelte um ein Drittel Atmosphäre herum.

Lanza standen die Haare zu Berge wie einer wütenden Katze der Schwanz: und wütend war er, eine Mordswut, einen rasenden Zorn hatte er auf den Kessel, auf dieses störrische Biest da auf dem Feuer, das wie ein Stier brüllte; der Kessel war so glühend heiß, daß man, wie bei einem riesigen Igel mit aufgestellten Stacheln, nicht wußte, wo man anfassen und zupacken sollte, und ihn am liebsten mit Fußtritten traktiert hätte. Mit geballten Fäusten und glühendem Kopf faselte Lanza wie im Fieberwahn, er müsse die Klappe abnehmen und Dampf ablassen; er begann die Bolzen zu lösen, und da schoß brodelnd aus dem geöffneten Spalt gelblicher Geifer und pestilenzialisch stinkender Qualm; der Kessel mußte voller Schaum sein. Lanza verschloß ihn schleunigst wieder und fühlte eine unbändige Lust in sich, zum Telefon zu laufen und den Doktor zu rufen, die Feuerwehr zu rufen, den Heiligen Geist zu rufen: sie sollten aus der Nacht heraustreten, ihm behilflich sein und einen Rat geben.

Der Kessel hielt keinen starken Druck aus und konnte jeden Augenblick platzen; so dachte zumindest Lanza, und vielleicht hätte er es nicht gedacht, wenn es Tag gewesen wäre und er nicht allein. Die Angst hatte sich aber in Zorn aufgelöst, und als der Zorn verraucht war, war sein Kopf wieder kühl und klar. Und da dachte er an das Nächstliegende; er öffnete das Gebläseventil, setzte das Gebläserad in Gang, schloß den Vakuumschieber und brachte die Pumpe zum Stillstand. Erleichtert und stolz, das richtige Mittel gefunden zu haben, beobachtete er, wie die Nadel wieder auf Null zurückging, gleich einem verlorenen Schaf, das in den Stall zurückkehrt, und sich erneut folgsam nach der Vakuumseite neigte.

Er blickte sich um, von dem unbändigen Wunsch beseelt, zu lachen und alles jemandem zu erzählen, und verspürte ein Gefühl der Leichtigkeit in allen Gliedern. Auf dem Boden lag seine Zigarette, zu einem langen Aschestäbchen geworden; sie hatte sich ganz allein aufgeraucht. Es war 5.20 Uhr, hinter dem Schuppen, in dem die leeren Fässer lagerten, graute der Morgen, das Thermometer zeigte 210° an. Er entnahm dem Kessel eine Probe, ließ sie abkühlen und machte mit dem Reagens die Probe: das Reagenzglas blieb ein paar Sekunden lang klar und färbte sich dann milchigweiß. Lanza löschte das Feuer, hielt Rührwerk und Gebläserad an und öffnete den Vakuumschieber: ein langgezogenes, wütendes Zischen ertönte, das nach und nach zum Rauschen, zum Gemurmel wurde und schließlich vollends erstarb. Er schraubte das Saugrohr an, ließ den Kompressor an, und triumphierend ergoß sich unter weißem Qualm und mit dem gewohnten scharfen Geruch das zähe Harz in das Sammelbecken, beruhigte sich dort langsam, bis es einen glänzenden schwarzen Spiegel bildete.

Lanza ging zum Tor und begegnete dort Carmine, der gerade hereinkam. Er sagte ihm, alles sei in Ordnung, übergab ihm die Arbeit und machte sich daran, das Fahrrad aufzupumpen.

Titan

Für Felice Fantino

In der Küche war ein sehr großer Mann, gekleidet, wie Maria es nie zuvor gesehen hatte. Auf dem Kopf trug er ein aus einer Zeitung gefaltetes Papierschiffchen, er rauchte Pfeife und strich den Schrank weiß an.

Es war unbegreiflich, wie all das Weiß in eine so kleine Dose hineinging, und Maria verging fast vor Begierde, einmal hineinzuschauen. Der Mann legte die Pfeife ab und zu auf den Schrank und pfiff; dann hörte er auf zu pfeifen und begann zu singen; von Zeit zu Zeit trat er zwei Schritte zurück und schloß ein Auge, und hin und wieder spuckte er auch in den Mülleimer und wischte sich dann den Mund mit dem Handrücken ab. Er machte also so viele merkwürdige, neue Dinge, daß es mächtig interessant war, ihm zuzuschauen: und als der Schrank weiß war, nahm er die Dose und die vielen Zeitungen, die auf der Erde lagen, trug alles zur Anrichte und begann sie ebenfalls zu streichen.

Der Schrank war so schön blank, sauber und weiß, daß man ihn eigentlich unbedingt anfassen mußte. Maria ging auf den Schrank zu, aber der Mann merkte es und sagte: „Nicht anfassen. Du darfst nichts anfassen." Maria blieb sprachlos stehen und fragte: „Warum?" Worauf der Mann erwiderte: Weil man das nicht darf." Maria dachte darüber nach und fragte dann noch mal: „Warum ist er so weiß?" Auch der Mann dachte ein bißchen nach, als ob er die Frage schwierig fände, und erwiderte dann mit tiefer Stimme: „Weil es Titan ist."

Ein köstlicher Angstschauer durchrieselte Maria, so wie

wenn im Märchen der Menschenfresser auftritt; sie betrachtete den Mann aufmerksam und stellte fest, daß er kein Messer hatte, weder in der Hand noch neben sich: er konnte aber eines versteckt haben. Dann fragte sie: „Was schneidest du mir ab?" Hierauf hätte er antworten müssen: „Ich schneide dir die Zunge ab." *(„Ti taglio la lingua.)* Aber er sagte nur: *„Non ti taglio – titanio."* (Nicht: Ich schneide dir ab – Titan.)

Kurz und gut, es mußte ein mächtiger Mann sein: er sah aber nicht zornig aus, sondern machte eher einen guten, freundlichen Eindruck. Maria fragte ihn: „Signore, wie heißt du?" Er erwiderte: „Ich heiße Felice." Er hatte die Pfeife nicht aus dem Mund genommen, und wenn er sprach, tanzte sie auf und ab, fiel aber nicht runter. Maria schwieg ein Weilchen, wobei sie abwechselnd den Mann und den Schrank ansah. Sie war überhaupt nicht zufrieden mit dieser Antwort und hätte gern gefragt, warum er Felice hieß, aber sie traute sich nicht, weil sie sich daran erinnerte, daß Kinder niemals „Warum?" fragen sollen. Ihre Freundin Alice hieß Alice und war ein kleines Mädchen, und es war wirklich komisch, daß ein so großer Mann Felice heißen sollte. Allmählich fand sie es aber ganz natürlich, daß dieser Mann Felice hieß, und es schien ihr, als hätte er überhaupt nicht anders heißen können.

Der gestrichene Schrank war so weiß, daß im Vergleich dazu die ganze übrige Küche gelb und schmutzig wirkte. Maria meinte, es wäre bestimmt nicht schlimm, wenn sie ihn sich von nahem ansah: nur ansehen, nicht anfassen. Während sie sich aber auf Zehenspitzen näherte, passierte etwas Unvorhergesehenes, Furchtbares: der Mann drehte sich um, war mit zwei Schritten bei ihr, zog ein Stück weiße Kreide aus der Tasche und zeichnete um Maria herum auf dem Fußboden einen Kreis. Dann sagte er: „Aus dem Kreis darfst du nicht raus." Danach zündete er ein Streichholz und damit die Pfeife an, wobei er mit dem Mund lauter komische Grimassen schnitt, und strich dann die Anrichte weiter.

Maria hockte sich hin und beäugte lange und aufmerksam den Kreis: sie mußte sich aber davon überzeugen, daß es keinen Ausgang gab. Sie versuchte, den Kreis an einer Stelle mit dem Finger wegzuwischen, und stellte fest, daß der Kreidestrich tatsächlich verschwand; aber sie wußte sehr wohl, daß der Mann das nicht gelten lassen würde.

Es war offensichtlich ein Zauberkreis. Maria hockte still und ruhig auf dem Boden; hin und wieder versuchte sie, sich so weit vorzuschieben, daß sie mit den Fußspitzen den Kreis berührte, und dabei beugte sie sich so weit vor, daß sie fast das Gleichgewicht verlor, aber sie merkte recht bald, daß noch eine gute Handbreit fehlte, um den Schrank oder die Wand mit den Fingerspitzen zu erreichen. Also schaute sie zu, wie nach und nach die Anrichte, die Stühle und der Tisch schön weiß wurden.

Nach sehr langer Zeit legte der Mann den Pinsel weg, stellte die Dose hin und nahm das Schiffchen aus Zeitungspapier vom Kopf, und da konnte man sehen, daß er Haare wie alle anderen Männer hatte. Dann ging er zum Balkon hinaus, und Maria hörte, wie er sich im Nebenzimmer zu schaffen machte und dort herumging. Maria fing an zu rufen: „Signore!“, zuerst halblaut, dann stärker, aber nicht zu laut, denn eigentlich hatte sie Angst, daß der Mann es hören könnte.

Endlich kam der Mann wieder in die Küche. Maria fragte: „Signore, kann ich jetzt raus?“ Der Mann blickte auf Maria und auf den Kreis, lachte ganz laut und sagte viele unverständliche Dinge, er schien aber nicht böse zu sein. Endlich sagte er: „Ja, natürlich, jetzt kannst du raus.“ Maria sah ihn ratlos an, ohne sich zu bewegen; da nahm der Mann einen Lappen und wischte den Kreis fein säuberlich weg, um den Zauber zu lösen. Als der Kreis weg war, stand Maria auf, lief springend davon und war sehr froh und zufrieden.

Arsen

Für einen Kunden sah er ungewöhnlich aus. In unser schlichtes, verwegenes Labor kam allerlei Volk, Mann und Frau, alt und jung, um mannigfaltige Ware analysieren zu lassen, ihnen allen aber sah man an, daß sie im Handel tätig waren, einem großen wirren Netz, in dem Schläue oberstes Gebot war. Wer Kaufen und Verkaufen als Gewerbe betreibt, ist leicht zu erkennen: sein Blick ist wachsam und seine Miene voller Spannung, er fürchtet oder sinnt Betrug, und stets ist er auf der Lauer wie die Katze in der Dämmerstunde. Es ist ein Gewerbe, dazu angetan, die unsterbliche Seele zu zerstören; es hat Philosophen gegeben, die waren Höflinge, Brillenputzer, sogar Ingenieure und Strategen, aber meines Wissens ist kein Philosoph je Großhändler oder Krämer gewesen.

Da Emilio nicht da war, empfing ich ihn. Ein bäuerlicher Philosoph hätte er sein können: er war ein kleiner, rüstiger Alter mit gerötetem Gesicht, groben, von der Arbeit und von Arthritis verunstalteten Händen; seine Augen waren hell und beweglich und blickten trotz der dicken, schlaff herabhängenden, dünnhäutigen Tränensäcke jugendlich drein. Er trug eine Weste, aus deren Tasche die Uhrkette hing. Er sprach piemontesisch, was mich sofort verlegen machte: es wirkt unhöflich, jemandem, der Dialekt spricht, auf hochitalienisch zu antworten, es erhebt sich sogleich eine Schranke, und man steht auf der anderen Seite, auf der Seite der Vornehmen, der wohlanständigen Leute, der *luigini*, wie sie ein berühmter Namensvetter von mir nannte: mein Piemontesisch wiederum, korrekt in Form und Aussprache, ist so glatt und kraftlos, so wohlerzogen und blaß, daß es nicht sehr echt klingt. Es wirkt nicht wie ein echter Atavismus, sondern erweckt eher den Anschein, als hätte ich es anhand von Grammatik und Wörterbuch im Kämmerlein bei Kerzenschein fleißig einstudiert.

Im besten Piemontesisch mit starkem Einschlag in die Mundart der Gegend von Asti erklärte er, er habe da einen Zucker, der chemisch zu bestimmen wäre; er wolle wissen, ob es Zucker wäre oder nicht und ob vielleicht irgendeine Schweinerei drin wäre. Was für eine Schweinerei? Ich erläuterte ihm, daß er mir die Aufgabe erleichtern würde, wenn er seine Vermutungen näher erklärte: er aber erwiderte, er wolle mich nicht beeinflussen, ich solle, so gut ich könne, die Analyse anfertigen, seinen Verdacht würde er mir hinterher mitteilen. Er drückte mir eine Tüte mit gut einem halben Kilo Zucker in die Hand, sagte, er käme am übernächsten Tag wieder, grüßte und ging; er benutzte nicht den Aufzug, sondern stieg in aller Ruhe die vier Treppen zu Fuß hinab. Es mußte ein Mann sein, der Angst und Hast nicht kannte.

Wir hatten nicht viele Kunden, fertigten nur wenige Analysen an und verdienten wenig Geld: deshalb konnten wir uns keine modernen, schnell arbeitenden Geräte kaufen, unsere Auskünfte ließen auf sich warten, unsere Analysen dauerten viel länger als die übliche Zeit; wir hatten nicht einmal ein Schild am Hauseingang, woraus ein Teufelskreis entstand, denn es kamen so noch weniger Kunden. Die Proben, die man uns zum Analysieren brachte, waren kein unerheblicher Beitrag zu unserem Unterhalt; Emilio und ich hüteten uns wohlweislich, zu sagen, daß meist wenige Gramm ausreichten, und nahmen gern einen ganzen Liter Wein oder Milch, ein Kilo Teigwaren oder Seife, ein Paket Agnolotti entgegen.

In Anbetracht der Anamnese, das heißt der Vermutungen des Alten, wäre es unklug gewesen, den Zucker unbesehen zu verbrauchen oder ihn auch nur zu kosten. Ich löste etwas in destilliertem Wasser; die Lösung war trüb – da stimmte sicher irgend etwas nicht. Ich wog ein Gramm Zucker in dem Platintiegel (den wir wie unseren Augapfel hüteten) und verbrannte es über der Flamme zu Asche: in der schmutzigen Laborluft verbreitete sich der aus der Kindheit vertraute Geruch von gebranntem Zucker, aber gleich darauf färbte sich die Flamme weißlich, und es roch ganz anders, metallisch, knoblauchartig, anorganisch, geradezu antiorganisch; wehe dem Chemiker, der keine gute Nase hätte. Jetzt kann man kaum noch etwas falsch machen: die Lösung wird gefiltert, angesäuert, man nimmt den Kippschen Apparat, leitet Schwefelwasserstoff ein. Und da ist der gelbe Sulfidniederschlag, Arsentrioxid, Arsenik also, das Männliche, das Arsen von Mithridates und Madame Bovary.

Den Rest des Tages verbrachte ich damit, Brenztraubensäure zu destillieren, und grübelte dabei über den Zucker des Alten nach. Ich weiß nicht, wie Brenztraubensäure auf moderne Weise hergestellt wird; wir erhitzten damals Schwefelsäure und Soda in einem Emailletopf und erhielten dadurch Bisulfat, das wir zum Erstarren auf den nackten Fußboden warfen und dann in einer Kaffeemühle mahlten. Dann erhitzten wir eine Mischung aus Bisulfat und Weinsäure auf 250°, dabei decarboxylierte letztere zu Brenztraubensäure und destillierte tropfenweise über. Dieses Verfahren versuchten wir anfangs in Glasbehältern durchzuführen und zerbrachen dabei eine unvertretbar hohe Anzahl; dann kauften wir beim Alteisenhändler zehn aus dem Erfassungs- und Verkaufsbetrieb von Kriegsmaterial stammende Blechkanister, wie sie vor dem Aufkommen des Polyäthylens für Benzin benutzt wurden, sie erwiesen sich als geeignet; da der Kunde mit der Qualität zufrieden war und neue Bestellungen zusicherte, wagten wir den Sprung und ließen uns vom Schlosser des Stadtviertels einen grob gearbeiteten zylinderförmigen Reaktor aus Schwarzblech bauen, der mit einem Handrührwerk versehen war. Wir umkleideten ihn vollkommen mit Ziegeln, brachten auf dem Boden und an den Seiten vier 1000-Watt-Widerstände an, die wir illegal vor dem Zähler ans Netz anschlossen. Kollege, der du dies liest, wundere dich nicht gar zu sehr über diese aus vorkolumbischer Zeit stammende Trödlerchemie: in jenen Jahren waren wir nicht die einzigen, auch nicht die einzigen Chemiker, die so lebten, in der ganzen Welt hatten sechs Jahre Krieg und Zerstörung viele Errungenschaften der Zivilisation vergessen lassen und die Bedürfnisse gedämpft, vor allem das Bedürfnis nach Anstand und Würde.

Vom untersten Ende des Schlangenkühlers tropfte die Säure in schweren goldgelben Tropfen, wie lauter Edelsteine, in denen sich das Licht brach, in das Sammelbecken; sie wurde also Tropfen für Tropfen destilliert, alle zehn Tropfen eine Lira Verdienst; und in der Zwischenzeit dachte ich weiter an das Arsen und an den Alten, der mir nicht so aussah, als könnte er Giftmorde planen oder einem solchen zum Opfer fallen, und ich konnte mir keinen Vers darauf machen.

Am nächsten Tag kam der Mann wieder. Er wollte unbedingt zuerst das Honorar bezahlen, noch ehe er den Ausgang der Analyse kannte. Als ich das Ergebnis verkündete, verzog sich sein faltiges Gesicht zu einem mühsamen Lächeln. „Das freut mich aber. Ich hatte immer gesagt, daß es mal so enden würde“, sagte er. Er wartete sichtlich darauf, daß ich ihm einen kleinen Anstoß gäbe und er die Geschichte erzählen könnte; ich ließ es nicht daran fehlen, und so erfuhr ich folgende Geschichte, die hier durch die Übertragung vom Piemontesischen, einer vorwiegend gesprochenen Sprache, in die marmorne, für Gedenktafeln geeignete Hochsprache etwas gelitten hat.

„Ich bin von Beruf Schuster. Wenn man's von jung auf betreibt, ist das kein schlechtes Handwerk; man kann sitzen, man muß sich nicht allzusehr placken und trifft Leute, mit denen man ein Wort wechseln kann. Natürlich bringt man es dabei nicht zu großen Reichtümern, und man muß den ganzen Tag anderer Leute Schuhwerk befummeln, aber daran gewöhnt man sich ebenso wie an den Geruch von altem Leder. Meine Werkstatt liegt in der Via Gioberti, Ecke Via Pastrengo: seit dreißig Jahren arbeite ich dort, ich bin der Schuster (er sagte freilich *'l caglié, caligarius* – ein altehrwürdiges, aussterbendes Wort) von San Secondo; ich kenne alle schwierigen Füße und brauche für meine Arbeit nichts weiter als Hammer und Pechdraht. Jedenfalls ist so ein junger Bursch dahergekommen, nicht einmal von hier: groß, hübsch und viele Rosinen im Kopf; er hat seine Werkstatt nur ein paar Schritt weiter aufgemacht und sie mit Maschinen vollgestellt. Zum Längen, zum Weiten, zum Nähen, zum Besohlen: ich kann Ihnen gar nicht sagen, was alles, ich bin nie dort gewesen, hab es nur erzählt gekriegt. Er hat Kärtchen mit seiner Anschrift und Telefonnummer in alle Briefkästen der Nachbarschaft gesteckt: sogar Telefon hat er. (Ja, wenn er Hebamme wäre.)

Sie denken vielleicht, seine Geschäfte wären gleich gut gegangen. In den ersten Monaten ja, da sind, ein bißchen aus Neugier, ein bißchen auch, um uns gegeneinander auszuspielen, schon einige zu ihm gegangen, auch weil er anfangs die Preise drückte; aber dann, als er merkte, daß er dabei zusetzte, hat er aufschlagen müssen. Hören Sie, all das erzähle ich Ihnen, ohne daß ich ihm deswegen böse bin: ich habe viele gleich ihm gesehen, die munter drauflos galoppiert sind und sich dann den Hals gebrochen haben, Schuster, aber nicht nur Schuster. Er hatte es auf mich abgesehen, wie mir die anderen sagten: ich kriege nämlich alles erzählt, und wissen Sie, von wem? Von den alten Weiblein, die schlimme Füße haben, denen das Laufen keinen Spaß mehr macht und die nur ein Paar Schuhe besitzen: die kommen zu mir, setzen sich hin, warten, bis ich den Schaden behoben habe, und berichten mir in der Zwischenzeit alle Neuigkeiten, erzählen mir von Hinz und Kunz.

Er hatte es auf mich abgesehen und brachte einen Haufen Lügen unter die Leute. Daß ich mit Pappe besohle. Daß ich mich jeden Abend besaufe. Daß ich meine Frau wegen der Versicherung ins Grab gebracht habe. Daß sich ein Kunde von mir mit einem aus der Sohle herausragenden Nagel gestochen hat und daraufhin an Wundstarrkrampf gestorben ist. Da die Dinge so standen, werden Sie verstehen, daß ich mich nicht allzusehr gewundert habe, als ich eines Morgens zwischen den Schuhen diese Tüte fand. Ich habe mir gleich denken können, was es ist, aber ich wollte sichergehen: so hab ich dem Kater ein bißchen davon zu fressen gegeben, und nach zwei Stunden verkroch er sich in einer Ecke und kotzte alles aus. Dann hab ich ein bißchen in die Zuckerdose getan, gestern haben meine Tochter und ich diesen Zucker in den Kaffee gegeben, und nach zwei Stunden mußten wir uns beide übergeben. Jetzt hab ich denn auch Ihre Bestätigung und bin zufrieden."

„Wollen Sie Anzeige erstatten? Brauchen Sie eine Bescheinigung?"

„Nein, nein. Ich hab Ihnen doch gesagt, er ist ein armer Teufel, und ich will ihn nicht ruinieren. Die Welt ist groß genug, auch für uns Schuster gibt's genug Arbeit, und es ist für alle Platz: er weiß das nicht, ich aber ja."

„Also?"

„Also morgen schicke ich ihm die Tüte durch eines meiner alten Weiblein zurück, zusammen mit einem Kärtchen. Oder nein, ich will sie ihm lieber selber bringen, so kann ich ihn mir ansehen und ihm ein paar Takte dazu sagen." Er schaute sich um, so wie man es in einem Museum tut, und setzte hinzu: „Auch Sie haben einen schönen Beruf. Da braucht's ein gutes Auge und Geduld. Wer das nicht hat, soll lieber was anderes machen."

Er verabschiedete sich, nahm die Tüte und stieg hinab, ohne den Aufzug zu benutzen, mit der ihm eigenen würdevollen Gelassenheit.

Stickstoff

. . . und endlich kam der Kunde, von dem wir immer geträumt hatten, der Kunde, der von uns beraten werden wollte. Beratung ist die ideale Arbeit, sie bringt Ansehen und Geld, ohne daß man sich die Finger schmutzig machen, sich totarbeiten oder sich der Gefahr aussetzen muß, geröstet oder vergiftet zu werden: man braucht nur den Kittel auszuziehen, eine Krawatte umzubinden, sich stillschweigend und aufmerksam das Problem anzuhören und kommt sich vor wie das Orakel von Delphi. Dann muß man die Antwort gut abwägen und in feierlich-gewundene, verschwommene Worte kleiden, damit der Kunde einen ebenfalls für ein Orakel hält, das seines Vertrauens und der von der Chemikerordnung festgelegten Tarife würdig ist.

Der erträumte Kunde war um die Vierzig, klein und dick, er trug ein Schnurrbärtchen à la Clark Gable und hatte an allen möglichen Stellen schwarze Haarbüschel – in den Ohren, in den Nasenlöchern, auf dem Handrücken und auf den Fingern fast bis zu den Nägeln hin. Er roch nach Parfüm, glänzte von Pomade und sah vulgär aus: wie ein Zuhälter oder besser ein Schmierenkomödiant, der einen Zuhälter spielt; oder wie ein Vorstadtbeau. Er erklärte mir, er besäße eine Kosmetikfabrik und hätte Ärger mit einer bestimmten Art Lippenstift. Gut, sollte er ein Muster bringen: aber nein, erwiderte er, es sei ein besonders kniffliges Problem, das an Ort und Stelle untersucht werden müßte; besser, einer von uns käme zu ihm, so könnten wir uns ein Bild machen von der Kalamität. Morgen um zehn? Morgen.

Schön wäre es gewesen, mit dem Auto vorzufahren, aber dazu müßte man freilich ein Chemiker mit Auto sein und nicht ein armseliger Heimkehrer, Freizeitschriftsteller und überdies jung verheiratet, dann wäre man nicht hier, schwitzte nicht Brenztraubensäure aus und liefe nicht zwielichtigen Lippenstiftfabrikanten hinterher. Ich zog den schöneren meiner (beiden) Anzüge an und dachte, es wäre besser, das Fahrrad auf einem Hof in der Nähe abzustellen und so zu tun, als wäre ich mit dem Taxi gekommen, aber als ich die Fabrik betrat, merkte ich, daß ich mir um meinen guten Ruf gar keine Gedanken zu machen brauchte. Die Fabrik bestand aus einer schmutzigen, verlotterten Halle, in der es überall zog; und darin scharwenzelte ein Dutzend dreister junger Mädchen herum, die sich lässig gaben, schmutzig und auffällig geschminkt waren. Stolz und wichtigtuerisch erklärte mir der Besitzer den Betrieb: er nannte den Lippenstift „Rouge", das Anilin „Anellin" und das Benzaldehyd „Adelheid". Die Herstellung war einfach: ein Mädchen schmolz in einem gewöhnlichen Emailletopf Wachse und Fette, fügte etwas Duft- und Farbstoff hinzu und goß das Ganze in eine winzige Form. Ein anderes Mädchen kühlte die Formen unter fließendem Wasser und entnahm jeder zwanzig scharlachrote Stäbchen; andere wiederum setzten die Lippenstifte zusammen und verpackten sie. Der Besitzer griff sich grob eines der Mädchen, legte ihr die Hand in den Nacken, schob ihren Mund vor meine Augen und hieß mich die Lippenränder genau betrachten: da, sehen Sie, einige Stunden nach dem Auftragen beginnt das Rouge, besonders wenn es warm ist, zu verschmieren, es läuft die winzigen Fältchen entlang, die auch junge Frauen um die Lippen herum haben, und so entsteht ein häßliches rotes Gespinst, das die Umrisse verwischt und die ganze Wirkung zunichte macht.

Nicht ohne Verlegenheit stellte ich fest: die roten Rinnsale waren tatsächlich da, aber nur auf der rechten Mundhälfte des Mädchens, das, gleichmütig Kaugummi kauend, die Besichtigung über sich ergehen ließ. Das hatte seine Richtigkeit, erklärte mir der Besitzer: bei diesem und bei allen anderen Mädchen war die linke Hälfte mit einem erstklassigen französischen Erzeugnis geschminkt, ebenjenem, das er vergeblich nachzumachen versuchte. Ein Lippenstift könne nur auf diese Weise, im praktischen Vergleich, geprüft werden: jeden Morgen müßten die Mädchen Lippenstift auftragen, rechts seinen, links den anderen, und er küsse sie alle achtmal am Tage, um zu prüfen, ob sein Erzeugnis kußfest sei.

Ich bat den Beau um das Rezept seines Lippenstiftes und um ein Muster von beiden Erzeugnissen. Als ich das Rezept las, konnte ich mir gleich denken, woher der Fehler rührte, ich hielt es aber für geraten, mich erst zu vergewissern und ihn auf die Antwort etwas warten zu lassen, und bat um zwei Tage Zeit „für die Analysen". Ich holte das Rad und dachte beim Fahren, wenn dieses Geschäft einschlüge, könnte ich mir vielleicht ein Fahrrad mit Hilfsmotor leisten und brauchte nicht mehr zu treten.

Ins Labor zurückgekehrt, nahm ich ein Blatt Filterpapier, malte von jeder Probe ein Pünktchen darauf und legte es bei einer Temperatur von 80 °C in den Ofen. Nach einer Viertelstunde war das linke Lippenstiftpünktchen, obwohl von einem Fettkranz umgeben, ein Pünktchen geblieben; das rechte hingegen war verblaßt und auseinandergelaufen, es war zu einer pfennigstückgroßen rosigen Aureole geworden. Das Rezept meines Kunden enthielt einen löslichen Farbstoff: wenn sich das Fett durch die Wärme der Damenhaut (oder in der Wärme meines Ofens) auflöste, verlief der Farbstoff natürlich ebenfalls. Der andere Lippenstift dagegen mußte ein disperses, unlösliches rotes Pigment enthalten, das demzufolge nicht zerlief: es ließ sich leicht feststellen, indem ich ihn mit Benzol verdünnte und zentrifugierte, da lag das Pigment ausgefällt auf dem Boden des Reagenzglases. Dank den Erfahrungen, die ich in der Fabrik am Seeufer gesammelt hatte, vermochte ich es auch zu bestimmen: es war ein teures Pigment, nicht leicht zu dispergieren, übrigens besaß mein Beau überhaupt keine Apparaturen, die sich zur Dispersion eines Pigments geeignet hätten; gut, das war seine Sache, sollte er damit fertig werden, er mit seinem Harem, dessen Mädchen er als Versuchskaninchen benutzte, und seinen nach der Zähluhr verteilten ekligen Küssen. Ich hatte meine Berufspflicht erfüllt; ich verfaßte einen Bericht, legte eine mit Stempel versehene Rechnung und die malerische Filterpapierprobe bei, begab mich wieder in die Fabrik, überreichte alles, kassierte das Honorar und wollte mich verabschieden.

Aber der Beau hielt mich zurück: er wäre mit meiner Arbeit zufrieden und wolle mir ein Geschäft vorschlagen. Könnte ich ihm ein paar Kilogramm Alloxan beschaffen? Er würde sehr gut zahlen, sofern ich mich vertragsmäßig dazu verpflichtete, es nur an ihn zu liefern. Er habe in irgendeiner Zeitschrift gelesen, daß Alloxan bei Berührung mit der Schleimhaut dieser eine außerordentlich dauerhafte rote Färbung verleihe, da es nicht aufgetragen ist wie eine Farbe, wie Lippenstift, sondern eine echte Färbung bewirkt wie bei Wolle und Baumwolle.

Ich schluckte und erwiderte vorsichtshalber, man werde sehen: Alloxan ist keine allzu häufig vorkommende oder bekannte Verbindung, ich glaube nicht, daß mein altes Lehrbuch der organischen Chemie mehr als fünf Zeilen für es übrig hatte, und im Augenblick erinnerte ich mich nur vage, daß es ein Derivat des Harnstoffes ist und etwas mit Harnsäure zu tun hat.

Sobald ich konnte, begab ich mich in die Bibliothek: ich meine die ehrwürdige Bibliothek des Chemischen Instituts der Universität Turin, zu jener Zeit wie Mekka allen Ungläubigen unzugänglich, ja selbst für Gläubige wie mich schwer zugänglich. Man konnte meinen, die Direktion verfolge das weise Prinzip, einem die Künste und Wissenschaften möglichst zu verleiden: nur wer von unumgänglicher Notwendigkeit oder von übermächtiger Leidenschaft getrieben war, unterwarf sich gern den Beweisen von Selbstverleugnung, die gefordert wurden, um die Werke einsehen zu dürfen. Geöffnet war die Bibliothek nur kurz und zu unsinnigen Zeiten, die Beleuchtung war spärlich, die Kartei in Unordnung; im Winter wurde nicht geheizt; es gab keine Stühle, sondern unbequeme, quietschende Metallhocker; und der Bibliothekar schließlich war ein unwissender, frecher, grundhäßlicher Grobian, den man an den Eingang gesetzt hatte, damit er mit seinem Aussehen und mit seinem Geschimpfe die um Einlaß Bittenden abschreckte. Mir wurde der Zutritt gestattet, ich bestand alle Proben und machte mich zunächst einmal eilig daran, mein Gedächtnis in bezug auf Zusammensetzung und Struktur des Alloxans aufzufrischen. So sieht es aus:

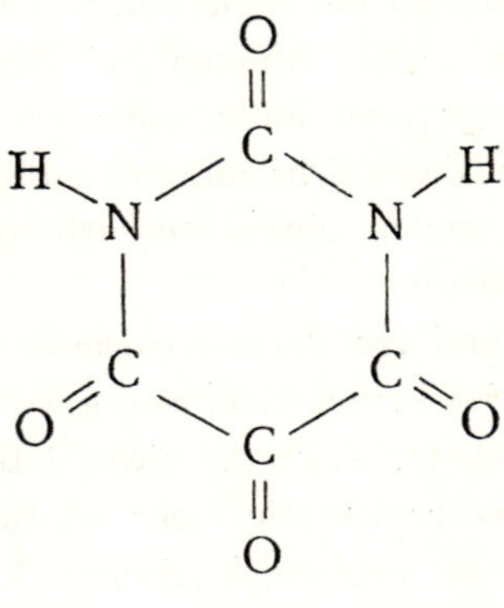

O bedeutet Sauerstoff (Oxygenium), C Kohlenstoff (Carboneum), H Wasserstoff (Hydrogenium) und N Stickstoff (Nitrogenium). Eine gefällige Struktur, nicht wahr? Sie erweckt den Eindruck des Festen, Stabilen, Wohlgefügten. Auch in der Chemie sind, wie in der Architektur, die „schönen" Gebäude, das heißt die symmetrischen und einfachen auch die stabilsten: für Moleküle gilt das gleiche wie für Kirchenkuppeln und Brückenbögen. Die Erklärung dafür mag auch gar nicht so abwegig und abstrus sein: „schön" heißt soviel wie „begehrenswert", und seitdem der Mensch baut, strebt er danach, mit geringstem Aufwand eine möglichst lange Haltbarkeit zu erzielen, und der ästhetische Genuß, den ihm das Betrachten seiner Werke bereitet, kommt erst danach. Gewiß, nicht immer ist es so gewesen: es hat Jahrhunderte gegeben, in denen Schönheit mit Verzierung, Überladenheit, Verschnörkelung gleichgesetzt wurde; das sind aber wahrscheinlich Epochen der Entgleisung gewesen, und die wahre Schönheit, zu der sich alle Jahrhunderte bekennen, liegt vielleicht in der Schönheit der geraden Steine, der Kiele, der Axtschneide und des Flugzeugflügels.

Nachdem du die strukturelle Schönheit des Alloxans erkannt und gewürdigt hast, ist es an der Zeit, daß du, Chemiker, der du so gern erzählst und abschweifst, wieder auf den rechten Weg zurückfindest und mit der Materie buhlst, um dir deinen – und inzwischen nicht mehr nur deinen – Lebensunterhalt zu verdienen. Ehrfurchtsvoll öffnete ich den Schrank, in dem das „Zentralblatt" abgestellt war, und begann, es Jahrgang für Jahrgang durchzusehen. Hut ab vor dem „Chemischen Zentralblatt"; es ist die Zeitschrift der Zeitschriften, die seit den Anfängen der Chemie in jäh geraffter Form alle in den Zeitschriften der Welt erscheinenden Veröffentlichungen zu chemischen Themen wiedergibt. Die ersten Jahrgänge sind dünne Bändchen von 300 bis 400 Seiten: heute aber erscheinen jährlich 14 Bände zu je 1 300 Seiten. Es enthält ein imposantes Autoren-, Sach- und Formelverzeichnis, und man findet darin altehrwürdige Fossilien wie die legendären Denkschriften, in denen unser Vater Wöhler die erste organische Synthese schildert oder Sainte-Claire Deville die erstmalige Herstellung des Aluminiummetalls beschreibt.

Vom „Zentralblatt“ wurde ich verwiesen auf den Beilstein, ein ebenso voluminöses Nachschlagewerk, das laufend auf den neuesten Stand gebracht wird. In ihm sind wie in einem Personenstandsregister alle neuen Verbindungen samt ihren Herstellungsmethoden beschrieben. Alloxan ist seit fast siebzig Jahren bekannt, aber nur als Laboratoriumskuriosität: die beschriebenen Methoden hatten rein akademischen Wert und gingen von kostspieligen Rohstoffen aus, die man (in jenen Jahren unmittelbar nach dem Krieg) vergeblich auf dem Markt zu finden gehofft hätte. Die einzige praktikable Herstellungsmethode war auch die älteste: anscheinend war sie nicht schwer auszuführen, sie bestand in der Spaltung der Harnsäure durch Oxydation. Ja, man staune: der guten alten Harnsäure, die Gichtkranken, zügellosen Essern und Nierensteinbesitzern so zu schaffen macht. Der Ausgangsstoff war in der Tat ungewöhnlich, aber vielleicht nicht so unerschwinglich wie die anderen.

Eine anschließende Nachforschung in den sehr ordentlichen Regalen, die einen Geruch von Kampfer, Wachs und jahrhundertelangen Chemikermühen verströmten, belehrte mich, daß Harnsäure, in den Ausscheidungen von Mensch und Säugetieren äußerst spärlich vertreten, in den Exkrementen der Vögel hingegen 50 Prozent und in denen der Reptilien 90 Prozent ausmacht. Ausgezeichnet. Ich rief meinen Beau an und erklärte, die Sache ließe sich machen, er möge mir nur einige Tage Zeit geben: bis Ende des Monats würde ich ihm die erste Alloxanprobe liefern und zugleich meine Vorstellungen über den Preis und die Menge mitteilen, die ich pro Monat herstellen könnte. Der Gedanke, daß das Alloxan, das dazu dienen sollte, die Lippen der Damen zu verschönern, aus dem Mist von Hühnern und Pythonschlangen stammte, störte mich nicht im geringsten. Der Beruf des Chemikers (in meinem Fall noch bestärkt durch die Erfahrung Auschwitz) lehrt manchen Abscheu zu überwinden oder vielmehr zu ignorieren, da er nicht notwendig oder angeboren ist: Materie ist Materie, sie ist weder edel noch gemein, unendlich wandelbar, und es ist völlig unwichtig, woraus sie unmittelbar hervorgegangen ist. Stickstoff ist Stickstoff, auf wunderbare Weise geht er von der Luft in die Pflanzen über, von diesen in die Tiere und von den Tieren in uns; wenn er seine Aufgabe in unserem Körper erfüllt hat, scheiden wir ihn aus, aber er bleibt immer Stickstoff, aseptisch, harmlos. Wir, ich meine wir Säugetiere, für die im allgemeinen die Wasserversorgung kein Problem darstellt, haben gelernt, den Stickstoff in ein wasserlösliches Harnstoffmolekül hineinzuzwängen, und als Harn befreien wir uns davon; andere Tiere, für die Wasser kostbar ist (oder es wenigstens, zu Zeiten ihrer fernen Vorfahren, war), haben die geniale Erfindung gemacht, ihren Stickstoff in Form von wasserunlöslicher Harnsäure zu verpacken und diese in festem Zustand auszuscheiden, ohne auf Wasser als Transportmittel zurückzugreifen. Ähnlich gedenkt man heute bei der Beseitigung des städtischen Mülls vorzugehen, indem man ihn zu Blöcken zusammenpreßt, die sich mit geringem Aufwand zu den Mülldeponien fahren oder in der Erde vergraben lassen.

Ich möchte noch weitergehen: ich war nicht nur weit davon entfernt, mich über den Gedanken zu entrüsten, daß ein Kosmetikum aus Kot, also *aurum de stercore**, gewonnen werden sollte, er belustigte mich vielmehr und erwärmte mir das Herz, so als kehrte ich zum Ursprung zurück, als die Alchimisten Phosphor aus Urin gewannen. Es war ein aufregendes, lustiges und außerdem edles Abenteuer, denn es veredelte, restaurierte, erneuerte. So macht es die Natur: sie läßt den zierlichen Farn aus der Fäulnis des Unterholzes wachsen und das Weideland aus dem Mist; kam von *laetamen*, Mist, nicht *allietamento*, Ergötzen? So hatte man es mich in der Schule gelehrt, so war es für Virgil gewesen, und so sollte es nun wieder für mich sein. Am Abend kehrte ich

* (lat.) Gold aus Kot.

nach Hause zurück, erklärte dem jüngst angetrauten Eheweibe die Geschichte mit dem Alloxan und der Harnsäure und verkündete, ich würde am nächsten Tag eine Geschäftsreise antreten: sollte heißen, ich würde mit dem Fahrrad die Bauernhöfe am Stadtrand (damals gab es sie noch) auf der Suche nach Hühnermist abklappern. Sie zögerte nicht lange: auf dem Lande gefiel es ihr, und das Weib soll dem Manne nachfolgen – sie würde mitkommen. Es war eine Art Nachtrag zu unserer Hochzeitsreise, die aus Sparsamkeitsgründen ohne großen Aufwand und kurz gewesen war. Sie warnte jedoch vor zu großen Illusionen: Hühnermist in reinem Zustand zu finden dürfte gar nicht so einfach sein.

Und es erwies sich in der Tat als schwierig. Erstens kriegt man Hühnermist nicht geschenkt (wir Stadtmenschen wußten gar nicht, daß er eben wegen des Stickstoffs als Dünger für den Garten hoch geschätzt wird), ja, er wird sogar teuer verkauft. Zweitens, wer ihn kauft, muß ihn, auf allen vieren durch den Hühnerstall kriechend und die Tennen absuchend, selber aufsammeln. Drittens, was man dann tatsächlich hat, kann zwar sogleich als Dünger verwendet werden, eignet sich aber schlecht zur weiteren Verarbeitung: es ist ein Gemisch aus Mist, Erde, Steinen, Futter, Daunen und *perpojin* (das sind Hühnerläuse, die sich unter den Flügeln einnisten, ich weiß nicht einmal, wie sie auf italienisch heißen). Auf jeden Fall kehrten wir, meine unerschrockene Frau und ich, nachdem wir nicht wenig bezahlt und uns ordentlich geplagt und eingeschmutzt hatten, am Abend über den Corso Francia nach Hause zurück, ein Kilo im Schweiße unseres Angesichts erworbenen Hühnermist auf dem Gepäckträger des Fahrrads verstaut.

Am nächsten Tag sichtete ich das Material: es war viel „Ganggestein“, aber etwas ließ sich vielleicht daraus gewinnen. Und gleichzeitig kam mir ein Gedanke: gerade in jenen Tagen war in der Metro-Passage (die es in Turin seit vierzig Jahren gibt, während es die Metro selbst immer noch nicht gibt) eine Schlangenausstellung eröffnet worden. Warum sollte ich nicht mal hingehen? Schlangen sind saubere Tiere, sie haben weder Daunen noch Läuse und wälzen sich nicht im Staub; eine Pythonschlange ist außerdem viel größer als ein Huhn. Vielleicht war ihr Kot, der 90 Prozent Harnsäure enthält, in reichlichem Maße, nicht zu kleinen Stücken und mit einem vertretbaren Reinheitsgrad zu bekommen. Diesmal ging ich allein: meine Frau ist eine Evastochter, und Schlangen mag sie nicht.

Der Direktor und die Angestellten der Ausstellung empfingen mich mit erstaunter Verachtung. Was für Empfehlungen hatte ich denn vorzuweisen? Woher kam ich? Wer glaubte ich denn zu sein, daß ich ihnen mir nichts, dir nichts unter die Augen trat und von ihnen Pythonkot verlangte? Das konnte ich mir aus dem Kopf schlagen, nicht ein Gramm! Pythons sind genügsam, sie fressen zweimal im Monat und umgekehrt: besonders wenn sie wenig Bewegung haben. Ihr äußerst spärlicher Kot wird mit Gold aufgewogen: außerdem hatten sie, wie alle Aussteller und Besitzer von Schlangen, feste Exklusivverträge mit den großen pharmazeutischen Firmen. Ich sollte gefälligst verschwinden und ihnen nicht länger die Zeit stehlen.

Einen Tag brachte ich damit zu, den Hühnerdung grob auszusortieren, zwei weitere Tage mit dem Versuch, die darin enthaltene Säure zu Alloxan zu oxydieren. Die Chemiker vergangener Zeiten mußten eine übermenschliche Kraft und Ausdauer besessen haben, oder vielleicht war auch nur meine Unerfahrenheit in organischen Präparationen maßlos groß. Mir brachte es nur schmutzige Dämpfe, Ärger, Erniedrigungen und eine schwarze, trübe Flüssigkeit, die auf irreparable Weise die Filter verstopfte und keinerlei Neigung zum Kristallisieren zeigte, wie es nach dem Lehrbuch hätte der Fall sein müssen. Der Mist blieb Mist und das Alloxan mit dem wohlklingenden Namen ein wohlklingender Name. Auf diesem Wege kam ich aus dem Schlamassel nicht heraus: welcher Weg hätte mich, den verzagten Autor eines Buches, das ich schön fand, das aber keiner las, hinausführen können? Besser, ich kehrte zu den farblosen, aber zuverlässigen Schemata, der anorganischen Chemie zurück.

Zinn

Wehe dem, der arm geboren, dachte ich sinnend, während ich einen Zinnbarren von den Meerengen über die Flamme des Gasbrenners hielt. Ganz langsam schmolz das Zinn, und die Tropfen fielen zischend in eine Schale mit Wasser: auf ihrem Boden entstand ein faszinierendes Metallgespinst, das ständig neue Formen ausbildete.

Es gibt freundlich und feindlich gesinnte Metalle. Zinn war ein freundliches: nicht nur, weil Emilio und ich seit einigen Monaten davon lebten, daß wir es in Zinnchlorid umwandelten und an Spiegelfabrikanten verkauften, sondern auch aus anderen, nicht so offenkundigen Gründen. Weil es sich mit Eisen verbindet, dieses dabei in nachgiebiges Blech verwandelt und ihm die grausame Eigenschaft des *nocens ferrum** nimmt; weil die Phönizier damit handelten und man es noch heute in sagenumwobenen, fernen Ländern (eben in den Meerengen, was ähnlich klingt wie das Schlafende Sunda, die Glücklichen Inseln, der Malaiische Archipel) fördert, raffiniert und auf Schiffe verlädt; weil es sich mit Kupfer zu Bronze verbindet, dem ehrbaren Stoff *par excellence*, der bekanntermaßen beständig und *well established* ist; weil es einen niedrigen Schmelzpunkt hat, fast so niedrig wie die organischen Verbindungen, das heißt fast so wie wir; und schließlich auf Grund von zwei einmaligen Erscheinungen, die pittoreske, wenig glaubwürdige Namen tragen. Es hat sie (soviel ich weiß) noch kein menschliches Auge gesehen und kein Ohr vernommen, dennoch werden sie getreulich

* (lat.) das verderbenbringende Eisen.

von Generation zu Generation in den Schulbüchern weitervermittelt, ich meine „Zinnpest“ und „Zinnschrei“.

Das Zinn mußte granuliert werden, damit die Salzsäure es besser angreifen konnte. Das geschieht dir recht. Du lebtest unter den Fittichen jener Fabrik am Seeufer, ein Raubvogel zwar, aber mit breiten, kräftigen Schwingen. Du wolltest der Bevormundung entrinnen und mit deinen eigenen Flügeln fliegen: recht geschieht dir. Nun denn, fliege: du wolltest frei sein und bist frei, du wolltest Chemiker sein und bist Chemiker. Wohlan, wühle also in Giften, Lippenstiften und Hühnermist, körne Zinn, gieße Salzsäure darauf, konzentriere, fülle um und laß kristallisieren, wenn du nicht Hunger leiden willst, und den Hunger kennst du ja. Kaufe Zinn und verkaufe Zinnchlorid.

Das Labor hatte Emilio in der Wohnung seiner Eltern, frommer, wunderlicher, nachsichtiger Leute, eingerichtet. Als sie ihm ihr Schlafzimmer überließen, hatten sie sicher nicht alle Folgen bedacht, aber es gab kein Zurück: jetzt war das Vorzimmer zu einem Lager für Ballons voll konzentrierter Salzsäure geworden, der Küchenherd diente (außerhalb der Essenszeiten) dazu, Zinnchlorid in Bechergläsern und Sechsliterkolben zu konzentrieren, und unsere Dämpfe erfüllten die ganze Wohnung.

Emilios Vater war ein würdevoller, gütiger alter Mann mit dichtem weißem Schnurrbart und sonorer Stimme. Er hatte in seinem Leben viele Berufe ausgeübt, die alle abenteuerlich oder zumindest ungewöhnlich gewesen waren, und hatte sich mit siebzig Jahren noch eine beängstigende Experimentiersucht bewahrt. Zu jener Zeit hatte er einen Exklusivvertrag über die Verwertung des Blutes, das beim Schlachten der Rinder im Städtischen Schlachthof auf dem Corso Inghilterra anfiel: viele Stunden des Tages verbrachte er in einem schmutzigen Loch, dessen Wände braun waren von geronnenem Blut, der Fußboden schlierig von verfaulender Flüssigkeit und in dem sich Ratten, so groß wie Kaninchen, herumtrieben; sogar die Fakturen und das Hauptbuch waren blutbeschmiert. Aus dem Blut stellte er Knöpfe, Leim, Plinsen, Blutwurst, Wandmalereien und Bohnerwachs her. Er las ausschließlich arabische Zeitschriften und Zeitungen, die er sich aus Kairo kommen ließ. Er hatte dort viele Jahre gelebt, die drei Kinder waren dort geboren, er hatte dort mit dem Gewehr das italienische Konsulat gegen eine wütende Menge verteidigt und sein Herz zurückgelassen. Jeden Tag fuhr er mit dem Fahrrad zur Porta Palazzo und kaufte Kräuter, Mohrenhirsemehl, Erdnußbutter und süße Kartoffeln: mit diesen Zutaten und dem Blut vom Schlachthof kochte er Versuchsessen, jeden Tag etwas anderes; er pries es uns an und ließ uns kosten. Eines Tages brachte er eine Ratte nach Hause, schnitt Kopf und Pfoten ab, sagte seiner Frau, es sei ein Meerschweinchen, und ließ die Ratte braten. Da sein Fahrrad keinen Kettenschutz hatte und sein Rückgrat etwas steif war, zog er morgens die Hosenbeine mit Wäscheklammern zusammen, die er auch tagsüber nicht entfernte. Er und seine Frau, die sanfte, nicht aus der Ruhe zu bringende Signora Ester, in einer venezianischen Familie auf Korfu geboren, hatten sich mit unserem Labor in ihrer Wohnung abgefunden, als wäre es das Natürlichste auf der Welt, sich in der Küche Säuren zu halten. Wir transportierten die Säureballons mit dem Fahrstuhl in den vierten Stock: Emilios Vater wirkte so würdevoll und ehrfurchtgebietend, daß kein Hausbewohner etwas dagegen einzuwenden wagte.

Unser Labor glich einem Altwarenladen und einem Schiffsladeraum. Nicht eingerechnet die sich bis in die Küche, das Vorzimmer und sogar ins Bad erstreckenden Ausläufer, bestand es aus einem einzigen Zimmer und Balkon. Auf dem Balkon lagen die Teile eines DKW-Motorrades, das Emilio zerlegt gekauft hatte und eines Tages, so sagte er, zusammenzusetzen gedachte: der scharlachrote Tank hing über der Balkonbrüstung, und der Motor lag in einem Fliegenschrank und rostete infolge der von uns verursachten Ausdünstungen vor sich hin. Außerdem standen einige Ammoniakflaschen herum, ein Überbleibsel aus einer Zeit, die vor meiner Ankunft lag, damals hatte Emilio davon gelebt, daß er Ammoniakgas in Trinkwasserflaschen auflöste, diese verkaufte und damit die ganze Nachbarschaft verseuchte. Überall, auf dem Balkon und in den Zimmern, lag eine Unmasse Plunder herum, so alt und schäbig, daß man kaum noch erkennen konnte, was er darstellen sollte: erst wenn man genauer hinsah, konnte man die zur Werkstatt gehörigen von den häuslichen Gegenständen unterscheiden.

Mitten im Labor befand sich eine große Abzugshaube aus Holz und Glas, unser ganzer Stolz und unser einziger Schutz vor dem Gastod. Salzsäure ist zwar nicht eigentlich giftig: sie gehört zu den unverhohlenen Feinden, die, schon von weitem laut schreiend, auf einen losstürmen und vor denen man sich somit leicht in acht nehmen kann. Ihr Geruch ist so penetrant, daß jedermann sich schleunigst in Sicherheit bringt, wenn er kann; sie ist auch mit nichts anderem zu verwechseln, denn wenn man eine Nase voll eingeatmet hat, kommen einem anschließend wie bei den Pferden in den Filmen von Eisenstein zwei kurze weiße Dunstwolken aus der Nase, und die Zähne werden stumpf wie nach dem Verzehr einer Zitrone. Trotz unserer sehr dienstwilligen Abzugshaube drangen die Säuredämpfe in alle Zimmer: die Tapeten verfärbten sich, die Türklinken und Metallbeschläge wurden stumpf und rauh, und von Zeit zu Zeit ließ uns ein eigenartiger dumpfer Knall auffahren: ein Nagel war durchgerostet, und ein Bild lag in irgendeinem Winkel der Wohnung kaputt auf dem Boden. Emilio schlug einen neuen Nagel ein und hängte das Bild wieder an seinen Platz.

Wir lösten also das Zinn in Salzsäure: dann mußte man die Lösung konzentrieren, bis sie ein bestimmtes spezifisches Gewicht erreicht hatte, und sie durch Abkühlung kristallisieren lassen. Das Zinnchlorid fiel in Form kleiner, graziler, farblos-durchsichtiger Prismen aus. Da die Kristallisierung langsam vor sich ging, benötigten wir viele Behälter, und da Salzsäure jedes Metall angreift, mußten die Behälter aus Glas oder Keramik sein. Zu Zeiten, in denen wir viele Aufträge hatten, mußten wir Zusatzbehältnisse beschaffen, die wir in Emilios Wohnung reichlich fanden: eine Suppenschüssel, einen großen Emaillekochtopf, eine Lampe im Fin-de-siècle-Stil und einen Nachttopf.

Am nächsten Morgen sammelt man das Chlorid und läßt es abtropfen: man muß dabei gut aufpassen, daß man es nicht mit den Fingern berührt, sonst haftet einem ein widerlicher Geruch an. Dieses Salz ist an sich geruchlos, es reagiert aber irgendwie mit der Haut, vielleicht, indem es die Schwefelbrücken des Keratins reduziert und einen anhaltenden faulig-metallischen Geruch hervorruft, an dem man noch nach Tagen als Chemiker zu erkennen ist. Es ist aggressiv, aber auch empfindlich, wie manche unangenehmen Gegner beim Sport, die anheben zu flennen, wenn sie verlieren: man darf ihm nicht Gewalt antun, man muß es ganz ruhig an der Luft trocknen lassen. Versucht man es zu erhitzen, auch auf die liebevollste Weise, zum Beispiel mit einem Haarfön oder auf der Zentralheizung, verliert es sein Kristallisationswasser, wird stumpf, und die dummen Kunden wollen es nicht mehr. Dumm sind sie, weil es eigentlich ihr Vorteil wäre: bei weniger Wasser ist mehr Zinn enthalten und damit die Ausbeute höher; aber so ist es, der Kunde hat immer recht, besonders wenn er von Chemie wenig versteht, wie das bei Spiegelfabrikanten der Fall ist.

Nichts von der hochherzigen Gutmütigkeit des Zinns, dem Metall des Jupiter, lebt in seinem Chlorid weiter (Chloride sind übrigens in der Regel Gesindel, meistens gemeine hygroskopische Nebenprodukte, die zu wenig nütze sind: die einzige Ausnahme bildet gewöhnliches Salz, bei dem es sich ganz anders verhält). Dieses Salz ist ein energisches Reduktionsmittel, das heißt, es fiebert danach, sich zweier seiner Elektronen zu entledigen, und tut dies beim geringsten Anlaß, manchmal mit verheerenden Folgen: ein Spritzer der konzentrierten Lösung, der mir an den Hosen heruntergelaufen war, hatte genügt, sie wie mit einem Säbelhieb glatt durchzuschneiden; und das zur Nachkriegszeit, wo ich keine anderen als die Sonntagshosen besaß und das Geld im Hause knapp war.

Ich wäre nie von der Fabrik am Seeufer fortgegangen und hätte in alle Ewigkeit verpfuschte Farben auskuriert, wenn Emilio nicht darauf bestanden und mir das Abenteuer und die Glorie der freiberuflichen Tätigkeit gepriesen hätte. In sinnloser Überheblichkeit hatte ich gekündigt und an Kollegen und Vorgesetzte ein Testament voller lustiger vierzeiliger Schmähverse verteilt: ich war mir des Risikos, das ich einging, durchaus bewußt, aber ich wußte auch, daß die Freiheit, Fehler zu machen, mit den Jahren schrumpft und daß daher, wer diese Freiheit nutzen will, nicht allzu lange damit warten darf. Andererseits braucht man nicht lange zu warten, um zu merken, daß ein Fehler ein Fehler ist: am Ende jeden Monats rechneten wir ab, und es zeigte sich immer deutlicher, daß der Mensch von Zinnchlorid allein nicht leben kann; jedenfalls konnte ich es nicht, denn ich war erst seit kurzem verheiratet und hatte keinen ehrfurchtgebietenden Patriarchen hinter mir.

Wir gaben nicht sofort auf; einen guten Monat mühten wir uns ab, so viel Vanillin aus Eugenol zu gewinnen, daß wir überleben konnten, es gelang uns nicht; wir spalteten mehrere Doppelzentner Brenztraubensäure, die wir, von früh bis spätabends wie Zwangsarbeiter schuftend, mit vorsintflutlichen Apparaturen herstellten, dann strich ich die Segel. Ich wollte mir eine Anstellung suchen, und wenn ich zu den Lackfarben zurückkehren mußte.

Emilio nahm die gemeinsame Niederlage und meine Fahnenflucht schmerzerfüllt, aber mannhaft hin. Bei ihm war es anders: in seinen Adern floß das Blut seines Vaters, in dem die Unruhe der Piraten längst vergangener Zeiten, merkantiler Unternehmungsgeist und eine unbändige Gier, stets etwas Neues zu unternehmen, steckte. Er fürchtete sich nicht, etwas falsch zu machen oder alle sechs Monate Beruf, Wohnort und Lebensstil zu wechseln oder arm zu werden; er kannte auch keinen Standesdünkel, und es machte ihm nichts aus, im grauen Arbeitsanzug mit dem Lieferrad unser mühselig hergestelltes Chlorid zu den Kunden zu fahren. Er nahm die Niederlage hin, und am nächsten Tag hatte er bereits andere Ideen im Sinn, andere Verbindungen mit anderen Leuten, die sich wendiger zeigten als ich, er begann sofort mit dem Abbau des Laboratoriums und war nicht einmal sehr traurig, ich hingegen war es, ich hätte am liebsten geweint oder zum Monde geheult wie ein Hund, wenn er sieht, daß die Bündel geschnürt werden. Wir erledigten das trübselige Geschäft, Signor Samuele und Signora Ester halfen (oder vielmehr störten und behinderten) uns dabei. Es kamen seit Jahren vergeblich gesuchte, alltägliche, aber auch exotische Gegenstände ans Tageslicht, die unter mehreren geologischen Schichten in den Winkeln der Wohnung vergraben lagen: ein Maschinengewehrschloß für die Beretta 38 A (aus der Zeit, als Emilio Partisan gewesen und von Tal zu Tal gezogen war, um Ersatzteile an die Gruppen zu verteilen), ein Koran in Miniaturausgabe, eine unmäßig lange Porzellanpfeife, ein Damaszenerschwert, dessen Parierstange mit silbernen Intarsien verziert war, ein Haufen vergilbten Papiers. Darunter befand sich eine öffentliche Kundmachung aus dem Jahre 1785, die ich gierig an mich riß: F. Tom. Lorenzo Matteucci, der Mark Ancona Generalinquisitor und Sonderbeauftragter wider die ketzerische Verworfenheit, verkündete darin wichtigtuerisch und recht umständlich, „es wird angeordnet, geboten und ausdrücklich befohlen, daß kein Jude die Vermessenheit habe, von Christen Unterweysungen in irgendwelcher Art von Instrumenten anzunehmen, geschweyge denn im Tantzen". Die qualvollste Aufgabe, den Abbau der Abzugshaube, verschoben wir auf den nächsten Tag.

Entgegen Emilios Meinung war von vornherein klar, daß unsere Kräfte dafür nicht ausreichen würden. Es bereitete uns eine Pein, zwei Zimmerleute zu engagieren, die Emilio anwies, eine Vorrichtung zu bauen, mit deren Hilfe sich die Haube aus ihrer Verankerung lösen lassen sollte, ohne daß sie auseinandergenommen werden mußte: diese Haube war schließlich ein Symbol, das Zeichen eines Berufes und Standes, ja einer Kunst, und sie sollte intakt und vollständig auf dem Hof abgestellt und neuem Leben und einem neuen Zweck in einer noch nicht absehbaren Zukunft zugeführt werden.

Es wurde ein Gerüst gebaut, ein Flaschenzug montiert, Gleitseile wurden gezogen. Während Emilio und ich der Trauerzeremonie vom Hof beiwohnten, glitt die Haube feierlich aus dem Fenster, schwebte schwer in der Luft, sich deutlich vom grauen Himmel über der Via Massena abhebend, wurde geschickt an der Kette des Flaschenzuges befestigt, und dann stöhnte die Kette und riß. Die Haube flog vier Stockwerke tief, landete zu unseren Füßen und zersprang in lauter Holz- und Glassplitter; sie roch noch nach Eugenol und Brenztraubensäure, und mit ihr zerbrach in uns jeglicher Wagemut und jedwede Unternehmungslust.

In den wenigen Augenblicken, die ihr Flug dauerte, hieß uns der Selbsterhaltungstrieb schnell zurückspringen. Emilio sagte: „Ich dachte, es würde mehr Krach machen."

Uran

Zum Kundendienst kann man nicht den erstbesten schicken. Es ist eine heikle, komplizierte Arbeit, nicht viel anders als die der Diplomaten: um dabei Erfolg zu haben, muß man den Kunden Vertrauen einflößen, und deshalb ist Selbstvertrauen und Vertrauen in die Erzeugnisse, die man verkauft, unerläßlich; es ist also eine heilsame Übung, die hilft, sich selber besser kennenzulernen und den Charakter zu festigen. Von allen Spezialdisziplinen, aus denen der Zehnkampf des Industriechemikers besteht, ist sie vielleicht die gesündeste: dabei schult er am besten seine Beredsamkeit, sein Improvisationstalent, sein Reaktionsvermögen, seine Fähigkeit, andere zu verstehen und für sich selber Verständnis zu wecken; außerdem kommt man in Italien und in der Welt herum und trifft mit unterschiedlichen Menschen zusammen. Ich muß noch eine weitere merkwürdige und wohltuende Wirkung des Kundendienstes erwähnen: indem man anfangs vorgibt, seine Mitmenschen zu achten und sympathisch zu finden, tut man es nach einigen Berufsjahren tatsächlich, so wie jemand, der lange Zeit Wahnsinn simuliert, oft wirklich verrückt wird.

Meistens muß man bei der ersten Begegnung trachten, sich über den Gesprächspartner zu stellen: das tue man aber freundlich und ohne viel Aufhebens, ohne ihn einzuschüchtern oder an die Wand zu drücken. Er muß sehen, daß du ihm überlegen bist, aber nur geringfügig, das heißt noch einholbar, verstehbar. Wehe dem, der sich beispielsweise vor einem Nichtchemiker in chemischen Fachtermini ergeht: das zu lassen gehört einfach zum Berufs-Abc. Viel schlimmer ist jedoch die entgegengesetzte Gefahr, daß der Kunde einen an die Wand drückt; was sehr leicht passieren kann, da er den Heimvorteil hat, das heißt, er wendet die von dir verkauften Erzeugnisse in der Praxis an und kennt daher ihre Stärken und Schwächen wie eine Ehefrau die ihres Mannes, während dein eigenes Wissen darüber, im Labor oder im Vorbereitungskurs erworben, gewöhnlich schmerzlos, indifferent, häufig zu optimistisch ist. Am günstigsten ist es, wenn du irgendwie als Wohltäter auftreten kannst: indem du ihn davon überzeugst, daß dein Erzeugnis – vielleicht unbewußt – einem lang gehegten Bedürfnis oder Wunsch von ihm entspricht, daß es sich am Jahresende als billiger erweisen wird als das Produkt der Konkurrenz, das übrigens, wie ja bekannt, zu Anfang zwar gute Wirkung tut, aber dann, na, schweigen wir lieber. Du kannst ihm aber auch andere Gefälligkeiten erweisen (und hier kann der Bewerber für den Kundendienst seine Phantasie unter Beweis stellen), indem du etwa ein technisches Problem löst, das vielleicht nur entfernt oder gar nichts mit dem eigentlichen zu tun hat; indem du ihm eine Adresse verschaffst, ihn in ein Lokal „mit besonderer Atmosphäre" zum Essen einlädst, ihm die Stadt zeigst und beim Kauf von Andenken für seine Frau oder Freundin behilflich bist oder berätst, ihm im letzten Augenblick noch eine Eintrittskarte für das Derby im Stadion beschaffst (ja, auch das machen manche). Mein Kollege in Bologna besitzt eine Sammlung schlüpfriger Witze, die er ständig ergänzt und ebenso wie die technischen Informationen gewissenhaft durchgeht, bevor er sich auf eine Tour durch die Stadt und Provinz begibt; da er kein gutes Gedächtnis hat, führt er Buch über die Witze, die er jedem einzelnen Kunden bereits erzählt hat, denn es wäre ein grober Patzer, würde er jemandem ein und dieselbe Geschichte zweimal erzählen.

Dies alles ist erlernbar, doch es gibt technische Handelsreisende, die anscheinend, Minerva gleich, zum Kundendienst geboren sind. Bei mir verhält es sich nicht so, und ich bin mir dessen kläglich bewußt: wenn ich zum Kundendienst im Ort oder auswärts eingesetzt werde, tue ich es ungern, zögernd, widerwillig und mit wenig innerer Anteilnahme. Schlimmer noch: ich neige dazu, brüsk und unwirsch mit Kunden umzugehen, die unwirsch und brüsk zu mir sind, und sanft und nachgiebig mit den Lieferanten, die, da sie ebenfalls Leute vom Kundendienst sind, sich nachgiebig und sanft geben. Ich bin also kein guter Kundendienstvertreter und fürchte, ich werde es auch nicht mehr.

Tabasso hatte gesagt: „Geh zur xy und verlange Bonino, den Abteilungsleiter. Er ist in Ordnung, unsere Erzeugnisse kennt er schon, bisher ist immer alles glattgegangen, das Pulver hat er zwar nicht gerade erfunden, seit drei Monaten sind wir nicht bei ihm gewesen. Du wirst sehen, fachliche Schwierigkeiten gibt es da keine; und wenn er von Preisen anfängt, leg dich nicht fest: sag, daß du es übermittelst und daß es nicht dein Bier ist."

Ich ließ mich melden, mußte ein Formular ausfüllen und bekam ein Kärtchen ausgehändigt, das ich mir ans Revers heften mußte, dadurch war ich als Betriebsfremder kenntlich und vor Abweisungen durch die Pförtner geschützt. Man ließ mich im Wartezimmer Platz nehmen; nach kaum fünf Minuten erschien Bonino und führte mich in sein Büro. Das ist ein gutes Zeichen, denn nicht immer verläuft es so: manche lassen einen Kundendienstvertreter kaltschnäuzig dreißig, vierzig Minuten warten, auch wenn ein Termin vereinbart war, damit wollen sie ihn zermürben und ihm ihren höheren Rang demonstrieren; sie verfolgen damit den gleichen Zweck wie die Paviane im Zoo, die dabei allerdings erfinderischer und unzüchtiger vorgehen. Ein Vergleich bietet sich aber auch ganz allgemein an: alle Strategien und Taktiken der Kundendienstvertreter lassen sich mit Ausdrücken aus dem Bereich des sexuellen Werbens beschreiben. In beiden Fällen geht es um ein Zweierverhältnis: ein Umwerben oder Feilschen zu dritt wäre undenkbar. In beiden Fällen bemerkt man zu Beginn eine Art rituellen Balztanz oder eine rituelle Einleitung, dabei wird der Verkäufer vom Käufer nur akzeptiert, wenn er sich streng an das herkömmliche Zeremoniell hält; geschieht das, beteiligt sich der Käufer an dem Tanz, und wenn beide Seiten Gefallen aneinander finden, kommt es zur Paarung, das heißt zum Kauf, wobei beide Partner sichtliche Befriedigung demonstrieren. Fälle einseitiger Gewaltanwendung sind selten: nicht zufällig werden sie oft mit Ausdrücken, die der Sexualsphäre entlehnt sind, wiedergegeben.

Bonino war ein rundliches, ungepflegtes, leicht hündisch dreinschauendes Männchen, er war schlecht rasiert und entblößte beim Lächeln sein schlechtes Gebiß. Ich stellte mich vor und setzte an zu meinem Balztanz, er aber sagte sofort: „Ach ja, Sie sind der, der ein Buch geschrieben hat." Ich muß gleich meine Schwäche gestehen: diese regelwidrige Einleitung war mir nicht unlieb, wenngleich sie der Firma, die ich vertrete, wenig nützt; denn an dieser Stelle droht ein Gespräch abzuschweifen oder sich zumindest in abwegige Betrachtungen zu verlieren, die vom eigentlichen Zweck des Besuches ablenken und Arbeitszeit ungenutzt verstreichen lassen.

„Es ist wirklich ein schöner Roman", fuhr Bonino fort, „ich habe ihn im Urlaub gelesen und auch meiner Frau zum Lesen gegeben; den Kindern natürlich nicht, es könnte sie wohl doch zu sehr erschüttern." Normalerweise ärgern mich solche Ansichten, aber wenn man als Kundendienstvertreter auftritt, darf man nicht zu kleinlich sein: ich bedankte mich höflich und versuchte, das Gespräch auf das richtige Gleis zu lenken, das heißt auf unsere Lackfarben. Bonino widersetzte sich.

„Mir, so wie Sie mich hier vor sich sehen, wäre es auch

beinahe so ergangen wie Ihnen. Sie hatten uns schon im Kasernenhof auf dem Corso Orbassano eingeschlossen: aber auf einmal sah ich ihn hereinkommen, Sie wissen schon, wen ich meine, und da bin ich, ohne daß es jemand gesehen hat, über die Mauer geklettert, auf der anderen Seite heruntergesprungen, das sind gut fünf Meter, und davongelaufen. Dann bin ich zu den Badoglianern* in das Susatal gegangen."

Noch nie hatte ich einen Badoglianer die Badoglianer auch Badoglianer nennen hören. Ich ging in Verteidigungsposition und überraschte mich selbst dabei, wie ich tief Atem holte, so wie wenn man sich zu einem langen Tauchversuch anschickt. Es war klar, daß Boninos Erzählung nicht gerade kurz sein würde: aber Geduld, ich gedachte der langen Erzählungen, die ich meinen Mitmenschen, ob sie wollten oder nicht, zugemutet hatte, und ich erinnerte mich, daß geschrieben steht (5. Mose, 10,19): „Darum sollt ihr auch die Fremdlinge lieben; denn ihr seid auch Fremdlinge gewesen in Ägyptenland", und machte es mir auf dem Stuhl bequem.

Bonino war kein guter Erzähler: er schweifte ab, wiederholte sich, kam vom Hundertsten ins Tausendste. Zudem frönte er der sonderbaren Unsitte, das Subjekt in manchen Sätzen fortzulassen und durch ein Personalpronomen zu ersetzen, dadurch wurde seine Rede noch undurchschaubarer. Während er sprach, blickte ich mich zerstreut im Zimmer um, in dem er mich empfangen hatte: offensichtlich hatte er hier seit vielen Jahren sein Büro, denn der Raum wirkte vernachlässigt und unordentlich wie er selber. Die Fensterscheiben waren widerlich schmutzig, die Wände rauchgeschwärzt, und es roch scheußlich nach abgestandenem Tabakrauch. In den Wänden staken rostige Nägel, manche ohne ersichtlichen Zweck eingeschlagen, an anderen hingen vergilbte Zettel. Auf einem stand, von meinem Platz aus lesbar, folgender

* Widerstandsgruppen, die sich auf den nach Mussolinis Sturz im Juli 1943 als Regierungschef amtierenden Marschall Badoglio beriefen.

Anfangssatz: „Betrifft: Lumpen. Mit zunehmender Häufigkeit ...“; anderswo lagen gebrauchte Rasierklingen, Tipscheine für Fußballtoto, Versicherungsformulare, Ansichtskarten herum.

„... also sagte er zu mir, ich solle hinter ihm hergehen, nein, vor ihm gehen: er ging ja hinter mir, die Pistole in der Hand. Dann kam der andere, sein Kumpan, der an der Ecke auf ihn gewartet hatte; sie nahmen mich in die Mitte und brachten mich in die Via Asti, Sie wissen schon, wo Aloisio Smit war. Er rief mich von Zeit zu Zeit auf und sagte: ‚Red schon, rede, deine Genossen haben schon gestanden, du brauchst nicht mehr den Helden zu spielen ...‘ “

Auf Boninos Schreibtisch stand eine scheußliche Nachbildung des Turms von Pisa aus Leichtmetall. Weiterhin ein aus einer Muschel gefertigter Aschenbecher, auf dem lauter Zigarettenkippen und Kirschsteine lagen, und ein Alabasterfederhalter in Form des Vesuvs. Es war ein erbärmlicher Schreibtisch: hoch geschätzt maß er nicht mehr als 0,6 Quadratmeter. Es gibt keinen erfahrenen Kundendienstvertreter, der nicht die traurige Wissenschaft von den Schreibtischen beherrscht: vielleicht nimmt man es nicht immer bewußt, sondern eher als bedingten Reflex wahr, aber ein unansehnlicher Schreibtisch verrät erbarmungslos, daß mit seinem Besitzer nicht viel Staat zu machen ist; und der Angestellte erst, der es innerhalb von acht, zehn Tagen nach der Einstellung nicht verstanden hat, sich einen Schreibtisch zu erobern, ist verloren: er hat nur noch eine Daseinsfrist von ein paar Wochen, wie ein Einsiedlerkrebs ohne Schale. Dagegen habe ich Leute kennengelernt, die am Ende ihrer Karriere über sieben, acht Quadratmeter glänzender Polyesterfläche verfügten, sichtlich übertrieben, aber dazu angetan, verschlüsselt ihre Machtfülle auszudrücken. Es ist nicht entscheidend, wieviel auf dem Schreibtisch liegt: manche bekunden ihre Autorität durch größte Unordnung und hohe Aktenstapel; andere wiederum zeigen ihre Überlegenheit auf raffiniertere Art, nämlich durch Leere und peinliche Ordnung, so soll es Mussolini im Palazzo Venezia gehalten haben.

„... aber keiner von ihnen hatte bemerkt, daß auch ich eine Pistole am Gürtel trug. Als sie anfingen, mich zu foltern, zog ich sie hervor, hieß sie sich alle mit dem Gesicht zur Wand stellen und machte mich auf und davon. Er aber ..."

Welcher Er? Ich war ratlos; die Erzählung wurde immer verworrener, die Zeit verstrich, zwar ist der Kunde immer im Recht, aber es gibt für alles eine Grenze, für den Verkauf der eigenen Seele wie für Firmentreue: jenseits dieser Grenze macht man sich lächerlich.

„... möglichst weit weg: nach einer halben Stunde war ich bereits in der Gegend von Rivoli. Ich wandere auf der Straße entlang, und da sehe ich mit einemmal, wie auf den Feldern in der Nähe ein deutsches Flugzeug landet, ein Fieseler-Storch, eine der Maschinen, die nur fünfzig Meter Landebahn brauchen. Zwei Männer steigen aus und fragen freundlich: ‚Bitte, in welcher Richtung geht es in die Schweiz?' Ich kenne mich in der Gegend aus und habe ihnen prompt geantwortet: ‚In dieser Richtung bis Mailand, dann fliegen Sie nach links.' – ‚Danke', geben sie mir zur Antwort und steigen wieder ins Flugzeug; dann aber überlegt es sich der eine, kramt unter dem Sitz herum, steigt aus, kommt auf mich zu und hält dabei etwas wie einen Stein in der Hand; er gibt ihn mir und sagt: ‚Das hier ist für Ihre Bemühungen: hüten Sie es wohl, es ist Uran.' Verstehen Sie, es war Kriegsende, sie sahen, daß sie verloren waren, die Atombombe bekamen sie nicht mehr rechtzeitig fertig, und da nützte ihnen das Uran nichts mehr. Sie waren nur darauf bedacht, ihre Haut zu retten und in die Schweiz zu entkommen."

Auch bei der Beherrschung des Gesichtsausdruckes gibt es eine Grenze: Bonino hatte wohl auf meinem Gesicht Anzeichen von Ungläubigkeit wahrgenommen, denn er unterbrach seine Rede und sagte in leicht beleidigtem Ton: „Sie glauben mir wohl nicht?"

„Natürlich glaube ich Ihnen", erwiderte ich tapfer. „Aber war es wirklich Uran?"

„Sicher, jeder hätte das gemerkt. Es war unglaublich schwer und fühlte sich warm an. Ich habe es übrigens noch zu Hause: versteckt auf dem Balkon, damit die Kinder es nicht finden; ab und zu zeige ich es Freunden, und es ist warm geblieben, es ist noch jetzt warm." Er zögerte einen Augenblick, dann fügte er hinzu: „Wissen Sie, was ich tue? Morgen schicke ich Ihnen ein Stück: so können Sie sich davon überzeugen, und vielleicht schreiben Sie, da Sie Schriftsteller sind, zu all Ihren Geschichten eines Tages auch diese."

Ich dankte, zog pflichtgemäß meine Nummer ab, erläuterte ein neues Produkt, notierte eine recht ansehnliche Bestellung, verabschiedete mich und betrachtete die Sache als erledigt. Am nächsten Tag aber fand ich auf meinem 1,2 Quadratmeter großen Schreibtisch ein Päckchen, freundlichst mir zu Händen adressiert. Nicht ohne Neugier öffnete ich es: es enthielt einen kleinen Metallwürfel, so groß wie eine halbe Zigarettenschachtel, tatsächlich ziemlich schwer und fremdartig aussehend. Die Oberfläche war silberweiß, mit einer leicht fahlgelben Patina überzogen: es fühlte sich nicht warm an, war aber auch mit keinem der Metalle zu verwechseln, die uns durch lange, auch über die Chemie hinausgehende Gewohnheit vertraut sind, wie Kupfer, Zink, Aluminium. Vielleicht eine Legierung? Oder etwa tatsächlich Uran? Metallisches Uran hat hier bei uns noch niemand zu Gesicht bekommen, und in den Abhandlungen wird es als silbrigweiß beschrieben; und ein so kleiner Würfel wie dieser mußte ja nicht immer warm sein: vielleicht kann sich nur eine Masse, so groß wie ein Haus, durch Spaltungsenergie warm halten.

Sobald es angängig war, verkroch ich mich ins Labor, ein ungewöhnliches und leicht ungebührliches Unterfangen für einen Chemiker, der im Kundendienst tätig ist. Das Labor ist ein Platz für junge Leute, und wenn man dahin zurückkehrt, vermeint man wieder jung zu werden: man spürt die gleiche Gier nach Abenteuern, Entdeckungen, Überraschungen wie mit siebzehn. Natürlich, siebzehn ist man schon geraume Zeit nicht mehr, und durch die lange pseudochemische Tätigkeit ist man abgestumpft, verkümmert, gehemmt, man weiß nicht mehr, wo die Reagenzien und Apparaturen stehen, man hat alles vergessen, mit Ausnahme der Grundreaktionen: aber ebendeshalb ist es eine Freude, das Labor nach langer Zeit wieder zu betreten, von ihm geht ein nachhaltiger Reiz aus, der Reiz der Jugend, der Reiz der Zukunft, unbestimmt und voller Entfaltungsmöglichkeiten, kurz und gut, der Reiz der Freiheit.

Auch wenn man sie Jahre nicht anwendet, vergißt man gewisse berufliche Ticks, bestimmte stereotype Verhaltensweisen nicht, an denen ein Chemiker jederzeit zu erkennen ist: man betastet den unbekannten Stoff mit dem Fingernagel oder versucht, ihn mit dem Taschenmesser einzuritzen, man riecht daran, prüft mit den Lippen, ob er „kalt" oder „warm" ist, untersucht, ob er Fensterglas ritzt oder nicht, betrachtet ihn in reflektiertem Licht, wägt sein Gewicht in der Hand. Es ist gar nicht so einfach, das spezifische Gewicht eines Materials ohne Waage zu bestimmen, aber Uran hat, na, sag schon, das spezifische Gewicht 19, es ist viel höher als das von Blei und doppelt so hoch wie das von Kupfer; das Geschenk, das Bonino von den Nazi-Fliegerastronauten erhalten hatte, konnte kein Uran sein. Mir fiel ein, daß in der verrückten Erzählung des Männchens eine Legende anklang, die sich in der Gegend beharrlich hielt und immer wieder erzählt wurde, die Legende von den Ufos im Susatal, von den fliegenden Untertassen, die ebenso wie die Kometen im Mittelalter Unheil künden sollten und ebenso erfolglos herumspukten wie die Geister der Spiritisten.

Wenn es nicht Uran war, was war es dann? Ich sägte eine

kleine Scheibe von dem Metall ab (es ließ sich ohne Schwierigkeiten sägen) und hielt sie über die Flamme des Bunsenbrenners: es geschah etwas, was nicht häufig vorkommt, von der Flamme stieg eine dünne braune Rauchfahne auf, die sich spiralförmig kräuselte. Mit Wonne und Sehnsucht fühlte ich die durch lange Untätigkeit eingeschlafenen Reflexe des Analytikers in mir erwachen: ich suchte mir eine glasierte Porzellankapsel, füllte sie mit Wasser, hielt sie über die rußende Flamme und sah, wie sich am Boden ein brauner Niederschlag bildete, der mir wohlbekannt war. Ich ließ ein Tröpfchen Silbernitratlösung auf den Niederschlag fallen, die blauschwarze Farbe, die er annahm, bestätigte mir, daß das Metall Kadmium war, ein entfernter Sohn von Kadmos, der die Drachenzähne säte.

Wo Bonino das Kadmium gefunden hatte, war nicht von Belang; wahrscheinlich hatte er es aus der Kadmisierungsabteilung seines Betriebes. Interessanter, aber nicht zu ergründen war, wo er die Geschichte herhatte; es war ganz und gar seine Geschichte, denn er erzählte sie, wie ich später erfuhr, immer wieder jedermann, ohne sie jedoch inhaltlich anzureichern, er schmückte sie lediglich im Laufe der Jahre mit immer farbigeren, unwahrscheinlicheren Details aus. Er fand einfach kein Ende: ich, gefangen im Netz des Kundendienstes, gesellschaftlicher und betrieblicher Verpflichtungen, stets gezwungen, die Wahrscheinlichkeit zu wahren, beneidete ihn um seine grenzenlose Freiheit der Erfindung, um die Freiheit eines Mannes, der die Hürde übersprungen hat und sich seine Vergangenheit nach Belieben zusammenbauen, in die Gestalt des Helden schlüpfen und wie Superman durch die Jahrhunderte, über Meridiane und Breitengrade hinwegfliegen kann.

Silber

Ein vervielfältigtes Schreiben wirft man zumeist ungelesen in den Papierkorb, ich merkte aber sofort, daß dieses nicht das übliche Schicksal verdiente: es war eine Einladung zu einem Abendessen aus Anlaß des fünfundzwanzigjährigen Jubiläums unseres Studienabschlusses. Die Sprache, in der es abgefaßt war, stimmte mich nachdenklich: der Empfänger wurde mit „du" angesprochen, und der Absender warf mit abgedroschenen Ausdrücken aus der Studentenzeit um sich. Ungewollt komisch schloß der Text mit den Worten: „... in einer Atmosphäre erneuerter Kameradschaft werden wir unsere Silberhochzeit mit der Chemie feiern und einander unsere täglichen Erlebnisse mit ihr erzählen." Welche Erlebnisse mit der Chemie? Die Sterolausfällungen in unseren fünfzigjährigen Arterien? Das Zellgleichgewicht unserer Membranen?

Wer konnte der Verfasser sein? Ich ließ die fünfundzwanzig, dreißig übriggebliebenen Kollegen im Geiste Revue passieren: übriggeblieben nicht nur in dem Sinne, daß sie noch am Leben, sondern daß sie auch nicht zu anderen Berufen übergewechselt waren. Zunächst einmal entfielen die Kolleginnen: alle inzwischen Familienmütter, ausgeschieden und nicht mehr im Besitz von „Erlebnissen", die sie hätten erzählen können. Ebenso die Emporkömmlinge, die Emporgekommenen, die Günstlinge und früheren Günstlinge, die nunmehr Gönner geworden waren: diese Leute mögen keine Konfrontation. Es entfielen auch die Frustrierten, die gleichfalls keine Vergleiche mögen: zu einer solchen Zusammenkunft mag der Gescheiterte vielleicht kommen, aber nur, um Mitleid und Hilfe zu erflehen, schwerlich wird er die Initiative ergreifen und sie organisieren. Von der spärlichen Zahl, die übrigblieb, konnte es wahrscheinlich einer sein: Cerrato, der ehrliche, linkische, willige Cerrato, dem das Leben so wenig geschenkt und der seinerseits dem Leben so wenig gegeben hatte. Nach dem Krieg war ich ihm dann und wann flüchtig begegnet, er gehörte zu den Trägen, nicht zu den Gescheiterten: ein Gescheiterter kann nur sein, wer etwas stürmisch in Angriff nimmt und einbricht, er setzt sich ein Ziel, erreicht es nicht und leidet darunter; Cerrato hatte sich nichts vorgenommen, er hatte sich nicht in Gefahr begeben, sondern zu Hause eingekapselt, und er klammerte sich gewiß an die „goldenen" Jahre des Studiums, weil alle anderen wie Bleigewichte auf ihm lasteten.

Ich sah diesem Abendessen mit zwiespältigen Gefühlen entgegen: es war kein gleichgültiges Ereignis, es zog mich an und stieß mich zugleich ab, wie ein Magnet, der neben einem Kompaß liegt. Ich wollte hingehen und wollte nicht hingehen: aber beide Entscheidungen waren, recht betrachtet, nicht von sehr edelmütigen Motiven getragen. Ich wollte hingehen, weil es mir schmeichelte, mich mit den anderen zu vergleichen und mir freier vorzukommen, weniger an Geldverdienen und Idole gebunden, weniger betrogen und weniger verletzt. Ich wollte nicht hingehen, weil ich nicht so alt sein wollte wie die anderen, das heißt, weil ich mein wirkliches Alter nicht wahrhaben wollte: ich wollte keine Runzeln und weißen Haare sehen, kein *memento mori*. Ich wollte uns nicht zählen, auch nicht die Fehlenden, ich wollte keine Berechnungen anstellen.

Cerrato machte mich aber doch neugierig. Manchmal hatten wir zusammen gelernt: er war ernsthaft und kannte sich selbst gegenüber keine Nachsicht, er lernte ohne geistige Höhenflüge und ohne Freude (anscheinend kannte er Freude überhaupt nicht), er wühlte sich durch die Kapitel des Lehrbuches wie ein Bergarbeiter durch den Stollen. Mit dem Faschismus hatte er sich nicht eingelassen, und auf den Test mit den Rassengesetzen hatte er gut reagiert. Er war ein verschlossener, zuverlässiger junger Mann gewesen, dem man vertrauen konnte: die Erfahrung lehrt, daß gerade diese Verläßlichkeit die beständigste aller Tugenden ist, man kann sie nicht erwerben, aber auch nicht im Laufe der Jahre einbüßen. Vertrauenerweckend, mit offenem, geradem Blick kommt man schon auf die Welt und bleibt es das ganze Leben. Wer aber von Geburt an hinterhältig und lasch ist, bleibt so: wer dich mit sechs Jahren anlügt, tut es auch mit sechzehn und sechzig. Dieses Phänomen ist bemerkenswert und erklärt, weshalb manche Freundschaften und Ehen viele Jahrzehnte überdauern, trotz Gewohnheit, Überdruß und Erlahmen der Gesprächsthemen: dies wollte ich an Cerrato überprüfen. Ich überwies meinen Beitrag und schrieb dem anonymen Festkomitee, ich wollte an dem Essen teilnehmen.

Seine Gestalt hatte sich nicht sehr verändert: er war groß, grobknochig, dunkelhäutig; seine Haare waren noch voll, und er war gut rasiert, Nase und Kinn waren wuchtig und wenig markant. Wie früher waren seine Bewegungen linkisch, brüsk und zugleich unsicher, das hatte ihm im Labor den Ruf eingebracht, kein Glas bliebe in seinen Händen heil.

Wie üblich erzählten wir uns in den ersten Minuten, wie es jedem inzwischen ergangen war. Ich erfuhr, daß Cerrato verheiratet war und keine Kinder hatte, und merkte, daß dieses Thema ihm nicht behagte. Ich erfuhr, daß er immer auf dem Gebiet der Fotochemie tätig gewesen war: zehn Jahre in Italien, vier in Deutschland, dann wieder in Italien. Natürlich war er der Initiator des Abendessens und auch der Verfasser des Einladungsschreibens gewesen. Er gebe es ohne Scheu zu: die Jahre des Studiums seien, wenn ich ihm eine Metapher aus seinem Berufsleben gestatte, sein Stück Farbfilm gewesen, alles übrige Schwarzweiß. Was die „Erlebnisse" anbelangte (ich unterließ es, ihn auf das Komische dieses Ausdrucks hinzuweisen), so interessierten sie ihn wirklich. Seine Laufbahn sei reich an Ereignissen gewesen, die allerdings zumeist nur in Schwarzweiß, meine ebenfalls? Gewiß, bestätigte ich: reich an chemischen und nichtchemischen Erlebnissen, in den letzten Jahren hatten allerdings an Häufigkeit und Intensität die chemischen überwogen. Sie rufen das Gefühl hervor, allem „nicht gewachsen" zu sein, das Gefühl der Ohnmacht, der Unzulänglichkeit, nicht wahr? Es kommt dir vor, als führtest du einen endlosen Krieg gegen ein stumpfsinniges, träges gegnerisches Heer, das dir aber an Zahl und Gewichtigkeit weit überlegen ist; als verlörest du alle Schlachten, eine nach der anderen, Jahr für Jahr; um deinen verletzten Stolz wiederherzustellen, mußt du dich damit begnügen, in der gegnerischen Flanke hie und da eine kleine verwundbare Stelle zu entdecken, du stürzt dich darauf und landest einen einzigen schnellen Schlag.

Auch Cerrato kannte diesen Kampf: auch er hatte erfahren müssen, daß unsere Ausbildung unvollkommen war und wir ihr mit Glück, Intuition, List und unendlicher Geduld aufhelfen mußten. Ich sagte, daß ich nach Erlebnissen suchte, nach eigenen und denen anderer Leute, um sie in einem Buch zum besten zu geben und zu sehen, ob ich dem Uneingeweihten den kräftigen, bitteren Geschmack unseres Berufes vermitteln könnte, der eigentlich ein Sonderfall, eine besonders wagemutige Form von Lebenskunst sei. Ich hielte es nicht für richtig, daß alle Welt genau wüßte, wie ein Arzt, eine Dirne, ein Seemann, ein Mörder, eine Gräfin, ein alter Römer, ein Verschwörer und ein Polynesier lebten, aber überhaupt nichts von dem Leben wüßte, das wir Verwandler der Materie führten; in diesem Buch würde ich die große Chemie, die triumphtönende Chemie der Großanlagen mit ihren schwindelerregenden Umsätzen absichtlich unberücksichtigt lassen, da es sich dabei um eine kollektive, also anonyme Arbeit handelte. Mich interessierten mehr die Geschichten von der einsamen, wehrlosen Chemie, die nach bescheidenem Menschenmaß gemacht ist; dies war mit wenigen Ausnahmen bei meiner Chemie der Fall gewesen: eine ebensolche hatten aber auch die Begründer betrieben, sie hatten nicht in Gruppen gearbeitet, sondern allein, umgeben von der Gleichgültigkeit ihrer Zeit, zumeist ohne Bezahlung, und hatten den Kampf mit der Materie ohne Hilfsmittel, nur mit ihrem Verstand und ihren Händen, mit Vernunft und Phantasie, aufgenommen.

Ich fragte ihn, ob er zu diesem Buch etwas beitragen wollte: wenn ja, sollte er mir eine Geschichte erzählen, und ich wollte ihm, wenn er gestattete, einen Rat geben: es mußte eine von unseren Geschichten sein, eine, bei der man eine Woche oder einen Monat im dunkeln tappt, glaubt, das Dunkel lichte sich nie, und Lust hat, alles hinzuwerfen und sich einen anderen Beruf zu suchen; dann aber zeigt sich im Dunkel ein Lichtschimmer, man tastet sich zu ihm vor, und das Licht wird immer heller, und endlich kommt Ordnung in das Chaos. Cerrato bestätigte ganz ernsthaft, so sei es manchmal tatsächlich, er wolle versuchen, mich zufriedenzustellen; im allgemeinen herrsche aber eigentlich immer Dunkel, es zeige sich kaum ein Lichtblick, man stoße sich immer häufiger den Kopf an der immer niedriger werdenden Decke und krieche schließlich auf allen vieren rückwärts aus der Höhle, etwas älter, als man beim Hineingehen gewesen war. Während er sein Gedächtnis durchforschte, den Blick zur Restaurantdecke erhoben, die mit Fresken prunkte, warf ich schnell einen Blick auf ihn und stellte fest, daß er sich gut gehalten hatte, das Alter hatte ihn nicht entstellt, im Gegenteil, er hatte sich herausgemacht und war reifer geworden: nach wie vor schwerfällig, immer noch der erfrischenden Wirkung von Spott und Lachen abhold, aber daran störte sich niemand mehr, einem Fünfzigjährigen nahm man das eher ab als einem Zwanzigjährigen. Er erzählte mir eine Geschichte über Silber.

„Ich erzähle dir das Wesentliche: ausschmücken kannst du es selber, zum Beispiel damit, wie ein Italiener in Deutschland lebt; übrigens bist du ja auch dort gewesen. Ich arbeitete als Prüfer in einer Abteilung, in der Röntgenplatten hergestellt wurden. Kennst du dich darin aus? Macht nichts: es ist kein allzu empfindliches Material und macht keinen Ärger (Ärger und Empfindlichkeit sind proportionale Größen); in der Abteilung ging es daher ziemlich ruhig zu. Du mußt aber auch bedenken, daß ein Amateurphotograph, der seinen Film verpfuscht, in neun von zehn Fällen sich selber die Schuld gibt; ist er nicht dieser Meinung, wünscht er dich höchstens zum Teufel, was aber, aufgrund der ungenauen Adresse, nicht eintrifft. Wenn hingegen eine Röntgenaufnahme verpatzt ist, vielleicht, nachdem der Patient Bariumbrei geschluckt hat oder bei einer Aufnahme der Harnwege, und dann mißlingt noch eine zweite oder das ganze Paket, Schena, dann geht es nicht so glimpflich ab: dann heben die Scherereien an, blähen sich immer mehr auf und gehen auf dich nieder wie eine Lawine. All dies hatte mir mein Vorgänger in der belehrenden Art, die den Deutschen eigen ist, erklärt, um mir gegenüber den sagenhaften Sauberkeitskult zu rechtfertigen, der während des ganzen Arbeitsprozesses in der Abteilung getrieben wurde. Ich weiß nicht, ob es dich interessiert: stell dir bloß vor ..."

Ich unterbrach ihn: übergroße Vorsicht, manische Sauberkeit, Reinheit mit acht Nullen sind mir zuwider. Ich weiß wohl, daß es sich manchmal um notwendige Maßnahmen handelt, ich weiß aber auch, daß noch öfter die Manie über den gesunden Menschenverstand triumphiert und daß sich neben fünf sinnvollen Vorschriften oder Verboten zehn unsinnige, nutzlose einnisten, die keiner aufzuheben wagt, sei es aus Denkfaulheit, Aberglauben oder auch aus krankhafter Angst vor Schwierigkeiten: wenn nicht gar, wie beim Militärdienst, die Vorschriften dazu dienen, eine repressive Auffassung von Disziplin einzuschleusen. Cerrato goß mir zu trinken ein: seine fleischige Hand griff unsicher nach dem Flaschenhals, als wollte ihm die Flasche auf dem Tisch davonhüpfen, dann neigte er sie meinem Glas zu und stieß dabei ein paarmal dagegen. Er bestätigte mir, manchmal sei es tatsächlich so: zum Beispiel war es den Arbeiterinnen in seiner Abteilung untersagt, sich zu pudern, einmal aber war einem Mädchen die Puderdose aus der Tasche gefallen, hatte sich beim Fallen geöffnet, und eine Puderwolke war durch die Luft geflogen; was an diesem Tag hergestellt worden war, wurde besonders streng geprüft, aber alles verlief gut. Dennoch blieb Puder weiterhin verboten.

„. . . ein Detail muß ich dir aber noch schildern, sonst versteht man die Geschichte nicht. Auch mit Haaren wird ein Kult getrieben (was auch berechtigt ist, versichere ich dir): in der Abteilung herrscht ein leichter Überdruck, und die nach innen gepumpte Luft wird sorgfältig gefiltert. Man trägt über der Kleidung einen Spezialanzug und die Haare unter einer Haube: Anzug und Haube werden täglich gewaschen, um die ausfallenden oder zufällig haftengebliebenen Haare zu entfernen. Schuhe und Strümpfe zieht man am Eingang aus und bekommt dafür staubabweisende Pantoffeln.

Das also wäre der Schauplatz. Ich muß noch hinzufügen, daß es seit fünf, sechs Jahren keine großen Vorkommnisse gegeben hatte; ein paar vereinzelte Reklamationen von Krankenhäusern, weil die Lichtempfindlichkeit nicht stimmte, aber meistens handelte es sich um überlagertes Material. Unheil kommt, wie du weißt, nicht im Galopp daher wie die Hunnen, sondern es schleicht sich still und heimlich ein wie Epidemien. Es begann mit einem Eilbrief von einem Diagnosezentrum in Wien, sehr höflich abgefaßt, mehr ein Hinweis als eine Reklamation, beigefügt eine Röntgenaufnahme; Kornbildung und Kontrast waren in Ordnung, doch die Aufnahme war mit lauter weißen, länglichen, bohnengroßen Fleckchen übersät. Man schickt einen Antwortbrief, drückt sein Bedauern aus, entschuldigt sich für das unbeabsichtigte Vorkommnis, und fertig. Aber sobald einmal der erste Landsknecht der Pest erlegen ist, sollte man sich keinen Illusionen mehr hingeben: Pest ist Pest, lieber nicht den Kopf in den Sand stecken. Am nächsten Tag kamen zwei Briefe, einer aus Lüttich, in dem von Schadenersatz die Rede war, der andere aus der Sowjetunion, ich erinnere mich nicht mehr (vielleicht habe ich sie vergessen wollen) an die komplizierte Abkürzung des Handelsunternehmens, das ihn geschickt hatte. Als er übersetzt war, standen allen die Haare zu Berge. Der Fehler war natürlich immer der gleiche, die bohnenförmigen Flecken, der Brief war niederschmetternd: es war darin die Rede von drei Operationen, die verschoben werden mußten, von Ausfallschichten, von mehreren Doppelzentnern beanstandeter lichtempfindlicher Platten, von einem Gutachten und einem internationalen Prozeß vor ich weiß nicht mehr welchem Gericht; man forderte uns auf, sofort einen ‚Spezialisten' zu schicken.

In solch einem Fall, w nn erst ein Teil der Rinder entlaufen ist, sucht man wenigstens den Stall zu schließen, aber nicht immer gelingt es. Natürlich hatten alle Platten unbeanstandet die Ausgangskontrolle passiert: der Fehler mußte also zum Vorschein gekommen sein, während das Material bei uns oder beim Kunden lagerte oder während des Transports. Der Direktor befahl mich zum Rapport; sehr höflich besprach er zwei Stunden lang den Fall mit mir, aber ich kam mir vor, als gerbe er mir das Fell, langsam, methodisch, genußvoll.

Wir verständigten uns mit dem Untersuchungslabor und prüften erneut alle im Lager befindlichen Posten. Die in den letzten zwei Monaten hergestellten Platten waren in Ordnung. Bei den anderen, indes nicht bei allen, wurde der Mangel entdeckt: Hunderte von Posten, und nur ein Sechstel wies den Fehler mit den Bohnen auf. Mein Stellvertreter, ein nicht einmal besonders pfiffiger junger Chemiker, stellte etwas Merkwürdiges fest: die fehlerhaften Posten traten in regelmäßiger Folge auf, fünf gute und ein schlechter. Ich sah darin eine Spur und versuchte ihr nachzugehen: und es war wirklich so, der Fehler fand sich fast ausschließlich bei dem Material, das mittwochs hergestellt worden war.

Du weißt, im nachhinein auftretende Mängel sind die schlimmsten. Während man noch nach den Ursachen forscht, muß die Produktion weiterlaufen: wie kannst du aber sicher sein, daß die Ursache (oder die Ursachen) nicht fortwirkt und das neu hergestellte Material nicht weiteres Unheil in sich birgt? Natürlich kann man es zwei Monate in Quarantäne halten und dann erneut prüfen: was aber sagst du den Lagern in aller Welt, bei denen kein Nachschub eingeht? Und die Passiva? Und der Name, der Gute Name, der Unbestrittene Ruf? Und die weitere Schwierigkeit: bei jeder Veränderung in der Zusammensetzung und im Herstellungsverfahren mußt du erst zwei Monate warten, bis du weißt, ob sie wirkt oder nicht, ob sie den Fehler beseitigt oder ihn womöglich verstärkt.

Ich fühlte mich natürlich unschuldig; ich hatte alle Vorschriften beachtet und mir keine Nachlässigkeit zuschulden kommen lassen. Die anderen um mich herum dünkten sich ebenso unschuldig, ob sie nun die Rohstoffe für ordnungsgemäß befunden, die Silberbromidemulsion hergestellt und geprüft oder die Pakete zusammengestellt, verpackt und gelagert hatten. Ich fühlte mich schuldlos, war es aber nicht: ich war dem Begriffe nach schuldig, weil ein Abteilungsleiter die Verantwortung für seine Abteilung trägt und weil, wo ein Schaden ist, auch ein Versäumnis vorliegen, wo eine Sünde, auch ein Sünder sein muß. Es verhält sich so wie mit der Erbsünde: du hast zwar nichts getan, bist aber schuldig und mußt zahlen. Nicht mit Geld, mit etwas viel Schlimmerem: du kannst nicht mehr schlafen, verlierst den Appetit, bekommst ein Magengeschwür oder Ekzem und gehst schließlich mit großen Schritten einer Betriebsneurose entgegen.

Während weitere Reklamationen per Brief und Telefon eingingen, grübelte ich verbissen über die Sache mit dem Mittwoch nach: etwas mußte es doch bedeuten. Dienstagnachts hatte ein Wächter Dienst, der mir nicht gefiel; er hatte eine Narbe am Kinn und das Gesicht eines Nazi. Ich wußte nicht, ob ich mit dem Direktor darüber sprechen sollte oder nicht: die Schuld auf andere abzuwälzen ist immer schlechte Politik. Ich ließ mir die Lohnlisten holen und sah, daß der Nazi erst seit drei Monaten bei uns beschäftigt war, während der Schaden mit den Bohnen bereits auf Platten auftrat, die vor zehn Monaten hergestellt worden waren. Was hatte es vor zehn Monaten Neues gegeben?

Vor etwa zehn Monaten hatte man nach strengen Kontrollen einen neuen Lieferanten für das schwarze Papier, mit dem das Fotomaterial vor Lichteinwirkung geschützt wurde, gebilligt: doch das fehlerhafte Material war in schwarzem Papier eingepackt, das von beiden Lieferanten stammte. Ebenfalls vor zehn (genau neun) Monaten war auch eine Gruppe türkischer Arbeiterinnen eingestellt worden; zu ihrem nicht geringen Erstaunen befragte ich sie eine nach der anderen: ich wollte feststellen, ob sie mittwoch- oder dienstagabends etwas anderes als gewöhnlich taten. Wuschen sie sich? Oder wuschen sie sich *nicht*? Benutzten sie ein besonderes kosmetisches Präparat? Gingen sie tanzen und schwitzten mehr als sonst? Ich wagte sie nicht zu fragen, ob sie dienstagabends Geschlechtsverkehr hatten: jedenfalls bekam ich aus ihnen weder direkt noch über den Dolmetscher etwas heraus.

Du verstehst sicher, daß die Sache inzwischen im ganzen Betrieb bekannt war und alle mich komisch ansahen: auch weil ich unter den Abteilungsleitern der einzige Italiener war und ich mir sehr gut vorstellen konnte, wie sie hinter meinem Rücken schwatzten. Die entscheidende Hilfe kam von einem der Pförtner, der etwas Italienisch konnte, weil er in Italien gekämpft hatte: er war in der Gegend von Biella von Partisanen gefangengenommen und dann ausgetauscht worden. Er war nicht nachtragend, sehr gesprächig, redete über Tod und Teufel, wie ein Wasserfall, ohne je zu einem Ende zu kommen; und gerade dieses leere Gerede brachte Licht in die Angelegenheit. Eines Tages erzählte er mir, er sei Angler, seit nahezu einem Jahr aber beiße in dem Bächlein nebenan kein Fisch mehr an: seitdem nämlich fünf, sechs Kilometer flußaufwärts eine Gerberei in Betrieb war. Er sagte, an manchen Tagen wäre das Wasser regelrecht braun. Ich schenkte dem nicht gleich Beachtung, doch es fiel mir wieder ein, als ich wenige Tage danach von meinem Fenster im Gästehaus aus den Lieferwagen mit den Anzügen von der Wäscherei zurückkehren sah. Ich erkundigte mich: die Gerberei hatte vor zehn Monaten die Arbeit aufgenommen, und die Wäscherei wusch die Arbeitsanzüge in eben dem Flußwasser, in dem der Angler nichts mehr fing: sie filterten es freilich und ließen es durch eine Ionenaustauscherreinigungsanlage laufen. Die Anzüge wurden am Tage gewaschen, nachts im Trockner getrocknet und frühmorgens vor Ertönen der Sirene wieder zurückgebracht.

Ich ging zur Gerberei und wollte wissen, wann, wo, in welchem Abstand, an welchen Tagen sie die Bottiche leerten. Erbost ließen sie mich abblitzen, ich aber ging zwei Tage später mit dem Hygienearzt abermals hin; der größere Bottich mit der Lohbeize wurde wöchentlich geleert, in der Nacht vom Montag zum Dienstag! Sie wollten mir nicht sagen, was er enthielt, aber du weißt ja, organische Beizen sind Polyphenole, kein Ionenaustauscherharz vermag sie zurückzuhalten, und was ein Polyphenol bei Silberbromid anrichten kann, kannst du dir vorstellen, auch wenn du nicht vom Fach bist. Man gab mir eine Probe des Beizebades, ich brachte sie ins Untersuchungslabor und versprühte in der Dunkelkammer, in der ein Muster des Röntgenpapiers auslag, probeweise eine 1:10000-Lösung. Die Wirkung zeigte sich ein paar Tage später: die Lichtempfindlichkeit des Papiers war buchstäblich verschwunden. Der Laborchef wollte seinen Augen nicht trauen, noch nie habe er einen so stark wirkenden Inhibitor gesehen. Wir versuchten es dann, wie die Homöopathen, mit immer stärker verdünnten Lösungen: bei einem Verhältnis von etwa 1:1000000 entstanden die bohnenförmigen Flecken, die aber erst nach zwei Monaten zum Vorschein kamen. Der ‚Bohneneffekt' war damit voll nachgewiesen: einige tausend Polyphenolmoleküle, während der Wäsche von der Anzugfaser aufgenommen und von einem unsichtbaren Härchen im Fluge vom Anzug zum Papier getragen, reichten aus, um die Flecken hervorzurufen."

Lautstark unterhielten sich die anderen Tischgenossen um uns herum über Kinder, Urlaub und Gehälter; wir zogen uns schließlich an die Bar zurück, wurden langsam sentimental und versprachen uns wechselseitig, eine Freundschaft aufzufrischen, die in Wirklichkeit zwischen uns nie bestanden hatte. Wir wollten in Verbindung bleiben, jeder wollte für den anderen weitere Geschichten sammeln, in denen die geistlose Materie eine auf Bosheit und Obstruktion abzielende Schläue entwickelte, als lehne sie sich gegen die dem Menschen geheiligte Ordnung auf: wie die tollkühnen *outcasts*, die in manchen Romanen vom Ende der Welt herbeieilen, um dem Abenteuer der positiven Helden ein gewaltsames Ende zu bereiten, weil es sie mehr gelüstet, andere zu vernichten als selber einen Triumph davonzutragen.

Vanadium

Lackfarben sind ein ausgesprochen instabiler Stoff: an einem Punkt ihrer Laufbahn müssen sie vom flüssigen in den festen Zustand übergehen. Das muß aber im richtigen Augenblick und am rechten Ort geschehen. Andernfalls kann es unangenehme oder tragische Folgen haben: Lacke können sich während des Lagerns verfestigen und sind damit verdorben; oder das den Grundstoff bildende Harz verhärtet während der Synthese in einem Zehn- oder Zwanzigtonnenreaktor, das kann sich verheerend auswirken; oder aber die Lacke werden gar nicht fest, auch nicht nach dem Auftragen, und man macht sich zum Gespött, denn ein Lack, der nicht trocknet, ist wie ein Gewehr, das nicht schießt, oder wie ein Bulle, der nicht deckt.

Am Verfestigungsprozeß ist häufig der Luftsauerstoff beteiligt. Von all den lebenswichtigen oder zerstörerischen Vorgängen, die Sauerstoff auslöst, interessiert uns Farbenhersteller vor allem seine Fähigkeit, mit bestimmten kleinen Molekülen, zum Beispiel mit manchen Ölen, Verbindungen einzugehen, Brücken zwischen ihnen zu schaffen und sie somit dicht und fest miteinander zu verflechten: auf diese Weise trocknet beispielsweise Leinöl an der Luft.

Wir hatten eine Partie Harze zur Lackherstellung eingeführt, eines jener Harze, die bei normaler Temperatur unter bloßer Lufteinwirkung fest werden, und hatten Sorgen damit. Prüfte man das Harz für sich allein, trocknete es ordnungsgemäß, wurde es aber mit einer bestimmten (nicht ersetzbaren) Art von Rußschwarz vermahlen, verringerte sich seine Fähigkeit zu trocknen immer mehr und verschwand schließlich völlig; wir hatten schon mehrere Tonnen schwarzen Emaillelacks trotz aller unternommenen Korrekturversuche aussondern müssen; war der Lack aufgetragen, blieb er auf alle Zeit klebrig wie ein trostloser Fliegenfänger.

In solchen Fällen heißt es vorsichtig sein, bevor man jemanden beschuldigt. Lieferant war die Firma W., ein großes, geachtetes deutsches Unternehmen, einer der Ableger, in die die Alliierten nach dem Krieg die allgewaltigen IG Farben aufgeteilt hatten: bevor solche Leute ihre Schuld zugeben, werfen sie erst einmal all ihr Ansehen in die Waagschale und suchen den anderen mit aller Kraft zu zermürben. Aber wir konnten der Auseinandersetzung nicht aus dem Wege gehen: die anderen Partien Harz reagierten mit dem gleichen Rußschwarz normal, es handelte sich um ein besonderes Harz, das nur W. herstellte, und wir waren vertraglich gebunden und mußten unbedingt ohne weiteren Terminverzug diesen schwarzen Emaillelack liefern.

Ich schrieb einen höflichen Reklamationsbrief und legte den Fall dar; nach ein paar Tagen traf die Antwort ein: sie war lang und pedantisch, riet zu selbstverständlichen Kniffen, die wir alle bereits ausprobiert hatten, und gab überflüssige, absichtlich verwirrende Erklärungen über den Oxydationsprozeß des Harzes; daß wir es eilig hatten, wurde gänzlich ignoriert, und zum eigentlichen Problem hieß es nur, die erforderlichen Überprüfungen wären im Gange. Es blieb nichts anderes übrig, als umgehend eine weitere Partie Harz zu bestellen und der Firma W. zu empfehlen, sie möchte sorgfältig prüfen, wie sich das Harz gegenüber dieser Art von Rußschwarz verhielte.

Mit der Bestätigung der letzten Bestellung ging ein zweiter Brief ein, beinahe ebenso lang wie der erste und ebenfalls von Dr. L. Müller unterschrieben. Er war etwas sachlicher als der vorige, räumte (sehr vorsichtig und mit vielen Vorbehalten) ein, daß unsere Beschwerde berechtigt sei, und enthielt einen Rat, nicht ganz so simpel wie die vorigen: „ganz unerwarteterweise“ hätten die guten Geister ihres Labors herausgefunden, daß die reklamierte Partie wieder gesundete, wenn 0,1 Prozent Vanadiumnaphthenat hinzugegeben würde: ein im Reich der Lacke bis dahin ungebräuchlicher Zuschlagstoff. Der unbekannte Dr. Müller ersuchte uns, das Verfahren sofort zu prüfen; sollte sich die Wirkung bestätigen, könnte ihre Beobachtung beiden Seiten die Unannehmlichkeiten und den ungewissen Ausgang eines internationalen Prozesses und einen Reexport ersparen.

Müller. In einem meiner früheren Leben hatte es einen Müller gegeben, aber Müller ist in Deutschland ein äußerst häufiger Name, wie Molinari in Italien, dem er entspricht. Weshalb weiter darüber nachdenken? Und doch, nachdem ich die beiden Briefe, in umständlichen Sätzen abgefaßt und mit Fachausdrücken gespickt, nochmals gelesen hatte, konnte ich mich eines Zweifels nicht erwehren, eines Zweifels, der sich nicht beiseite schieben ließ und wie ein Holzwurm in mir nagte. Ach was, in Deutschland gibt es vielleicht zweihunderttausend Müllers, laß ab davon und denk an die zu kurierenden Lacke.

. . . und dann hatte ich plötzlich ein Detail aus dem letzten Brief vor Augen, das mir entgangen war: es konnte sich nicht um einen Tippfehler handeln, denn es erschien zweimal – da stand „Naptenat“ und nicht „Naphthenat“, wie es hätte heißen müssen. Für Begegnungen in jener inzwischen in weite Fernen gerückten Welt habe ich ein nahezu pathologisch exaktes Gedächtnis: auch der andere Müller in jenem unvergessenen eisigkalten Labor voller Hoffnung und Grauen sagte „Beta-Naptylamin“ statt „Beta-Naphthylamin“.

Die Russen standen vor den Toren, zwei-, dreimal am Tage kamen die alliierten Flugzeuge und bombardierten die Buna-Werke: keine Fensterscheibe war mehr heil, es fehlte an Wasser, Dampf, elektrischem Strom; der Befehl aber lautete, die Produktion von synthetischem Kautschuk habe zu beginnen, und Deutsche diskutieren nicht über Befehle.

Ich war mit zwei weiteren Häftlingen, Spezialisten gleich mir, im Labor tätig, ähnlich den gelehrten Sklaven, die reiche Römer aus Griechenland importierten. Arbeiten war ebenso unmöglich wie sinnlos: die meiste Zeit verbrachten wir damit, bei jedem Fliegeralarm die Apparate abzubauen und nach der Entwarnung wieder aufzubauen. Aber über Befehle wird eben nicht diskutiert, und ab und zu kämpfte sich ein Inspektor durch Trümmer und Schnee bis zu uns durch, um sich zu vergewissern, daß die Arbeit im Labor vorschriftsmäßig voranging. Manchmal kam ein SS-Mann mit steinhartem Gesichtsausdruck, ein anderes Mal ein kleiner alter Volkssturmmann, verängstigt wie eine Maus, ein weiteres Mal ein Zivilist. Der Zivilist, der am häufigsten kam, hieß Dr. Müller.

Er mußte ein ziemlich hohes Tier sein, denn alle grüßten ihn als erste. Er war ein hochgewachsener, korpulenter Mann um die Vierzig, eher grob als feinsinnig aussehend; mit mir hatte er nur dreimal gesprochen, und alle drei Male mit einer Befangenheit, die selten war an diesem Ort, so als schämte er sich. Das erstemal ging es lediglich um Arbeitsdinge (die Dosierung des „Naptylamins“, wie gesagt); beim zweitenmal hatte er mich gefragt, weshalb mein Bart so lang wäre, ich hatte erwidert, daß keiner von uns ein Rasiermesser, ja nicht einmal ein Taschentuch besäße und daß wir von Amts wegen jeden Montag rasiert würden; das drittemal hatte er mir einen sauber mit Maschine geschriebenen Schein ausgehändigt, der mich berechtigte, auch donnerstags rasiert zu werden und ein Paar Lederschuhe aus dem Effektenmagazin in Empfang zu nehmen, und er hatte, mich siezend, gefragt: „Sie sehen ja so bekümmert aus?“ Ich hatte im stillen bei mir gedacht (damals dachte ich in deutsch): Der Mann hat keine Ahnung.

Zuerst die Pflicht. Ich versuchte, eilends bei unseren gemeinsamen Lieferanten ein Muster Vanadiumnaphthenat zu besorgen, und mußte feststellen, daß das gar nicht einfach war: das Erzeugnis wurde nicht normal, sondern nur auf Bestellung in kleinen Mengen gefertigt; ich gab eine Bestellung auf.

Das erneute Auftauchen dieses „pt" hatte mich in heftige Erregung versetzt. Von Mann zu Mann mit einem der „anderen" abzurechnen, hatte ich mir in der Zeit nach der Befreiung aus dem Lager immer wieder lebhaft gewünscht. Die Briefe meiner deutschen Leser hatten mich nur zum Teil befriedigt: diese ehrlichen, allgemeinen Reue- und Solidaritätsbekundungen von Menschen, die ich nie gesehen hatte, deren andere Seiten ich nicht kannte und die wahrscheinlich nur gefühlsmäßig beteiligt waren, genügten mir nicht. Ich wartete auf eine Begegnung, so inständig, daß ich nachts (in deutsch) davon träumte, eine Begegnung mit einem von jenen dort, die über uns verfügt, uns nicht in die Augen geblickt hatten, als hätten wir keine Augen. Ich wollte mich nicht rächen: ich war kein Graf von Monte Christo. Ich wollte nur das rechte Verhältnis wiederherstellen und sagen können „Nun?". Wenn es sich hier um meinen Müller handelte, war er nicht der ideale Gegner, weil er irgendwie, vielleicht nur für einen Augenblick, Mitleid oder auch nur einen Rest beruflicher Solidarität empfunden hatte. Vielleicht noch weniger: vielleicht hatte es ihn auch nur gewurmt, daß dieses sonderbare Zwittergebilde von Kollege und Instrument, das letzten Endes doch ein Chemiker war, ein Labor ohne den „Anstand" betrat, der sich in einem Labor geziemte; die anderen um ihn herum hatten nicht einmal das empfunden. Er war kein vollkommener Gegner: aber bekanntlich ist Vollkommenheit nur den erzählten, nicht den erlebten Ereignissen eigen.

Ich nahm Verbindung auf zum Vertreter von W., mit dem ich auf recht vertrautem Fuße stand, und bat ihn, diskrete

Nachforschungen über Dr. Müller anzustellen: Wie alt war er? Wie sah er aus? Wo war er während des Krieges gewesen? Die Antwort ließ nicht lange auf sich warten: Alter und Aussehen stimmten überein, der Mann hatte zuerst in Schkopau gearbeitet, um sich mit dem Verfahren der Kautschukherstellung vertraut zu machen, dann in den Buna-Werken bei Auschwitz. Ich erhielt seine Adresse und schickte ihm ganz privat ein Exemplar der deutschen Ausgabe von „Ist das ein Mensch?", und ich fügte ein Begleitschreiben bei, in dem ich ihn fragte, ob er wirklich der Müller von Auschwitz sei und sich „an die drei Männer aus dem Labor" erinnere; er möge die rücksichtslose Einmischung und die Rückkehr aus dem Nichts entschuldigen, ich sei einer der drei und außerdem der Kunde, der den Ärger mit dem nichttrocknenden Harz hatte.

Während ich auf Antwort wartete, ging, gleich dem langsamen Schwingen eines riesigen Pendels, auf betrieblicher Ebene der Austausch chemisch-amtlicher Schreiben zum italienischen Vanadium weiter, das nicht so gut war wie das deutsche. Wir bitten deshalb dringend um Spezifikationen des Erzeugnisses sowie um gfl. Versand von kg 50 per Luftfracht. Der Betrag ist abzusetzen und so weiter. Auf fachlichem Gebiet schien sich die Sache gut anzulassen, klar war aber noch nicht, was mit dem Posten fehlerhaften Harzes geschehen sollte: sollten wir ihn gegen Preisnachlaß behalten oder auf Kosten von W. reexportieren oder ein Schiedsgericht anrufen; inzwischen drohten wir uns gegenseitig, wie es der Brauch will, „gerichtlich vorzugehen".

Die „private" Antwort ließ weiter auf sich warten, das war beinahe ebenso ärgerlich und nervenaufreibend wie der betriebliche Streit. Was wußte ich von meinem Mann? Nichts: höchstwahrscheinlich hatte er bewußt oder unbewußt alles aus dem Gedächtnis gestrichen; meinen Brief und mein Buch betrachtete er gewiß als eine ungehörige, lästige Einmischung, als eine ungeschickte Aufforderung, ein inzwischen gut abgesetztes Sediment wieder aufzurühren, als eine Verletzung des „Anstands". Er würde niemals antworten. Schade: er war kein hundertprozentiger Deutscher, aber gibt es überhaupt hundertprozentige Deutsche? Oder hundertprozentige Juden? Sie gibt es nur als Abstraktion: der Übergang vom Allgemeinen zum Besonderen hält stets prickelnde Überraschungen bereit, wenn der schemenhafte, larvenähnliche Partner allmählich oder auch plötzlich Gestalt annimmt, zum Mitmenschen wird, in seiner ganzen Körperlichkeit, mit all seinen Ticks, Abnormitäten und Widersprüchen. Inzwischen waren nahezu zwei Monate verstrichen: die Antwort würde nicht mehr kommen. Schade.

Sie kam, mit dem Datum des 2. März 1967 versehen, auf elegantem Kopfbogen in zum Gotischen hin tendierenden Schriftzügen geschrieben. Es war ein Eröffnungsbrief, kurz und reserviert. Ja, der Müller aus Buna war er. Er hatte mein Buch gelesen, bewegt Personen und Orte wiedererkannt; er freute sich, daß ich mit dem Leben davongekommen war; er bat mich um Auskunft über die anderen beiden „Männer aus dem Labor", und bis hierher gab es nichts Verwunderliches, da sie in meinem Buch genannt worden waren: aber er fragte auch nach Goldbaum, den ich nicht erwähnt hatte. Er fügte hinzu, er habe bei der Gelegenheit seine Aufzeichnungen aus jener Zeit nochmals gelesen: er würde sie mir gern persönlich erläutern, bei einer wünschenswerten Begegnung, die „für mich als auch für Sie nützlich und notwendig wäre im Sinne der Bewältigung der so furchtbaren Vergangenheit". Schließlich erklärte er, daß von allen Häftlingen, mit denen er in Auschwitz zusammengekommen wäre, ich den stärksten und nachhaltigsten Eindruck bei ihm hinterlassen hätte, das konnte aber auch eine Schmeichelei sein: dem Ton des Briefes und besonders dem Satz von der „Bewältigung" nach zu urteilen, erwartete der Mann anscheinend etwas von mir.

Jetzt war ich mit Antworten dran, und das machte mich verlegen. Das Unternehmen war gelungen, der Gegner in der Schlinge gefangen; er stand vor mir, fast ein Kollege Farbenmischer wie ich, er schrieb wie ich auf Kopfbogen und erinnerte sich sogar an Goldbaum. Er war noch recht unscharf, aber es war klar, daß er sich von mir so etwas wie eine Absolution erhoffte, weil er eine Vergangenheit zu bewältigen hatte, ich aber nicht: ich verlangte von ihm nur einen Preisnachlaß für ein mangelhaftes Harz. Die Situation war interessant, aber vollkommen untypisch: sie entsprach nur teilweise der des armen Sünders vor dem Richter.

Zunächst: in welcher Sprache sollte ich antworten? Gewiß nicht auf deutsch; ich hätte lächerliche Fehler gemacht, die meine Rolle nicht zuließ. Man kämpft immer besser auf eigenem Feld: ich schrieb italienisch. Die beiden vom Labor waren tot, ich wußte nicht, wo und wie sie ums Leben gekommen waren; Goldbaum ebenfalls, erfroren und verhungert während des Evakuierungsmarsches. Von mir war ihm das Wesentliche aus meinem Buch und aus dem dienstlichen Briefwechsel über das Vanadium bekannt.

Ich hatte ihm viele Fragen zu stellen: allzu viele und sowohl für mich als auch für ihn allzu quälende Fragen. Weshalb Auschwitz? Weshalb Pannwitz? Weshalb die vergasten Kinder? Ich hielt aber den Augenblick noch nicht für gekommen, ein gewisses Maß zu überschreiten, und fragte nur, ob er mit den direkt und indirekt geäußerten Ansichten in meinem Buch einverstanden wäre. Ob er meinte, daß die IG Farben die Sklavenarbeiter aus freien Stücken beschäftigt hätten. Ob er damals die „Anlagen" in Auschwitz kannte, die täglich Zehntausende Menschenleben verschlangen, nur sieben Kilometer entfernt von den Buna-Werken. Und schließlich, da er seine „Aufzeichnungen aus jener Zeit" erwähnt hatte, würde er mir eine Abschrift schicken?

Auf die „wünschenswerte Begegnung" ging ich nicht ein, da ich mich davor fürchtete. Es hatte keinen Sinn, nach Beschönigungen zu suchen, von Scham, Widerwillen, Zurückhaltung zu reden. Angst war das richtige Wort: so wie ich mir nicht als ein Graf von Monte Christo vorkam, so fühlte ich mich auch nicht als Horatier oder Curiatier; ich sah mich außerstande, die Toten von Auschwitz zu vertreten, und es dünkte mir auch nicht sinnvoll, in Müller den Vertreter der Mörder zu sehen. Ich kenne mich: ich besitze keine polemische Schlagfertigkeit, der Gegner lenkt mich ab, er interessiert mich mehr als Mensch denn als Gegner, ich höre ihm zu und laufe Gefahr, ihm zu glauben; Verachtung und richtige Einschätzung kommen erst hinterher, auf der Treppe, wenn sie nichts mehr nützen. Für mich war es besser, per Brief fortzufahren.

Müller schrieb mir dienstlich, die fünfzig Kilo seien abgeschickt, W. hoffe auf einen freundschaftlichen Vergleich und so fort. Fast zur gleichen Zeit erhielt ich zu Hause den erwarteten Brief: er fiel aber nicht so aus, wie ich erwartet hatte. Er war kein Muster-, kein Schemabrief: wenn es sich um eine erdachte Geschichte handelte, hätte ich jetzt nur zwei Arten von Briefen einfügen können – der eine demütig, warmherzig, christlich, verfaßt von einem reumütigen Deutschen; der andere gemein, hochmütig, eisig, Werk eines unverbesserlichen Nazis. Diese Geschichte ist aber nicht erfunden, und die Wirklichkeit ist immer komplizierter als die Dichtung: weniger glatt, weniger abgerundet, viel holpriger. Es kommt selten vor, daß sie sich an eine Ebene hält.

Der Brief war acht Seiten lang und enthielt ein Foto, bei dessen Anblick ich zusammenzuckte. Es war *jenes* Gesicht: gealtert und zugleich veredelt von einem guten Photographen, ich hörte wieder von oben herab jene Worte zerstreuten, momentanen Mitgefühls: „Sie sehen ja so bekümmert aus?“

Es handelte sich sichtlich um einen unerfahrenen Schreiber: der Brief starrte von rhetorischen Floskeln, war halb aufrichtig, voller Abschweifungen und Lobhudeleien, rührend, pedantisch und unbeholfen: er ließ sich nicht in Bausch und Bogen abtun.

Die Geschehnisse in Auschwitz schrieb er dem Menschen zu, dem Menschen ohne Unterschied; er beklagte sie und fand Trost bei dem Gedanken an andere Menschen, wie sie in meinem Buch beschrieben waren, wie Alberto, Lorenzo, „an dem die Waffen der Finsternis zerbrechen" – es war ein Satz von mir, aber von ihm wiederholt, wirkte er heuchlerisch und falsch. Er schilderte seine Geschichte: „Anfangs von der allgemeinen Begeisterung für das Hitlerregime mitgerissen", war er einem nationalistischen Studentenbund beigetreten, der kurze Zeit darauf in die SA eingegliedert worden war; er hatte es durchgesetzt, daß er ausscheiden konnte, und kommentierte dies mit den Worten, „auch das war also möglich". Im Krieg war er zur Flak eingezogen worden, und erst da, angesichts der in Trümmern liegenden Städte, hatte er „Scham und Verachtung" für den Krieg empfunden. Im Mai 1944 hatte er (wie ich!) seine Fähigkeiten als Chemiker geltend machen können und war dem IG-Farben-Werk Schkopau zugeteilt worden, von dem der Betrieb in Auschwitz eine vergrößerte Kopie war: in Schkopau hatte er eine Gruppe ukrainischer Mädchen in die Laborarbeit eingewiesen, dieselben, die ich tatsächlich dann in Auschwitz vorgefunden hatte und deren sonderbare Vertraulichkeit mit Dr. Müller ich mir nicht erklären konnte. Zusammen mit den Mädchen war er erst im November 1944 nach Auschwitz versetzt worden: der Name Auschwitz bedeutete zu der Zeit für ihn und für seine Bekannten gar nichts; bei seinem Eintreffen hatte er aber ein kurzes Antrittsgespräch mit dem technischen Direktor (wahrscheinlich Ingenieur Faust) geführt, und der hatte ihn ermahnt, „den Juden aus Buna dürfen nur die niedrigsten Arbeiten zugewiesen werden, und Mitleid wird nicht geduldet".

Er war Dr. Pannwitz direkt unterstellt, demselben, der mich einem eigenartigen „Staatsexamen" unterzogen hatte, um sich von meinen beruflichen Fähigkeiten zu überzeugen: Müller hielt anscheinend überhaupt nichts von seinem Vorgesetzten und teilte mir mit, er sei 1946 an Gehirntumor gestorben. Er, Müller, war für die Einrichtung des Labors in Buna verantwortlich gewesen: er behauptete, von dem Examen nichts gewußt und uns drei Spezialisten und insbesondere mich selbst ausgewählt zu haben; dieser Mitteilung zufolge, die wenig wahrscheinlich, aber nicht unmöglich klang, verdankte ich es also ihm, wenn ich überlebt hatte. Mit mir, so behauptete er, habe ihn ein beinahe freundschaftlich zu nennendes Verhältnis zwischen Gleichgestellten verbunden, er habe sich mit mir über wissenschaftliche Probleme unterhalten und dabei darüber nachgedacht, „welch kostbare menschliche Werte aus reiner Brutalität von anderen Menschen zerstört" würden. Nicht nur, daß ich mich an ein solches Gespräch nicht erinnerte (und meine Erinnerung an jene Zeit ist, wie gesagt, ausgezeichnet), allein die Vorstellung, wir hätten, umgeben von Auflösung, gegenseitigem Mißtrauen und Todesmüdigkeit, ein derartiges Gespräch führen können, war schon völlig undenkbar und ließ sich nur durch ein nachträgliches naives *wishful thinking** erklären; vielleicht erzählte er dies vielen Leuten und merkte nicht, daß auf der Welt einzig und allein ich es ihm nicht abnehmen konnte. Vielleicht hatte er sich ganz ehrlich eine bequeme Vergangenheit zurechtgezimmert. Er erinnerte sich nicht an die beiden Details mit dem Bart und den Schuhen, dafür aber an andere, ähnliche und meines Erachtens plausible. Er hatte von meiner Scharlacherkrankung erfahren und sich um mein Leben gesorgt, insbesondere, als er gehört hatte, daß die Häftlinge evakuiert werden sollten, und zwar zu Fuß. Am 26. Januar 1945 hatte die SS ihn zum Volkssturm abgestellt, zu jenem Heer, das Dienstuntaugliche, Alte und Kinder zusammenfaßte, welche den Vormarsch der Sowjets aufhalten sollten: zum Glück hatte ihn der bereits erwähnte technische Direktor davor bewahrt, indem er ihn ermächtigte, sich in die Etappe zu verziehen.

* (engl.) vom Wunsch getragenes Denken.

Meine Frage nach den IG Farben beantwortete er mit einem entschiedenen Ja, sie hatten Häftlinge beschäftigt, aber nur, um sie zu schützen: er stellte sogar die (irrwitzige!) Behauptung auf, der ganze Betrieb von Buna-Monowitz, acht Quadratkilometer zyklopenhafter Anlagen, sei in der Absicht erbaut worden, „die Juden zu schützen und ihr Leben zu erhalten", und der Befehl, kein Mitleid mit ihnen zu haben, sei eine „Tarnung" gewesen. *Nihil de Principe**, keine Anschuldigung gegen die IG Farben: mein Mann war ja immer noch Angestellter der Firma W., die ihr Erbe angetreten hatte, und man spuckt nicht in den Topf, aus dem man ißt. Während seines kurzen Aufenthaltes in Auschwitz „sei ihm nichts bekannt geworden, was auf eine Tötung der Juden abzielen konnte". Unglaublich, eine Schande, aber nicht auszuschließen – in jener Zeit war es bei der schweigenden Mehrheit in Deutschland üblich, sowenig wie möglich zu wissen und deshalb keine Fragen zu stellen. Auch er hatte offensichtlich keine Fragen gestellt, nicht einmal sich selbst, obwohl bei klarer Sicht von Buna aus die Flammen des Krematoriums zu sehen waren.

Kurz vor dem endgültigen Zusammenbruch war er von den Amerikanern gefangengenommen und einige Tage in einem Kriegsgefangenenlager festgehalten worden, das er ungewollt sarkastisch als „primitiv eingerichtet" bezeichnete: wie bei unserer Begegnung im Labor hatte Müller, auch während er dies schrieb, „keine Ahnung". Ende Juni 1945 war er zu seiner Familie zurückgekehrt. Dies war im wesentlichen der Inhalt seiner Aufzeichnungen, den ich kennenzulernen wünschte.

In meinem Buch erblickte er eine Überwindung des Judaismus und die Verwirklichung des christlichen Gebots, man solle seine Feinde lieben, ein Glaubensbekenntnis zum Menschen, zum Schluß wiederholte er, wir müßten uns in Deutschland oder in Italien treffen; er wäre bereit, mit mir

* (lat.) Nichts über den Fürsten.

zusammenzukommen, wann und wo immer ich es wünschte: am liebsten an der Riviera. Zwei Tage später kam auf dem Dienstwege ein Brief von W., der gewiß nicht zufällig das gleiche Datum wie das lange private Schreiben und natürlich dieselbe Unterschrift trug; es war ein versöhnlicher Brief; sie erkannten an, daß sie im Unrecht waren, und erklärten sich jedem Vorschlag zugänglich. Sie gaben zu verstehen, das Ganze habe auch sein Gutes gehabt: der Vorfall habe die Vorzüge des Vanadiumnaphthenats erwiesen, es würde von nun an dem Harz zugefügt, gleich, für welchen Kunden es bestimmt war.

Was tun? Müller hatte sich „entpuppt", er war klar umrissen, in Reichweite. Weder ein Schuft noch ein Held: zog man die rhetorischen Floskeln und Lügen, ob ehrlichen Herzens oder mit Absicht gesagt, ab, so blieb ein typisch graues Menschenwesen übrig, einer von den nicht wenigen Einäugigen im Reich der Blinden. Er erwies mir eine unverdiente Ehre, wenn er von mir sagte, ich liebte meine Feinde: nein, trotz der vagen Privilegien, die er mir verschafft hatte, und obwohl er kein Feind im strengen Sinne war, war mir nicht nach Liebe zumute. Ich liebte ihn nicht und wollte ihn nicht sehen, empfand aber doch eine gewisse Achtung für ihn: einäugig zu sein ist unbequem. Er war weder gleichgültig noch unempfindlich und auch nicht zynisch, er hatte sich nicht angepaßt, er rechnete mit der Vergangenheit ab, und die Rechnung ging nicht auf: so versuchte er sie hinzubiegen, mit ein wenig Mogeln vielleicht. Konnte man von einem ehemaligen SA-Mann viel mehr verlangen? Ein Vergleich mit anderen ehrlichen Deutschen, denen ich häufig am Strand und im Betrieb begegnete, fiel zu seinen Gunsten aus: seine Verurteilung des Nazismus wirkte zaghaft und umständlich, aber er hatte nicht nach Rechtfertigungen gesucht. Er wollte ein Gespräch: also besaß er ein Gewissen und bemühte sich ernsthaft, es zu beruhigen. In seinem ersten Brief hatte er von „Bewältigung der Vergangenheit" gesprochen: ich erfuhr später, daß dies eine stereotype Redewendung im heutigen Deutschland ist, ein Euphemismus, der gemeinhin als „Freisprechung vom Faschismus“ begriffen wird; aber die in dem Ausdruck enthaltene Wurzel „walt“ erscheint auch in anderen Wörtern, wie Gewaltherrschaft, Gewaltanwendung, Vergewaltigung, und ich glaube, würde man den Begriff mit „Verdrehung der Vergangenheit“ oder „Vergewaltigung der Vergangenheit“ umschreiben, ginge man nicht weit an seiner tieferen Bedeutung vorbei. Und doch war es immer noch besser, dieserart zu Gemeinplätzen Zuflucht zu nehmen, als den Stumpfsinn üppig wuchern zu lassen, wie es die übrigen Deutschen taten: seine Bemühungen um die Bewältigung waren linkisch, leicht lächerlich, irritierend, kläglich, aber anständig. Und hatte er mir nicht ein Paar Schuhe verschafft?

Am ersten freien Sonntag raffte ich mich verlegen zu einer möglichst aufrichtigen, abgewogenen, würdigen Antwort auf. Ich machte zunächst einen Entwurf: darin bedankte ich mich, daß er mich im Labor untergebracht hatte, erklärte mich bereit, meinen Feinden zu vergeben und sie womöglich auch zu lieben, aber nur, wenn sie eindeutig Reue zeigten, das heißt aufhörten, Feinde zu sein. Wenn der Feind dagegen ein Feind bleibt, in seinem Bestreben, Leiden zu schaffen, fortfährt, darf man ihm nicht vergeben: man kann versuchen, ihn zur Umkehr zu bewegen, man kann (und muß!) mit ihm sprechen, unsere Pflicht gebietet uns aber, ihn zu richten, nicht, ihm zu vergeben. Was meine Meinung zu seinem Verhalten betraf, um die Müller indirekt bat, so führte ich diskret zwei mir bekannte Fälle an, wo Deutsche, Kollegen von ihm, etwas viel Mutigeres für uns getan hatten, als er für sich beanspruchte. Ich gab zu, daß nicht jeder als Held geboren wird und daß eine Welt, in der *alle* so wie er wären, das heißt ehrlich und wehrlos, durchaus erträglich, jedoch eine irreale Welt wäre. In der wirklichen Welt gibt es Wehrhafte, sie bauen Auschwitz, und die Ehrlichen und

Wehrlosen ebnen ihnen den Weg; deshalb muß sich jeder Deutsche, ja jeder Mensch für Auschwitz verantworten, und nach Auschwitz ist Wehrlosigkeit nicht mehr zulässig. Von dem Treffen an der Riviera erwähnte ich nichts.

Am selben Abend rief mich Müller aus Deutschland an. Das Gespräch war gestört, und außerdem verstehe ich beim Telefonieren Deutsch nicht mehr ohne weiteres. Er sprach mühsam, seine Stimme klang brüchig und aufgeregt. Er verkündete mir, daß er zu Pfingsten, also in sechs Wochen, nach Finale Ligure kommen würde: könnten wir uns da sehen? Da die Frage mich unvorbereitet traf, bejahte ich; ich bat ihn, mir zu gegebener Zeit Genaueres über seine Ankunft mitzuteilen, und legte das nunmehr überflüssig gewordene Konzept beiseite.

Acht Tage später erhielt ich von Frau Müller die Nachricht, Dr. Lothar Müller sei unerwartet im sechzigsten Lebensjahr verstorben.

Kohlenstoff

Der Leser wird längst gemerkt haben, daß dies keine Abhandlung über Chemie ist; so vermessen bin ich nicht, *ma voix est foible, et même un peu profane**. Es ist auch keine Autobiographie oder allenfalls insofern, als jede Schrift, ja jedes Menschenwerk teilweise und sinnbildlich Autobiographie ist: aber irgendwie Geschichte ist es doch. Es ist eine Mikrogeschichte oder sollte es zumindest sein, die Geschichte von einem Beruf und seinen Mißerfolgen, seinen Siegen und seiner Not, eine Geschichte, die jeder erzählen möchte, wenn er fühlt, daß seine Laufbahn sich dem Ende zuneigt und die Kunst aufhört, endlos lang zu sein. Erkennt ein Chemiker, der an diesem Punkt seines Lebens angelangt ist, in der Tabelle des Periodischen Systems und in den umfangreichen Registern des Beilstein oder Landolt nicht die traurigen Fetzen oder die Trophäen seiner eigenen beruflichen Vergangenheit? Er braucht nur eine Abhandlung durchzublättern, und die Erinnerungen stürmen auf ihn ein: mancher von uns hat sein Schicksal unauslöschlich an Brom, Propylen, an die NCO-Gruppe oder an Glutaminsäure gebunden; jeder Chemiestudent sollte sich angesichts eines Chemiehandbuches bewußt sein, daß auf einer der Seiten, vielleicht auf einer einzigen Zeile, in einer einzigen Formel oder in einem einzigen Wort seine Zukunft geschrieben steht, zwar in unentzifferbaren Lettern, die aber „später" – nach Erfolg oder Irrtum oder Schuld, nach Sieg oder Niederlage –

* (franz.) meine Stimme ist schwach und sogar ein wenig unkundig; Verszeile aus Voltaires Poem „Die Jungfrau von Orléans".

klar und deutlich zu lesen sein werden. Jeden nicht mehr jungen Chemiker durchrieselt entweder Liebe oder Ekel, Freude oder Verzweiflung, wenn er dasselbe Handbuch auf der „verhängnisvollen“ Seite aufschlägt.

So hat also jedes Element jedem etwas (und jedem etwas anderes) zu sagen, wie die Täler und Strände, wo man in der Jugend geweilt hat: eine Ausnahme bildet vielleicht der Kohlenstoff, weil er jedem alles zu sagen hat, er ist nicht spezifisch, so wie Adam kein spezifischer Vorfahre ist; es sei denn, man fände heute (und warum nicht?) den Chemiker und Säulenheiligen, der sein Leben einzig dem Graphit oder Diamant geweiht hat. Und doch habe ich gegenüber dem Kohlenstoff eine alte Schuld abzutragen, sie stammt aus einer für mich entscheidenden Zeit. Dem Kohlenstoff, dem Element des Lebens, galt mein erster literarischer Traum, den ich immer wieder zu einer Stunde und an einem Ort träumte, da mein Leben nicht viel galt: ich wollte die Geschichte eines Kohlenstoffatoms erzählen.

Kann man überhaupt von „einem bestimmten“ Kohlenstoffatom sprechen? Für den Chemiker bestehen da gewisse Zweifel, denn bis heute (1970) ist kein Verfahren bekannt, mit dessen Hilfe man ein einzelnes Atom sichtbar machen oder zumindest isolieren könnte; keine Zweifel indes bestehen für den Erzähler, der sich darum zu erzählen anschickt.

Unser Held ist also seit Hunderten von Millionen Jahren an drei Sauerstoffatome und ein Kalziumatom gebunden – in einem Kalkfelsen: er hat bereits eine lange kosmische Geschichte hinter sich, die wir aber unberücksichtigt lassen wollen. Die Zeit existiert für ihn nicht oder nur in Gestalt langsamer, täglicher oder jahreszeitlicher Temperaturschwankungen, wenn er, was ein Glück für diese Erzählung wäre, nicht zu tief unter die Erdoberfläche zu liegen kam. Sein Dasein, an dessen Monotonie man nicht ohne Grauen denken kann, besteht in einem erbarmungslosen Wechsel von warm und kalt, das heißt aus kürzeren oder weiteren Schwingungen (immer gleicher Frequenz): für ihn, der doch potentiell lebendig ist, eine Gefangenschaft, würdig der katholischen Hölle. Zu ihm paßt bis zu diesem Augenblick nur die Gegenwart, die Zeit der Beschreibung, und nicht eine der Vergangenheitsformen, welche Zeiten der Erzählung sind: er ist erstarrt zu einer ewigen Gegenwart, die kaum von dem mäßigen Vibrieren der Temperaturschwankungen erschüttert wird.

Aber zum Glück für den Erzähler, der andernfalls aufgehört hätte zu erzählen, liegt die Kalkbank, zu der das Atom gehört, an der Erdoberfläche. Das Atom liegt da, erreichbar für den Menschen und seine Spitzhacke (Ehre der Spitzhacke und ihren moderneren Entsprechungen – sie sind immer noch die wichtigsten Mittler im jahrtausendealten Zwiegespräch zwischen den Elementen und dem Menschen): irgendwann, zu einem Zeitpunkt, den ich als Erzähler ganz willkürlich in das Jahr 1840 verlege, wurde es von einem Schlag mit der Spitzhacke herausgebrochen, es wanderte in den Kalkofen und wurde in die Welt der veränderlichen Dinge gestürzt. Es wurde erhitzt, damit es sich vom Kalzium trennte, das sozusagen mit den Füßen auf der Erde blieb und einem weniger glänzenden Schicksal entgegenging, von dem hier nicht die Rede sein soll; das Kohlenstoffatom aber, noch immer an zwei der einstigen drei Gefährten, die Sauerstoffatome, geklammert, flog zum Schornstein hinaus und erhob sich in die Lüfte. Hatte es in seiner Geschichte bis dahin keinerlei Bewegung gegeben, so kam nun Leben in sie.

Der Wind erfaßte das Atom, warf es zu Boden und hob es zehn Kilometer in die Höhe. Ein Falke atmete es ein, es gelangte in seine tief atmenden Lungen, drang aber nicht in sein Blut ein und wurde ausgeschieden. Dreimal löste es sich im Meerwasser auf, einmal im Wasser eines tosenden Wildbachs, und wurde wieder ausgestoßen. Acht Jahre lang reiste es mit dem Wind: mal tief, mal hoch, über Meere und zwischen Wolken, über Wälder, Wüsten und endlose Eisflächen; dann geriet es in Gefangenschaft und in ein organisches Abenteuer.

Kohlenstoff ist in der Tat ein sonderbares Element: als einziges kann es mit sich selbst ohne großen Energieverbrauch lange, stabile Ketten bilden, und zum irdischen Leben (dem einzigen, das wir bis jetzt kennen) gehören gerade lange Ketten. Daher ist Kohlenstoff das Schlüsselelement allen Lebens: sein Aufstieg, sein Eintritt in die lebende Welt ist jedoch nicht leicht und muß einem vorgeschriebenen, verworrenen Weg folgen, der erst in den letzten Jahren (und noch nicht einmal vollkommen) geklärt worden ist. Wenn um uns herum nicht Tag für Tag die organische Umwandlung des Kohlenstoffs vor sich ginge, jede Woche Milliarden von Tonnen, wo immer ein grünes Blatt sprießt, könnte man sie zu Recht ein Wunder nennen.

Das Atom, von dem die Rede ist, wurde also in Begleitung seiner beiden Satelliten, die es in gasförmigem Zustand hielten, im Jahre 1848 vom Wind an Weinstöcken vorübergetragen. Es hatte das Glück, ein Blatt zu streifen, in dieses einzudringen und von einem Sonnenstrahl darin festgenagelt zu werden. Wenn ich mich hier ungenau und in Andeutungen ausdrücke, dann liegt das nicht nur an meiner Unwissenheit: dieses entscheidende Ereignis, diese blitzschnelle Arbeit zu dritt, von Kohlendioxid, Licht und Pflanzengrün, ist bisher noch nicht genau beschrieben worden und wird es wohl so bald nicht werden, so sehr unterscheidet es sich von der übrigen „organischen“ Chemie, die das koloßhafte, langsame, mühselige Werk des Menschen ist: und doch wurde jene feinsinnige, flinke Chemie bereits vor zwei, drei Milliarden Jahren von unseren schweigsamen Schwestern, den Pflanzen, „erfunden“, die nicht experimentieren und diskutieren und deren Temperatur genau mit der Temperatur ihrer Umwelt übereinstimmt. Wenn verstehen sich ein Bild machen heißt, dann werden wir uns wohl nie ein Bild machen können von einem Geschehnis, das auf einem millionstel Millimeter im Tempo einer millionstel Sekunde vor sich geht und bei dem die Akteure unsichtbar sind. Jede Beschreibung in Worten muß unvollkommen sein, und eine taugt soviel wie die andere: möge also die folgende gelten.

Das Atom dringt in das Blatt ein und stößt da mit anderen unzähligen (hier aber unnützen) Stickstoff- und Sauerstoffmolekülen zusammen. Es schließt sich einem großen, komplizierten Molekül an, wird von ihm aktiviert und empfängt gleichzeitig in Form eines blitzschnell vom Himmel herabfahrenden Sonnenlichtbündels die entscheidende Botschaft: im Nu, wie ein im Spinnennetz gefangenes Insekt, wird es von seinem Sauerstoff getrennt, verbindet sich mit Wasserstoff und (so nimmt man an) mit Phosphor und wird schließlich in eine Kette aufgenommen, deren Länge keine Rolle spielt, auf jeden Fall ist sie die Kette des Lebens. All dies geschieht schnell, in aller Stille, bei Temperatur und Druck der Atmosphäre und ohne alle Kosten: liebe Kollegen, wenn wir lernen werden, es ihm gleichzutun, werden wir *sicut Deus** sein und auch das Problem des Hungers in der Welt gelöst haben.

Aber es kommt noch mehr und noch schlimmer, zu unserer Schande und unserer Kunst zum Hohn. Das Kohlendioxid, das heißt der gasförmige Zustand des Kolenstoffs, von dem wir bisher gesprochen haben: dieses Gas, das der Grundstoff des Lebens ist, dessen ständiger Begleiter, aus dem alles schöpft, was wächst, der letzte Weg allen Fleisches – dieses Kohlendioxid ist kein Hauptbestandteil der Luft, sondern ein lächerlicher Rest, eine „Unreinheit", die noch dreißigmal seltener auftritt als das von niemandem wahrgenommene Argon. In der Luft sind 0,03 Prozent enthalten: wäre Italien die Luft, dann wären die einzigen zum Aufbau des Lebens befähigten Italiener etwa die 15 000 Einwohner von Milazzo in der Provinz Messina. Auf den Men-

* (lat.) gottgleich.

schen übertragen, erscheint das wie eine ironische Verrenkung, wie ein Taschenspielertrick, wie unbegreifliches Prunken mit überheblicher Allmacht, denn aus dieser sich stets erneuernden Unreinheit der Luft kommen wir: Tiere und Pflanzen und wir Menschen mit unseren vier Milliarden verschiedenen Meinungen, mit unserer Jahrtausende zählenden Geschichte, unseren Kriegen, unserer Schmach, unserem Edelmut und unserem Stolz. Geometrisch ausgedrückt, ist übrigens selbst unser Dasein auf dem Planeten bloß lächerlich: verteilte man die gesamte Menschheit, etwa 250 Millionen Tonnen, als gleichmäßig dicke Schicht auf der gesamten festen Erdoberfläche, so wäre „die Gestalt des Menschen" mit bloßem Auge gar nicht zu erkennen; die Schicht wäre nur etwa sechzehn tausendstel Millimeter dick.

Unser Atom ist also aufgenommen: es ist Teil einer Struktur, wie die Architekten sie verstehen; es hat sich mit fünf Gefährten verschwägert und verbunden, die ihm so ähnlich sind, daß nur die erzählerische Fiktion mir eine Unterscheidung gestattet. Es ist eine schöne ringförmige Struktur, ein fast gleichschenkliges Sechseck, das jedoch einem vielfältigen Austausch- und Ausgleichungsprozeß mit dem Wasser, in dem es gelöst ist, unterliegt; denn jetzt ist es in Wasser, ja in der Lymphe des Lebens aufgelöst, und dieses Aufgelöstsein ist eine Pflicht und ein Privileg all jener Stoffe, denen es bestimmt ist (beinahe hätte ich gesagt, „deren Wunsch es ist"), sich zu wandeln. Und wenn jemand wissen will, warum ausgerechnet ein Ring, warum sechseckig, warum in Wasser löslich, so möge er beruhigt sein: das sind einige der nicht eben zahlreichen Fragen, auf die unsere Theorie eine überzeugende, einleuchtende Antwort zu geben vermag, die aber nicht hierhergehört.

Das Atom ist, um es klar zu sagen, Bestandteil eines Glukosemoleküls geworden; ein Schicksal, das weder Fisch noch Fleisch ist, ein Übergang, durch den es auf die erste Berührung mit der Tierwelt vorbereitet, aber noch nicht zur höchsten Verantwortung befähigt wird, die darin besteht, einem Proteingebäude anzugehören. Es wanderte also im gemächlichen Tempo der Pflanzensäfte vom Blatt über den Stengel und die Rebenranke zum Stamm und von dort zu einer reifenden Weintraube. Was dann folgt, fällt ins Fach der Weinhändler: wir wollen lediglich festhalten, daß es (zu unserem Vorteil, denn wir hätten es nicht zu schildern gewußt) der Gärung entkam und in den Wein gelangte, ohne sein Wesen zu ändern.

Schicksal des Weines ist es, getrunken zu werden, und Schicksal der Glukose, zu verbrennen. Sie verbrannte aber nicht sofort: der Weintrinker behielt sie über eine Woche in der Leber, zu einem Knäuel zusammengepreßt und unbeweglich, als Nahrungsreserve für eine unverhoffte Anstrengung; diese mußte er am darauffolgenden Sonntag vollbringen, als er einem scheuenden Pferd hinterherlief. Adieu, sechseckige Struktur: in wenigen Augenblicken war das Knäuel abgehaspelt und wurde wieder zu Glukose, die der Blutstrom zur Muskelfaser eines Schenkels trieb, hier wurde sie brutal in zwei Moleküle Milchsäure, den traurigen Herold körperlicher Anstrengung, aufgespalten: erst später, nach einigen Minuten, konnte vermittels keuchender Lungen der zum gemächlichen Verbrennen der Glukose benötigte Sauerstoff beschafft werden. So kehrte ein neues Kohlendioxidmolekül in die Atmosphäre zurück, und ein Energieteilchen, das die Sonne an die Rebenranke abgegeben hatte, ging von chemischer in mechanische Energie über und schickte sich in den trägen Wärmezustand, indem es die vom Lauf bewegte Luft und das Blut des Läufers unmerklich erwärmte. „So ist das Leben", obwohl es selten so beschrieben wird: eines fügt sich ins andere, eines erwächst aus dem anderen und schmarotzt von der Energie auf ihrem Wege von der edlen Sonnenenergie hinab zur minderwertigeren Wärme niedrigerer Temperatur. Auf diesem Abwärtsgang, der das Gleichgewicht herstellt und damit zum Tode führt, beschreibt das Leben einen Bogen und nistet sich in ihm ein.

Wir sind wiederum Kohlendioxid und möchten uns dafür entschuldigen: auch das ist ein vorgeschriebener Weg; man könnte sich andere vorstellen, erfinden, aber auf der Erde ist es nun einmal so. Wiederum Wind, der das Atom diesmal sehr weit trägt: über die Apenninen und die Adria, über Griechenland, die Ägäis und Zypern – wir sind im Libanon, und der Tanz fängt wieder von vorne an. Das Atom, mit dem wir uns beschäftigen, ist diesmal in einer Struktur gefangen, die lange zu halten verspricht: es ist der ehrwürdige Stamm einer Zeder, einer von den letzten ihrer Art; das Atom hat die Stadien, die wir bereits beschrieben haben, erneut durchlaufen, und die Glukose, deren Teil es ist, gehört, wie eine Perle im Rosenkranz, zu einer langen Zellulosekette. Es ist nicht mehr die trügerische geologische Festigkeit des Felsen, es geht nicht mehr um Millionen Jahre, doch wir können gut und gerne von Jahrhunderten sprechen, denn die Zeder ist ein langlebiger Baum. Es liegt in unserer Hand, ob wir es für ein Jahr oder für fünfhundert Jahre seinem Schicksal überlassen wollen: sagen wir, nach zwanzig Jahren (wir sind im Jahre 1868) wendet sich ihm ein Holzwurm zu. Er hat mit der seiner Spezies eigentümlichen blindwütigen Gefräßigkeit zwischen Stamm und Rinde seinen Gang gegraben; beim Bohren ist er gewachsen, und sein Gang hat sich erweitert. Dabei hat er den Gegenstand dieser Geschichte verschlungen und umschlossen; dann hat er sich verpuppt, ist im Frühling in Gestalt eines häßlichen grauen Falters ausgeschlüpft und trocknet sich jetzt an der Sonne, abgelenkt und wie geblendet von der Schönheit des Tages: das Atom ist dort, in einem der tausend Augen des Insekts, und trägt dazu bei, daß es auf seine ungefähre, grobe Art sehen und sich so im Raum orientieren kann. Das Insekt wird befruchtet, es legt Eier und stirbt: der kleine Leichnam liegt im Unterholz, sein Saft schwindet, aber der Chitinpanzer hält sich lange, ist beinahe unzerstörbar. Schnee und Sonne gehen über ihn hinweg, ohne ihn anzugreifen: er liegt begraben unter Laub und Erdreich, ist zur bloßen Hülle, zum „Ding" geworden, doch im Gegensatz zu unserem Tod ist der Tod der Atome niemals unwiderruflich. Jetzt sind die allgegenwärtigen, unermüdlichen und unsichtbaren Totengräber des Unterholzes, die Mikroorganismen des Humus, am Werk. Der Panzer mit seinen nunmehr blinden Augen zersetzt sich allmählich, und das Atom – einst Trinker, einst Zeder, einst Holzwurm – fliegt erneut davon.

Wir lassen es dreimal um die Erde kreisen, bis zum Jahre 1960, und zur Rechtfertigung dieses nach menschlichem Maß recht langen Zeitabstandes möchten wir bemerken, daß er im Vergleich zum Durchschnitt noch ziemlich kurz ist: der beträgt, so wird uns versichert, zweihundert Jahre. Jedes Kohlenstoffatom, das nicht in stabile Stoffe eingeschlossen ist (wie Kalkstein, Steinkohle, Diamant oder bestimmte Plaste), tritt alle zweihundert Jahre durch die enge Pforte der Photosynthese wieder in den Kreislauf des Lebens ein. Gibt es noch andere Pforten? Ja, einige vom Menschen geschaffene Synthesen; sie gereichen dem *Homo faber* zur Ehre, haben aber quantitativ bislang kaum irgendwelche Bedeutung. Diese Pforten sind noch viel enger als die des Pflanzengrüns: der Mensch hat, bewußt oder unbewußt, bisher noch nicht versucht, auf diesem Gebiet mit der Natur zu wetteifern, das heißt, er hat sich nicht bemüht, dem Kohlendioxid der Luft den Kohlenstoff zu entziehen, den er benötigt, um sich zu nähren, zu kleiden, zu wärmen und zur Befriedigung der hundert anderen raffinierteren Bedürfnisse des modernen Lebens. Er hat es nicht getan, weil er es nicht brauchte: er hat bisher riesige Reserven organisch aufgeschlossenen oder zumindest reduzierten Kohlenstoffs gefunden und findet sie noch (aber wieviel Jahrzehnte wohl noch?). Abgesehen von der Pflanzen- und Tierwelt liegen diese Reserven noch in den Steinkohle- und Erdölvorkommen: aber auch diese stammen aus photosynthetischen Vorgängen ferner Zeiten, so daß man wohl behaupten kann, die Photosynthese ist nicht nur der einzige Weg, um dem Kohlenstoff Leben zu verleihen, sondern auch der einzige, um Sonnenenergie chemisch nutzbar zu machen.

Es läßt sich beweisen, daß diese frei erfundene Geschichte dennoch wahr ist. Ich könnte zahllose andere Geschichten erzählen, und sie wären alle wahr: alle Wort für Wort wahr, was die Natur der Verwandlungen, ihre Reihenfolge und die Zeit angeht. Die Zahl der Atome ist derart groß, daß sich immer eines fände, dessen Geschichte mit einer beliebigen erfundenen Geschichte übereinstimmt. Ich könnte endlos Geschichten von Kohlenstoffatomen erzählen, die zu Blütenfarbe oder Blütenduft werden; von anderen, die aus winzigen Algen in kleine Krebse, von da in immer größere Fische wandern und sich dann wieder in das Kohlendioxid des Meerwassers verwandeln, einem ewigen, unheimlichen Kreislauf von Leben und Tod folgend, in dem jeder, der jemanden verschlingt, unverzüglich verschlungen wird; oder von wieder anderen, die einen würdevollen, halbewigen Zustand auf den vergilbten Seiten eines Archivdokuments oder auf der Leinwand eines berühmten Malers erlangen; oder von solchen, die den Vorzug hatten, Teil eines Körnchens Blütenstaub zu werden, und ihren fossilen Abdruck auf einem Fels hinterlassen haben, der unsere Neugier weckt; oder aber von jenen, die zu den geheimnisvollen Formträgern des menschlichen Samens gehören und damit an dem subtilen Prozeß von Spaltung, Verdoppelung und Verschmelzung teilnehmen, aus dem wir alle hervorgegangen sind. Ich werde aber nur noch eine Geschichte, die geheimste, erzählen, und das mit der Demut und Scheu des Erzählers, der von allem Anfang an weiß, daß sein Unterfangen aussichtslos, seine Mittel dürftig und das Gewerbe, Taten in Worte zu kleiden, seinem Wesen nach zum Bankrott verurteilt ist.

Es weilt erneut unter uns, in einem Glas Milch. Es ist in eine lange, komplizierte Kette eingeschlossen, die jedoch so gebaut ist, daß fast alle ihre Ringe vom menschlichen Körper aufgenommen werden. Es wird verschluckt: und da jede lebende Struktur sich wild gegen die Zufuhr weiteren lebenden Stoffes sträubt, zerbricht die Kette in kleine Stücke, die nacheinander aufgenommen oder ausgeschieden werden. Ein Atom, ebenjenes, das uns am Herzen liegt, überschreitet die Schwelle des Darms und dringt in den Blutstrom ein: es wandert, klopft an die Pforte einer Nervenzelle, tritt ein und ersetzt ein anderes Kohlenstoffatom. Diese Zelle gehört zu einem Gehirn, dem meinigen, dessen, der hier sitzt und schreibt, die fragliche Zelle und das in ihr enthaltene Atom sind für mein Schreiben zuständig – ein gigantisches und zugleich mikroskopisch feines Spiel, das noch niemand beschrieben hat. Es ist die Zelle, die in diesem Augenblick, aus einem labyrinthartigen Wirrsal von Ja und Nein heraus, bewirkt, daß meine Hand einen bestimmten Weg auf dem Papier zurücklegt, es mit diesen Kringeln versieht, die Zeichen sind; ein doppeltes Losschnellen, nach oben und nach unten, in zwei Takten, führt meine Hand, und sie drückt diesen Punkt aufs Papier: diesen.

Inhalt

2. Auflage 1988

Einbandgestaltung Brigitte Ullmann
Offizin Andersen Nexö Leipzig, Betriebsteil Hildburghausen
Printed in the German Democratic Republic
Lizenznummer 301. 120/236/88
Bestellnummer 612 268 7
00810

ISBN 3-351-01276-4

63/